질문도 하고 업데이트 소식도 받을 수 있는
오픈채팅방에서 만나요!

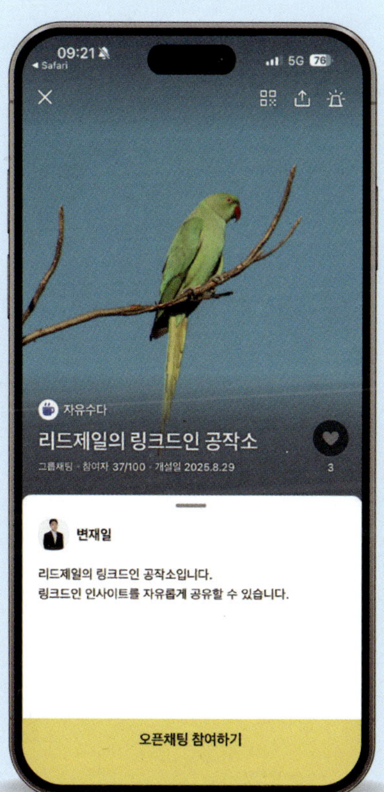

링크드인으로
내 커리어를 쌓고 싶어요!

오픈채팅방에서
인사이트를 나눠 보세요!

오픈채팅방
바로 가기

프로필, 경력 작성, 이직 제안 설정부터
커피챗 요령, 글쓰기 노하우, AI 활용까지!

평범한 직장인의 경험을
커리어로 빛나게 해 줄

된다! 링크드인 활용법

파비콘에서 선정한 국내 유일 링크드인 앰버서더 **변재일** 지음

저자가 직접 운영하는
오픈채팅방에
방문해 보세요!

이지스퍼블리싱

능력과 가치를 높이고 싶다면
된다! 시리즈를 만나 보세요.
당신이 성장하도록 돕겠습니다.

된다! 링크드인 활용법
Gotcha! Get Start LinkedIn

초판 발행 • 2026년 3월 24일

지은이 • 변재일
펴낸이 • 이지연
펴낸곳 • 이지스퍼블리싱(주)
출판사 등록번호 • 제313-2010-123호
주소 • 서울특별시 마포구 잔다리로 109 이지스빌딩 3층(우편번호 04003)
대표전화 • 02-325-1722 | **팩스** • 02-326-1723
홈페이지 • www.easyspub.co.kr | **Do it! 스터디룸 카페** • cafe.naver.com/doitstudyroom
인스타그램 • instagram.com/easyspub_it | **엑스(구 트위터)** • x.com/easys_IT
페이스북 • www.facebook.com/easyspub

총괄 • 최윤미 | **기획 및 책임편집** • 임승빈 | **기획편집 1팀** • 임승빈, 이수경, 지수민
교정교열 • 임미아 | **표지 디자인** • 김보라 | **본문 디자인** • 김보라, 트인글터 | **인쇄** • 미래피앤피 | **마케팅** • 권정하
독자지원 • 박애림, 이세진, 김수경 | **영업 및 교재 문의** • 이주동, 김요한(support@easyspub.co.kr)

ISBN 979-11-6303-833-7 13000
가격 22,000원

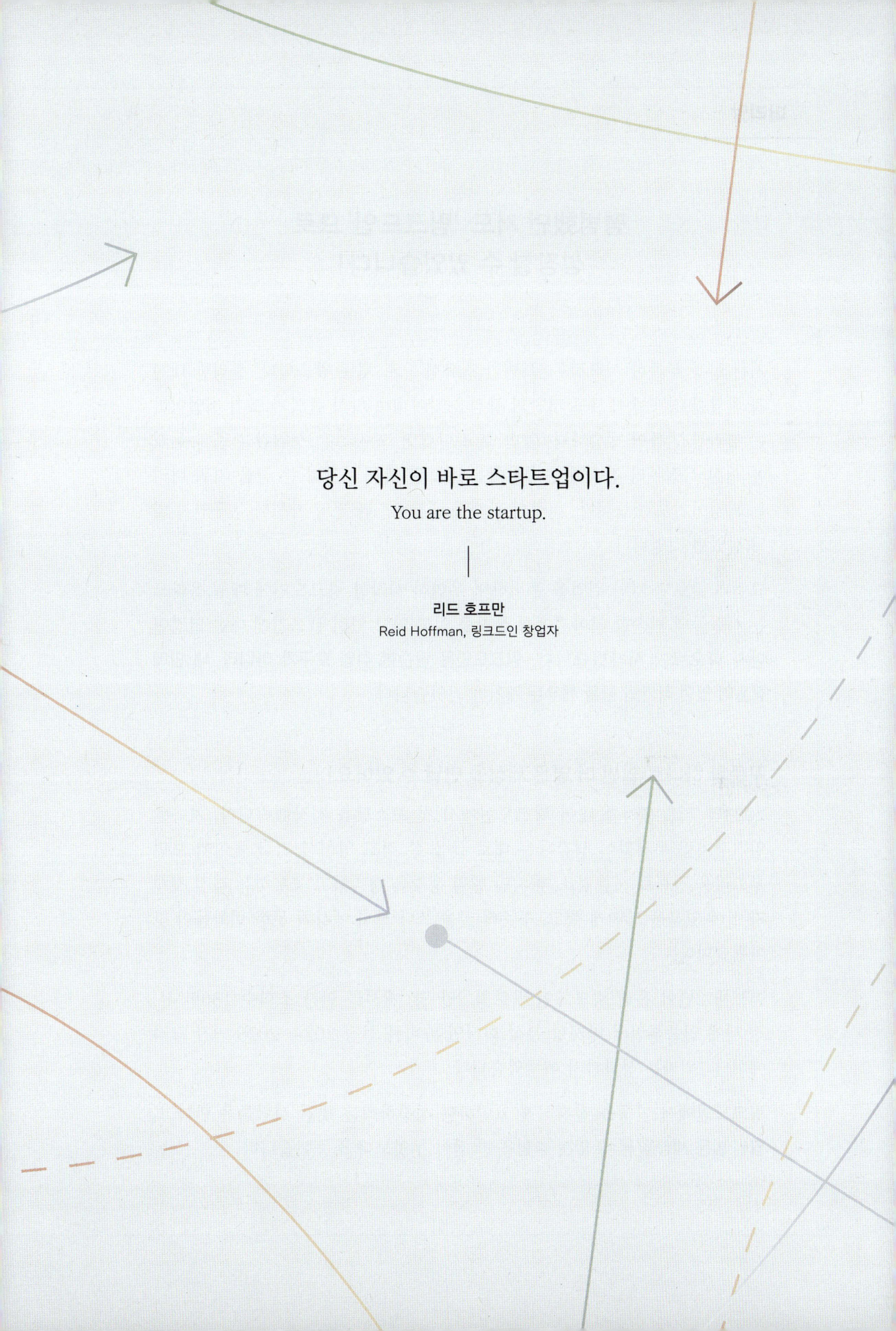

당신 자신이 바로 스타트업이다.
You are the startup.

리드 호프만
Reid Hoffman, 링크드인 창업자

평범했던 저도 '링크드인'으로
성장할 수 있었습니다!

저는 항상 부족한 시작점을 '특별한 집요함'으로 채워 왔습니다. 불리한 내신과 치열한 경쟁 속에서도 저만의 강점을 찾아내며 차석 졸업과 조기 취업이라는 결과를 만들어 냈습니다. 앞만 보고 달렸던 그 시간은 성취감을 줌과 동시에 어린 시절부터 간직해 온 '내 이름으로 된 책을 쓰겠다'는 꿈을 지워 버리는 과정이기도 했습니다. 현실의 과제를 해결하느라 정작 자신이 누구인지 잊고 살았던 것입니다.

그런데 글로벌 기업 취업을 준비하며 우연히 시작한 링크드인에 매일 올라오는 사람들의 진솔한 이야기에서 통찰을 얻고 잊고 있던 글쓰기에 대한 열정이 다시 타오르기 시작했습니다. 링크드인은 단순한 취업 도구가 아니라, 내 안에 잠들어 있던 작가의 꿈을 깨우는 계기가 되었습니다.

꾸준함 하나로 훨씬 더 넓은 세상을 만날 수 있어요!

2023년 7월, 용기를 내어 링크드인에서 첫 포스팅을 시작했습니다. 처음엔 일기장처럼 두서없이 생각나는 대로 글을 쓴 적도 있어서 지금 돌이켜 보면 부끄러울 정도로 서툴렀죠. 하지만 매일 생각을 정리하고 공유하는 과정 자체가 살아 있음을 느끼게 했고, 꾸준히 글을 쓰다 보니 예상치 못한 변화들이 찾아왔습니다.

어느새 2년이 흘러 링크드인 팔로워 2만 명, 게시글 연간 조회수 130만 뷰, 전 세계 인플루언서 마케팅 분석 회사인 파비콘 선정 2024~2025 연간 크리에이터 7위라는 성과까지 이루었습니다.

링크드인에서 인생을 진지하게 고민하며 성장하려는 멋진 사람들을 만나고, 훨씬 넓은 세상을 볼 수 있는 경험을 한 점이 무엇보다 소중했습니다.

팔로워 2만 명까지 키운 링크드인 노하우를 모두 공개합니다!

어떤 사람들은 링크드인을 '프로페셔널 플랫폼'이라고 표현합니다. 이러한 특유의 부담감 때문에 많은 사람들이 링크드인에서 자신의 이야기를 시작하지 못하고 있습니다. 실제로 국내에서는 링크드인을 단순히 이력서를 올려 두는 곳 또는 외국계 기업 종사자들만 쓰는 플랫폼으로 오해하는 경우가 많습니다. 링크드인이 무엇인지조차 모르는 사람이 훨씬 많은 것이 현실입니다.

바로 그 질문에 답하기 위해 이 책을 썼습니다. 먼저 링크드인이 정확히 무엇이고, 프로필을 어떻게 설정해야 하는지 알아봅니다. 또한 새로운 사람은 어떻게 만날 수 있는지, 나만의 콘텐츠는 어떻게 만들고 공유할 수 있는지, 실제로 어떤 포스팅이 사람들에게 반응을 얻었는지까지, 2년간의 시행착오와 고민을 모두 담았습니다.

이 책을 통해 여러분은

- 링크드인 프로필 최적화로 기회의 문을 열고,
- 나만의 콘텐츠로 전문성을 어필하며,
- 진정한 네트워킹으로 커리어를 확장할 수 있습니다!

전문가나 유명인이 아니어도, 오랜 경력이 없어도 괜찮습니다. 나만의 이야기와 통찰은 충분히 가치가 있으니까요.

이 책이 독자 여러분의 링크드인 여정을 시작할 수 있도록 용기를 주고 지도의 나침반 역할을 해주었으면 합니다. 링크드인에 입문할 여러분의 첫 포스팅을 기대하겠습니다. 포스팅을 올릴 때 저를 태그하거나 1촌 요청도 보내 주세요!

"링크드인에서 만나요!"

오늘도 링크드인 포스팅을 예약하며

변재일 드림

이 책을 미리 읽어 본
'링크드인 능력자'의 강력 추천!

불확실성이 심화되는 거시 경제 환경에서 **글로벌 리더가 되고 싶은가요? 그렇다면 글로벌 명함이자 이력서인 링크드인**을 알아야 합니다. 《된다! 링크드인 활용법》에서 링크드인의 첫걸음을 같이할 수 있기를 바랍니다.

김형섭_SAP 벨류 어드바이저

링크드인은 전 세계 모든 기업의 최고 경영진과 전문가(특히 HR 부문 포함)가 활동하는 글로벌 비즈니스 생태계의 소셜 미디어 플랫폼입니다.

변재일 저자의 《된다! 링크드인 활용법》은 지구상 수천만 명의 기업인과 21세기 청년을 위한 **매우 구체적인 링크드인 활용 지침서**로서, 그야말로 링크드인에 관한 글로벌 스테디 베스트셀러가 될 것임을 확신합니다.

임덕정(시몽)_(전) 현대자동차 · 기아자동차 유럽법인장

링크드인을 채용과 이직을 위한 플랫폼으로만 활용하다가 지식과 경험을 공유하는 글쓰기 공간으로 전환하고자 했을 때, 막연한 두려움과 걱정이 앞섰습니다.

하지만 저자와 커피챗을 하면서 큰 용기와 방향을 얻을 수 있었고, 지금은 많은 분들과 진정성 있는 소통을 이어 가며 나 자신을 성찰하고 통찰을 얻는 귀한 플랫폼으로 활용하고 있습니다.

링크드인을 활용하는 방법은 정답이 따로 없지만, 《된다! 링크드인 활용법》은 링크드인에서 다양한 기회를 여는 데 필요한 가이드가 되어 줄 것입니다. 특히 **글쓰기를 통해 링크드인에서 나만의 길을 찾고자 하는 분들께 이 책을 추천**합니다.

김지홍_(주)풀무원 AX 전략담당 상무

《된다! 링크드인 활용법》은 저자의 실제 경험을 바탕으로 링크드인 가입부터 첫 포스팅, 꾸준한 글쓰기, 팔로워 증가까지 전체 여정을 따뜻하고 친절하게 안내합니다. **프로필 설정 → 콘텐츠 전략 → 성공 사례 → 직군별 팁 순**으로 체계적으로 정리해서 흐름이 자연스럽고 링크드인을 처음 시작하는 입장에서 따라 하기 좋습니다.

실용적인 예시와 구체적인 가이드 덕분에 링크드인이라는 낯선 플랫폼에 쉽게 다가갈 수 있도록 도와줍니다. 이 책은 단순한 링크드인 사용법을 넘어 '왜 써야 하는지' 본질적인 메시지까지 전달하여 링크드인을 시작하려는 모든 이에게 따뜻한 첫걸음이 될 것입니다.

박선미 _ (주)봄앤비 대표/ (전)네이버 마케팅 매니저

변재일 님은 자신만의 속도로 꾸준히 성장하는 열정적인 사람입니다. 링크드인에서는 단기간에 만 명이 넘는 팔로워를 모으며 입지를 다졌을 뿐 아니라 뉴스레터 발행, 대학 강의, 도서 집필 등 다양한 활동을 통해 자신의 경험과 고민을 다른 이들에게 나누고자 하는 노력을 활발하게 이어 가고 있습니다. 무엇보다 인상적인 점은, 단순한 자기 PR을 넘어서 **주변에 긍정적인 자극과 변화를 만들어 내고자 하는 마인드**였습니다.

이번에 출간된 《된다! 링크드인 활용법》역시 그런 저자의 철학이 잘 녹아 있는 결과물입니다. 링크드인을 어떻게 시작해야 할지 막막한 분, 커리어와 브랜딩에 대해 고민하는 분, 일상의 기록을 통해 성장하고 싶은 분께 이 책은 **친절하고도 실용적인 길잡이**가 되어 줄 것입니다.

정성은 _ LG전자 비즈니스 플래너

국내에서는 아직 인지도가 낮은 링크드인, 그렇기에 더 큰 기회를 얻을 수 있다고 생각합니다. 제대로 배우고 싶다면 전문가를 찾아야겠죠? **2만 팔로워를 만든 링크드인 인플루언서**이자 링크드인 교육까지 진행해 온 변재일 저자의 **운영 노하우**를 꼼꼼히 배울 수 있어서 좋았습니다.

프로필 최적화부터 콘텐츠 전략, 진정성 있는 네트워킹까지 이 책 한 권으로 모두 알려 줍니다. 저도 이 책을 편집하면서 링크드인에 더 깊숙이 들어갈 수 있었습니다.

활발히 소통할 수 있는 오픈채팅방은 보너스! 책으로 배우고, 커뮤니티에서 함께 성장하는 이 책과 함께 링크드인 여정을 시작해 보시길 추천합니다.

임승빈 _ 이 책의 담당 편집자이자 링크드인 입문자

차례

04장　팔로워 2만 명을 만드는 링크드인 글쓰기 전략

4가지 유형별 링크드인 사용 방법

링크드인을 시작하려는 이유는 저마다 다릅니다. 누군가는 취업을 위해, 누군가는 비즈니스 확장을 위해, 또 누군가는 단순히 호기심으로 시작하죠. 여러분의 현재 상황과 목표는 무엇인가요? 가장 필요한 부분부터 골라 읽을 수 있도록 유형별 맞춤 가이드를 준비했습니다.

설렘과 걱정이 많은
왕초보 입문자

이 책의 **처음부터 끝**까지 순서대로 정독해 보세요!

회원 가입부터 프로필 완성까지
하나씩 따라 하다 보면
어느새 전문가가 되어 있을 거예요.

무엇을 채워야 할지 막막한
학생 & 취준생

01장 유형별 전략과 **02장** 프로필 설정부터
빠르게 실행하세요!

나만의 강점을 찾아 프로필을
매력적으로 채우는 방법부터 배웁니다.

더 좋은 기회를 잡고 싶은
야망 있는 직장인

03장 네트워킹과 **04장** 글쓰기를 집중 공략하세요!

현직자와 연결되고 나의 전문성을 알리는
가장 확실한 방법을 소개합니다.

효율적으로 일하고 싶은
똑똑한 전문가

05장 AI 활용법을 꼭 읽어 보세요!

챗GPT와 클로드를 비서처럼 활용하는
비법을 터득할 수 있습니다.

링크드인 프로필 설정, 핵심만 콕콕!

바쁜 독자님의 소중한 시간을 아껴 드리기 위해 상황에 따른 진도표 2가지를 준비했습니다. 어떤 진도표를 선택하더라도 천천히 따라 한다면 나만의 매력적인 프로필과 탄탄한 네트워크를 만들 수 있습니다.

원데이 클래스 진도표 ▼

오늘 하루, 딱 3시간 투자해서 링크드인 기초 공사를 끝내고 싶다면?

선택과 집중을 위해, 하루 만에 필수 기능 설정부터 첫 1촌 신청까지 마스터하는 것이 목표입니다.

차시	배울 내용	장	쪽
1교시	링크드인 회원 가입 및 기본 프로필(사진, 한줄소개) 설정	01장	21~74쪽
2교시	경력 및 학력 기술로 전문성 증명하기	02장	76~133쪽
3교시	1촌 신청 및 네트워킹 시작하기	03장	135~190쪽

5일 완성 진도표 ▼

하루 30분씩! 부담 없이 따라 하며 완벽하게 마스터하고 싶다면?

가입부터 심화 기능, 그리고 AI 활용까지! 5일 만에 링크드인 전문가로 거듭날 수 있도록 알차게 설계했습니다.

차시	배울 내용	장	쪽
1일 차	[가입 및 기본] 링크드인 회원 가입과 매력적인 첫인상 만들기	01장	21~74쪽
2일 차	[프로필 완성] 경력, 추천, 추가 영역으로 빈틈없이 채우기	02장	76~133쪽
3일 차	[네트워킹] 1촌 신청부터 커피챗 요청까지 인맥 넓히기	03장	135~190쪽
4일 차	[콘텐츠] 나를 알리는 첫 포스팅 작성과 글쓰기 노하우	04장	192~245쪽
5일 차	[분석 및 AI] 성과 분석과 AI 도구 활용하기	04~05장	246~288쪽

재일 님, 링크드인이 궁금해요!

링크드인을 시작하려는 분들이 가장 흔히 하는 질문 5가지를 뽑아 속 시원하게 답변해 드립니다.

Q1 경력도, 스펙도 없는 학생인데 링크드인을 해도 될까요?

물론입니다. 링크드인은 전문가만 글을 쓰는 곳이 아닙니다. 오히려 **경력이 없는 학생이나 주니어에게 더 큰 기회**가 열려 있습니다. 이 책은 '경영학과 4학년'이라는 평범한 사람을 'ESG 전략을 연구하는 예비 전문가'라는 매력적인 브랜드로 바꾸는 마법 같은 방법을 알려 드립니다.

➡ 자세한 내용은 01장

Q2 영어 실력이 부족해서 걱정인데, 꼭 영어로 써야 하나요?

아닙니다. 한국어로만 활동해도 충분히 의미 있는 성과를 만들 수 있습니다. 하지만 글로벌 기회를 잡고 싶다면 **영어 프로필을 병행**하는 것이 유리합니다. 걱정하지 마세요! 이 책은 AI 도구를 활용해 내 한글 이력서를 완벽한 영어 문장으로 바꾸는 치트키를 모두 공개합니다.

➡ 자세한 내용은 05장

Q3 모르는 사람에게 1촌 신청을 해도 실례가 아닐까요?

전혀 실례되지 않습니다. 링크드인은 원래 모르는 사람끼리 비즈니스로 연결되도록 만든 곳이니까요. 단, 예의는 갖춰야 합니다. **상대방이 기분 좋게 수락할 수밖에 없는 '마성의 1촌 신청 메시지' 작성법**을 이 책에서 배워 보세요.

➡ 자세한 내용은 03장

Q4 글쓰기에 자신이 없는데, 꾸준히 포스팅할 수 있을까요?

글쓰기 실력보다 중요한 건 '꾸준함'입니다. 매일같이 거창한 글을 쓰지 않아도 됩니다. 이 책은 '오늘 뭐 쓰지?' 고민을 단번에 해결해 줄 **6가지 황금 글감과 100가지 글쓰기 주제 리스트**를 제공합니다. 그대로 따라 쓰기만 하면 됩니다.

➡ 자세한 내용은 04장

Q5 당장 이직할 생각은 없는데, 지금 가입해야 할까요?

네, 바로 지금이 적기입니다. 링크드인은 이직할 때만 켜는 앱이 아닙니다. 평소에 나를 브랜딩하고 네트워크를 쌓아 둬야 진짜 좋은 기회가 왔을 때 놓치지 않을 수 있습니다. 이 책으로 **미래의 커리어를 위해 든든한 보험**을 들어 두세요.

➡ 자세한 내용은 01장

🎁 독자를 위한 특별 선물 3가지

책만 사도 따라오는 실전 링크드인 치트키! QR코드로 바로 내려받으세요.

⬇ 다운로드 링크 bit.ly/easys_lk1

선물 1 ▼ **1촌 신청 & 커피챗 요청 템플릿** 　상황별 '복붙' 가능!

거절당할까 봐 걱정되나요? 상황에 맞춰 복사해서 바로 쓰세요.
콜드 메일, 커피챗 요청, 감사 인사 등 상황별 맞춤 메시지를 담았습니다.

선물 2 ▼ **링크드인 전용 생성형 AI 프롬프트 모음** 　나만의 AI 비서!

프롬프트 그대로 입력만 하면 AI가 영문 이력서부터 매력적인 자기소개까지 술술 써줍니다.
프로필 요약, 콘텐츠 작성, 번역까지 한 번에 해결하세요.

선물 3 ▼ **월간 링크드인 성장 기록표 & 체크리스트** 　성장하는 나를 위한

매달 기록하면 나의 링크드인 계정 성장을 한눈에 볼 수 있습니다.
1촌 증가 수, 프로필 조회수 등을 기록하며 꾸준히 성장하는 습관을 만들어 보세요.

📣 저자와 소통해 보세요!

저자가 운영하는 오픈채팅방에서 실시간으로 질문 해결!
링크드인 프로필 피드백부터 네트워킹 꿀팁까지! 혼자 고민하
지 말고 저자, 그리고 동료들과 함께 성장하세요.

💬 오픈채팅방 latpeed.com/products/wKUZY

오픈채팅방
바로가기

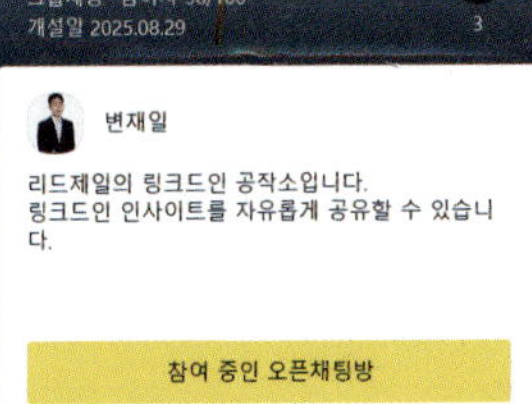

온라인 채널 소개

✅ 성장하고 싶은 사람이 모인 곳, 'Do it! 스터디룸'에 방문해 보세요!

'Do it! 스터디룸'에서 이 책으로 공부하는 독자들을 만나 보세요. 혼자 시작해도 함께 끝낼 수 있어요. '두잇 공부단'에 참여해 책을 완독하고 인증하면 이지스퍼블리싱에서 출간한 책을 선물로 받을 수 있답니다!

> Do it! 스터디룸:
> cafe.naver.com/doitstudyroom

✅ 실무 노하우뿐만 아니라 정보까지 얻어 가는 '이지스퍼블리싱 블로그'

이지스퍼블리싱 블로그에서 책과 관련된 다양한 이야기를 만나 보세요! 실무에 도움되는 내용은 물론, 실생활에 필요한 정보까지 모두 얻어 갈 수 있습니다.

> 이지스퍼블리싱 블로그:
> blog.naver.com/easyspub_it

✅ 신간 소식 및 다양한 이벤트 정보는 '이지스퍼블리싱 인스타그램'에서!

신간 정보와 책 관련 이벤트 소식은 이지스퍼블리싱 공식 인스타그램에서 빠르게 확인할 수 있습니다. 다양한 이벤트에 참여하고 선물도 받아 가세요!

> 이지스퍼블리싱 인스타그램:
> instagram.com/easyspub_it

온라인 독자 설문 | 보내 주신 의견을 소중하게 반영하겠습니다!

오른쪽 QR코드를 스캔하여 이 책에 대한 의견을 보내 주세요.
독자 여러분의 칭찬과 격려는 큰 힘이 됩니다. 더 좋은 책을 만들도록 노력하겠습니다.

의견을 남겨 주신 분께 드리는 혜택 6가지!

❶ 추첨을 통해 소정의 선물 증정   ❷ 이 책의 업데이트 정보 및 개정 안내
❸ 저자가 보내는 새로운 소식   ❹ 출간될 도서의 베타테스트 참여 기회
❺ 출판사 이벤트 소식   ❻ 이지스 소식지 구독 기회

01장 링크드인의 세계에 오신 것을 환영합니다

링크드인LinkedIn의 세계에 오신 것을 환영합니다! 여러분은 새로운 플랫폼을 시작할 때 보통 무엇부터 확인하나요? 단순히 '무엇인지' 아는 것보다 중요한 것은 '왜 지금 당장 시작해야 하는가'입니다. '글로벌 커리어의 지름길'로 알려진 링크드인의 진짜 매력부터 바로 알아보겠습니다.

연결의 힘, 링크드인

링크드인을 소개합니다!

링크드인은 전 세계 직장인과 전문가, 사업가를 연결하는 비즈니스 및 취업 중심의 소셜 네트워크 서비스(SNS)입니다. 현재 링크드인은 전 세계 200개가 넘는 국가와 지역에서 10억 명 이상을 회원으로 두고 있으며, 전문가 위주의 소셜 네트워크 서비스로 자리 잡았다는 것이 특징입니다.

링크드인 로고

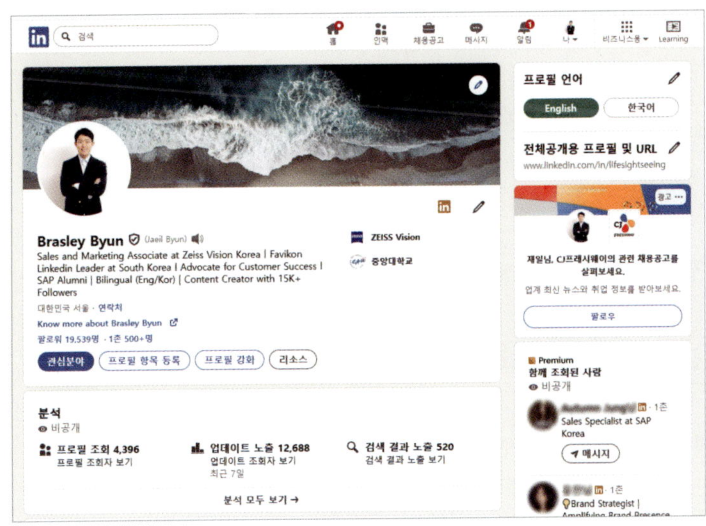

필자의 링크드인 화면

링크드인에서는 자신의 경력, 기술, 학력, 업무 성과를 프로필에 나타내고, 자신이 알고 있는 것을 포스팅해서 여러 사람과 공유합니다. 실명을 기반으로 하기 때문에 어느 정도 신뢰를 보장받은 상황에서 서로 1촌^{connection}을 맺는 방식으로 네트워킹을 확장하기도 합니다. 기존 서비스에서는 채용공고 같은 취업에 치중해서 운영했지만, 이제는 개인과 기업 브랜드의 매력을 뽐낼 수 있도록 플랫폼의 구조를 꾸준히 바꾸고 있습니다.

링크드인의 주요 특징, 그리고 링크드인에서 할 수 있는 활동과 효과를 간단히 정리해 보면 다음과 같습니다.

❶ **이력서 관리(프로필):** 경력과 기술을 글로벌 표준 포맷으로 정리해서 24시간 동안 나를 홍보합니다.

❷ **인맥 확장(네트워킹):** 업계 전문가, 동료들과 1촌을 맺고 신뢰를 기반으로 인맥을 쌓습니다.

❸ **실시간 구인·구직:** 채용공고를 검색하고 '간편 지원(Easy apply)' 기능으로 즉시 지원할 수 있습니다.

❹ **콘텐츠 브랜딩:** 전문 지식과 경험담을 공유해 해당 분야의 권위자로 성장합니다.

❺ **전문가 커뮤니티(그룹):** 산업별 그룹에 참여해 최신 정보와 인사이트를 나눕니다.

❻ **비즈니스 인사이트:** 기업 브랜딩 및 광고 도구를 활용해 실질적인 사업 기회를 창출합니다.

그래서 링크드인을 왜 해야 하나요?

지금 링크드인을 해야 하는 이유는 무엇일까요? 현재 링크드인은 기존의 채용 정보 사이트에서 개인의 퍼스널 브랜딩, 기업의 마케팅을 위한 치열한 각축전이 펼쳐지는 채널로 변해 가고 있습니다. 그 이유는 크게 4가지로 정리할 수 있습니다.

① 국내외 기업과 연결되고, 해외 취업 기회까지 잡을 수 있어요!

링크드인은 국내에서 글로벌 커리어를 희망하는 인재와 기업에게 필수인 네트워킹 플랫폼으로 자리 잡았습니다. 과거에는 외국계 기업이나 해외 취업을 준비하는 이들에게만 국한되었으나, 최근에는 국내 대기업, 중견기업, 스타트업 등에서도 링크드인을 적극 활용하여 인재를 발굴하고 비즈니스 파트너를 찾고 있습니다. 게다가 영어를 기반으로 하는 프로필 작성과 추천서, 기술 인증 등은 국내 다른 플랫폼과 차별화된 특징입니다.

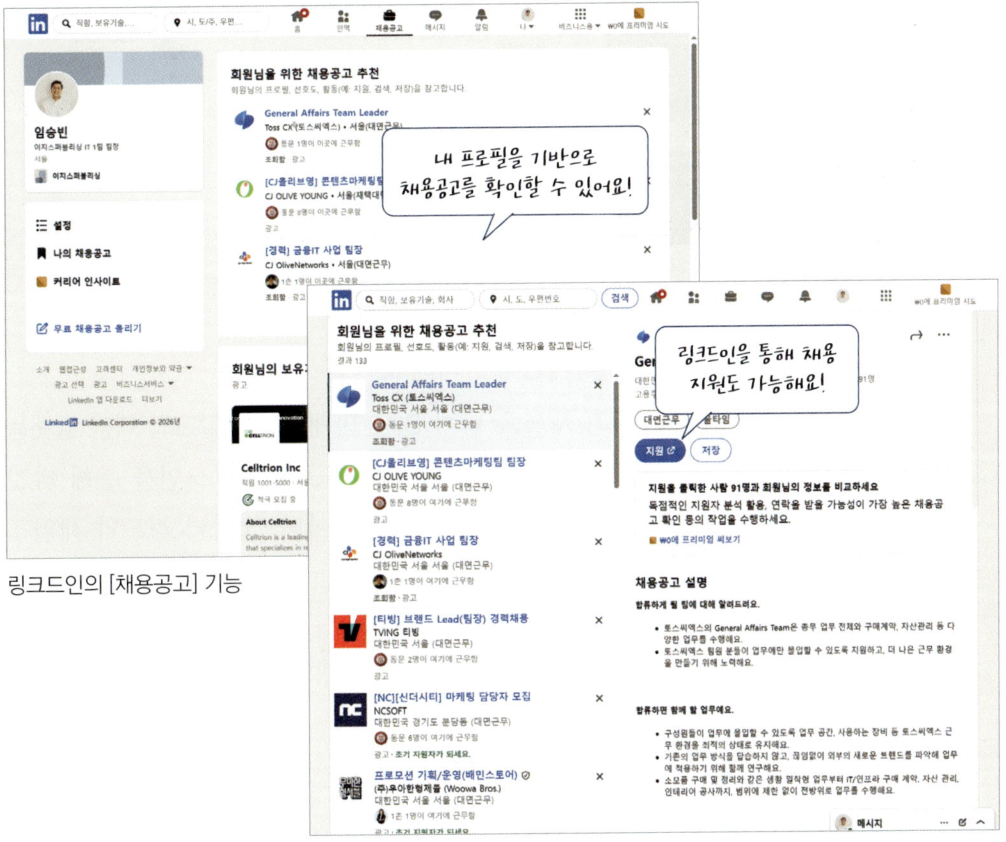

링크드인의 [채용공고] 기능

② 내 경력과 전문성을 콘텐츠로 증명할 수 있어요!

2025년 링크드인에서는 퍼스널 브랜딩이 중요한 트렌드로 부상했습니다. 사용자는 자신의 경력·프로젝트·성과·역량을 상세히 기록하고, 포트폴리오·영상·슬라이드 등 **다양한 미디어를 활용해 시각적 전문성을 강조**할 수 있는 채널이 되었습니다.

특히 최근에 링크드인이 업데이트되면서 영상을 재생하면 틱톡처럼 세로형 영상이 뜨는 것을 확인할 수 있습니다. 이는 링크드인이 본격적으로 SNS로서의 여정을 시작했음을 밝히는 중요한 증거입니다.

세로형 영상도 제공하는 링크드인

③ 기업 고객이 많아서 B2B 마케팅에 유리해요!

링크드인은 단순한 구인·구직 채널을 넘어 **B2B 마케팅과 세일즈의 핵심 플랫폼**으로 성장하고 있습니다. 국내 B2B 마케팅 전문가들은 링크드인을 통해 타깃에게 직접 접근하고, 브랜드 인지도와 신뢰도를 높이며, 오가닉 리드와 세일즈 파이프라인을 구축하고 있습니다.

➡ B2B란 Business-to-Business 의 줄임말로, 기업과 기업 간의 거래를 의미합니다. 개별 소비자를 대상으로 하는 B2C(Business-to-Consumer)와 달리 제품, 원자재, 서비스를 다른 기업에 판매하는 비즈니스 모델입니다.

실제로 링크드인 콘텐츠는 구글 검색 결과 상위에 노출되는 경우가 많아서 검색 유입 트래픽도 많이 증가하고 있습니다. 2024년 기준 국내 검색 엔진 최적화 SEO 전문 대행사인 엘리펀트 컴퍼니의 자료에 따르면 링크드인 콘텐츠의 오가닉 유입 트래픽은 월 72만 건에 이르는데, 이는 최근 6개월 동안 더욱 가파르게 상승했다고 합니다.

➡️ 오가닉 리드, 오가닉 유입이란 비용을 들여 광고하지 않고 콘텐츠 검색이나 추천 등을 통해 자발적으로 자연스럽게 유입된 잠재 고객을 의미합니다.

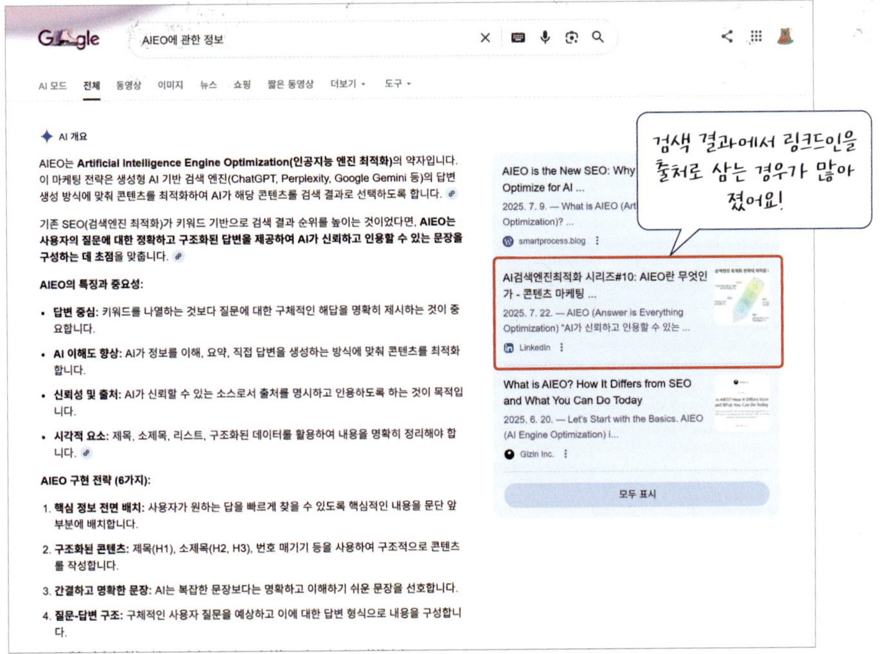

구글의 검색 요약 서비스에서 링크드인의 자료가 상위에 나타나는 모습

④ AI 기술을 반영해서 똑똑하게 사용할 수 있는 SNS예요!

최근 링크드인은 AI 기술을 적극 도입해서 채용과 네트워킹, 콘텐츠 추천 등 다양한 영역에서 혁신을 이루고 있습니다. AI 기반 채용 보조 에이전트인 하이어링 어시스턴트Hiring Assistant는 채용 담당자가 적합한 후보자를 신속하게 찾고, 반복 작업을 자동화하며, AI 지원 메시지로 수락률을 높입니다.

➡️ 하이어링 어시스턴트(Hiring Assistant)는 링크드인이 채용 담당자를 위해 출시한 AI 에이전트로, 후보자 검색(소싱), 지원자 선별, 초기 연락 및 면접 일정 조율 등 반복적인 채용 실무를 자동으로 수행하여 업무 효율을 높여 주는 도구입니다.

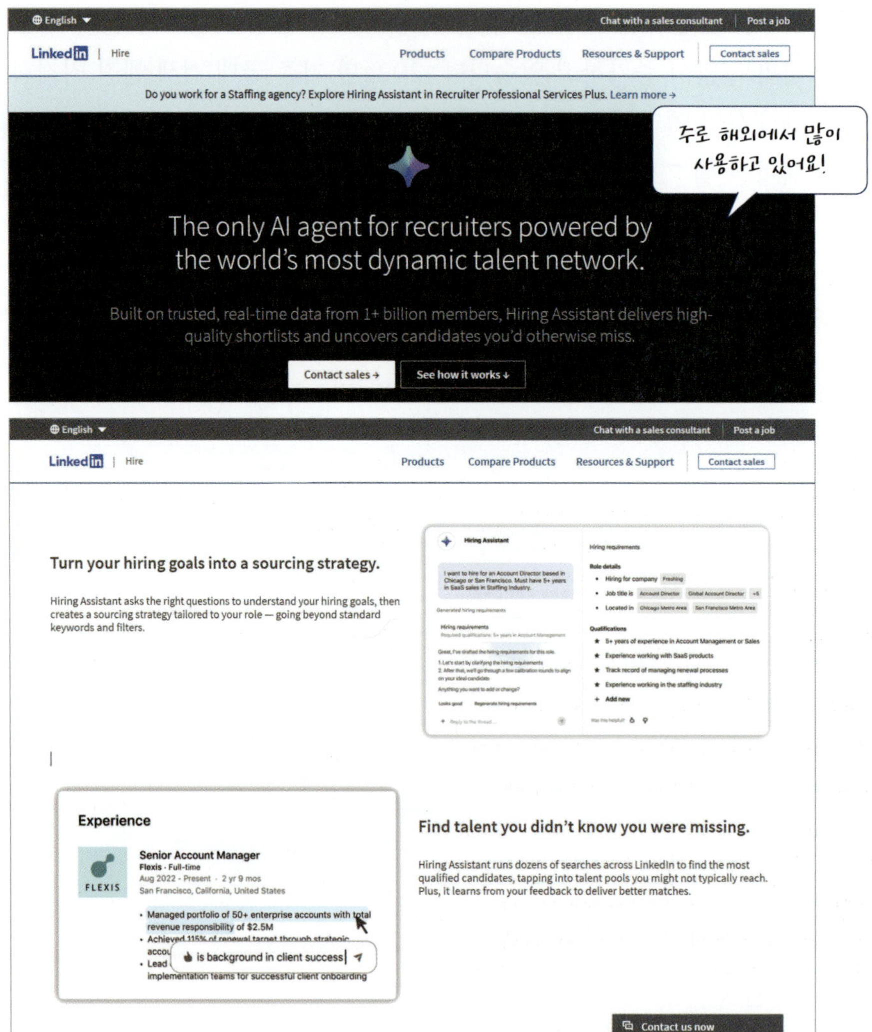

링크드인의 AI 기반 채용 보조 에이전트인 하이어링 어시스턴트 예시

아직 하이어링 어시스턴트를 한국에서 제대로 활용한 사례가 많지는 않지만, 링크드인의 AI 도입은 채용 분야에만 국한되지 않습니다. 링크드인은 AI를 활용해 플랫폼의 추천 알고리즘도 강화하고 있습니다. 사용자의 프로필과 활동 데이터를 분석해서 맞춤형 네트워킹 기회와 콘텐츠를 추천하는 등, 다양한 방식으로 AI 기술을 접목하며 똑똑하게 발전하고 있습니다.

링크드인, 우리나라에서는 어때요?

전 세계 디지털 트렌드를 제공하는 데이터리포털^{Datareportal}에 따르면, 2025년 링크드인 신규 가입자가 2024년 대비 60여만 명이 늘었다고 합니다. 또한 유럽의 전문 통계업체인 나폴레옹캣^{NapoleonCat}에서 조사한 자료에 따르면, 국내 링크드인 잠재 광고 도달 인구는 약 518만 명으로, 이는 전체 인구의 9.8%에 해당합니다. 게다가 링크드인의 **월간 활성 사용자 수**^{Monthly Active Users, MAU}**는 100만 명**을 돌파했으며, 이로써 링크드인은 플랫폼의 충성도 높은 사용자 기반을 확보했다고 볼 수 있습니다.

국내 링크드인 사용자의 54%(280만 명)가 **25~34세에 집중**되어 있다는 점도 눈에 띕니다. 이 연령대는 현업 실무자이자 가까운 미래에 기업의 수요 의사결정권자가 될 인재라는 점에서도 **플랫폼으로서 링크드인의 미래 성장 가능성**이 높습니다. 또 다른 특징으로는 18~24세, 즉 고등학교 2학년에서 대학생 및 사회 초년생 사이의 사용자 유입이 경제 활동 인구인 35~54세보다 오히려 더 많은 23.1%를 차지했다는 점입니다.

한국 링크드인 이용자의 성별 분포는 2026년 1월 기준, 남성과 여성이 거의 동일한 비율로 나타나서 성별에 따른 링크드인의 접근성 격차는 거의 없는 편입니다.

링크드인의 사용자 분석 내용(데이터리포털, 2025)

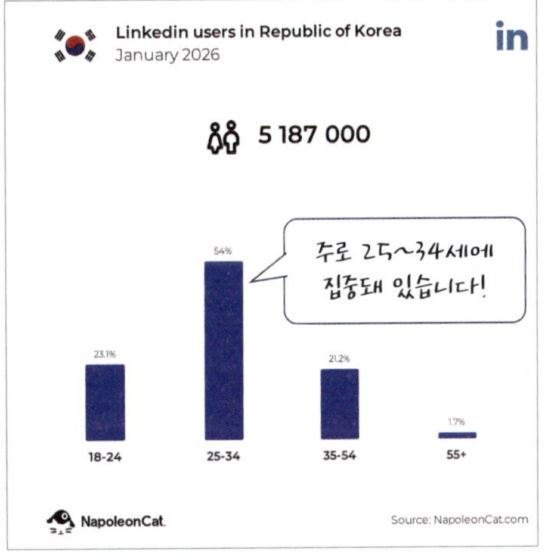

국내 링크드인 이용자 수와 연령대 비율
(나폴레옹캣, 2026. 01.)

그리고 국내 링크드인 사용자는 ICT, IT, 스타트업, 마케팅, 글로벌 기업, 광고, 비즈니스 서비스 등 이직률이 높거나 글로벌 네트워킹이 중요한 산업군에 집중되어 있습니다. 특히 B2B 마케팅 전문가, HR, 세일즈, PR, 경영진, 컨설턴트 등은 링크드인을 필수 업무 도구로 인식하고 있습니다.

전통 제조업, 건설업, 내수 중심 산업에서는 여전히 링크드인 사용률이 낮은 편이지만, 최근 B2B 마케팅과 디지털 전환이 가속하면서 점차 확산하는 추세입니다.

➲ ICT(Information and Communication Technology)는 정보통신기술을, HR(Human Resources)은 인적 자원(인사)을, PR(Public Relations)은 홍보(대외 커뮤니케이션)를 뜻합니다.

🔁 복습해 볼까요?

▶ 링크드인은 전 세계 직장인과 비즈니스 및 취업 중심의 ❶ (   ) 서비스입니다.

▶ 링크드인의 국내 사용자의 53.4%가 ❷ (25~34세 / 40~60세)에 집중되어 있습니다.

정답 ① 소셜 네트워킹 ② 25~34세

일단 시작하는 링크드인

링크드인이 매력적인 플랫폼이라는 것을 알았으니 이제 직접 내 공간을 만들어 볼 차례입니다. 프로필을 잘 채우는 것만으로도 **조회수가 7배나 높아진다는 사실**을 기억하세요. 처음에는 조금 번거로울 수 있지만, 한 번 잘 만들어 두면 전 세계 리크루터와 비즈니스 파트너에게 나를 대신해서 24시간 일해 주는 '디지털 명함'이 됩니다.

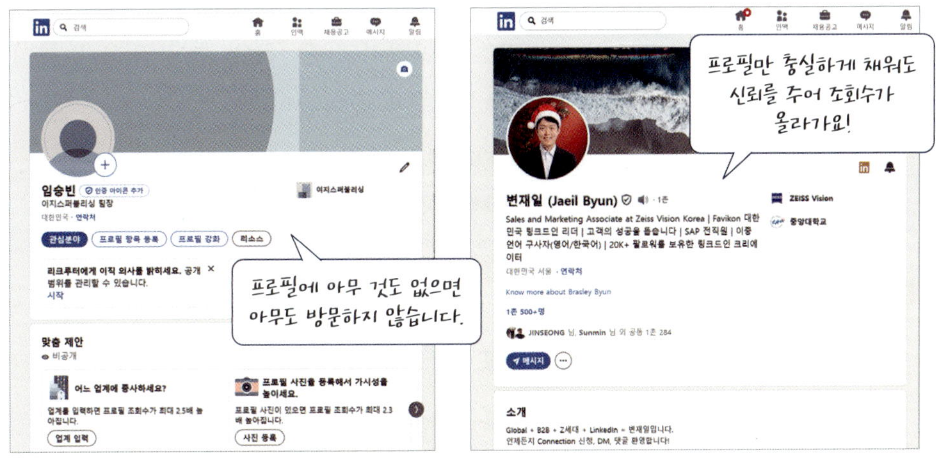

하면 된다! } 링크드인 회원 가입하기

링크드인의 회원 가입은 어렵지 않습니다. 하지만 그 과정에서 자신의 정보가 잘 검색될 수 있도록 최대한 상세하게 설명하면서 진행하겠습니다. 이번 실습에서는 PC 버전의 링크드인 화면을 기준으로 진행합니다. 모바일 앱 버전을 사용하지 않는 이유는 모바일 앱은 많은 양의 정보를 일일이 타이핑해서 입력하기가 불편하기 때문입니다.

1 웹 사이트 접속 및 회원 가입

웹 브라우저에서 ① 링크드인(linkedin.com)에 접속한 후, 홈 화면의 오른쪽 위에서 ② [회원 가입]을 클릭합니다.

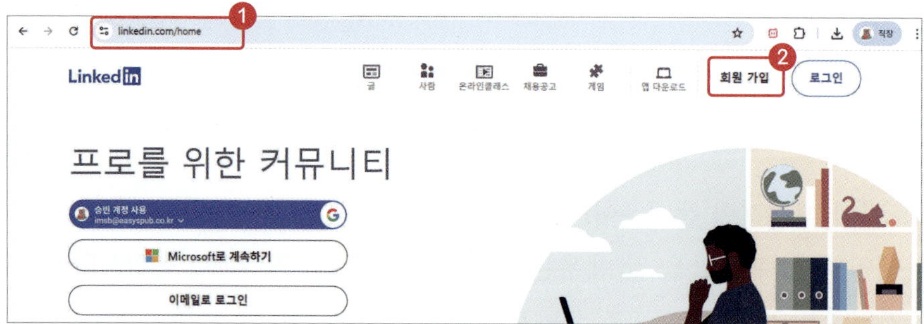

2 계정 정보 입력

LinkedIn 가입 창이 나타나면 ① 전체 약관에 동의를 클릭해서 체크한 후, ② 인증할 때 사용할 이메일 주소와 비밀번호를 입력하고 ③ [동의 후 가입]을 누릅니다. 이어서 ④ 성과 이름을 입력하고 ⑤ [계속]을 클릭합니다.

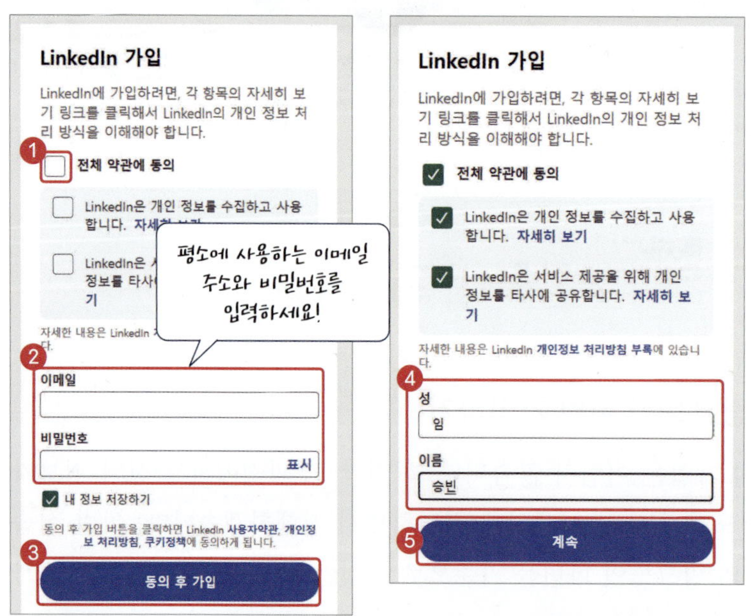

③ 지역 및 직책 설정

지역 정보를 먼저 입력합니다. 위치 기반으로 자동 입력되지만 정확히 하기 위해 ❶ 대한민국이라고 입력했습니다. ❷ [다음]을 클릭한 후 ❸ 최근 직책, 고용형태, 가장 최근에 다닌 회사를 입력합니다. 프로필 영역은 내 직책에 맞는 일자리를 매칭해 주는 부분이므로 일단 다음과 같이 입력했습니다. 입력을 마쳤다면 ❹ [다음]을 클릭하세요.

➡️ 프로필은 간단히 설정하고 넘어가세요. 자세한 내용은 02-2절에서 다루면서 수정할 예정입니다.

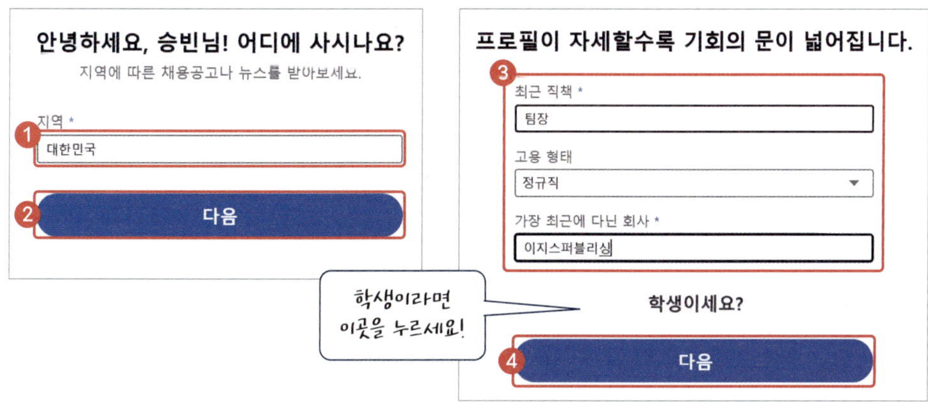

④ 이메일 인증

이메일 인증을 진행합니다. 회원 가입할 때 사용한 이메일 주소로 인증 코드가 도착했을 거예요. 이메일 인증 창에서 수신한 인증 번호를 입력하거나 [이메일 확인]을 클릭하면 인증이 완료됩니다.

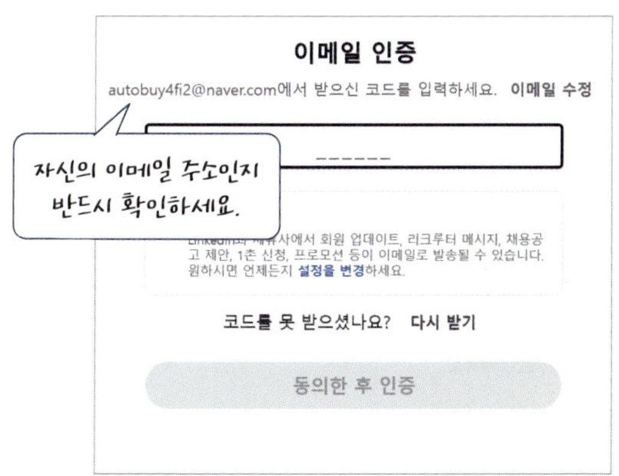

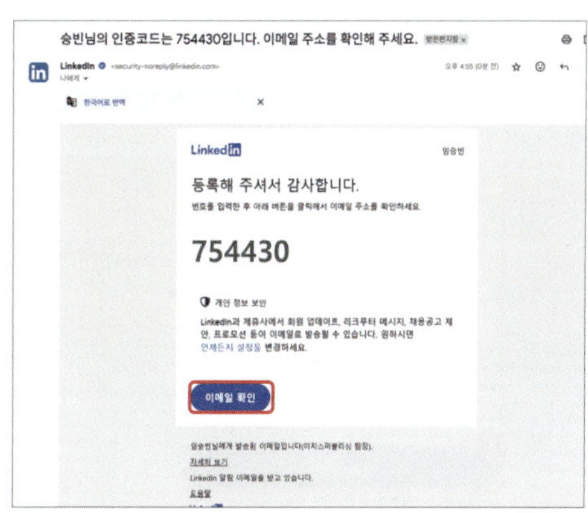

❶ 구직 여부를 선택하고 ❷ [다음]을 클릭합니다. 아는 사람에게 1촌을 신청할 수 있는 화면이 나타납니다. 여기에서 바로 1촌 맺기를 할 수도 있지만 일단 내 정보를 더 채운 후 신청해야 수락 확률을 높일 수 있으니 지금은 ❸ [건너뛰기]를 선택합니다.

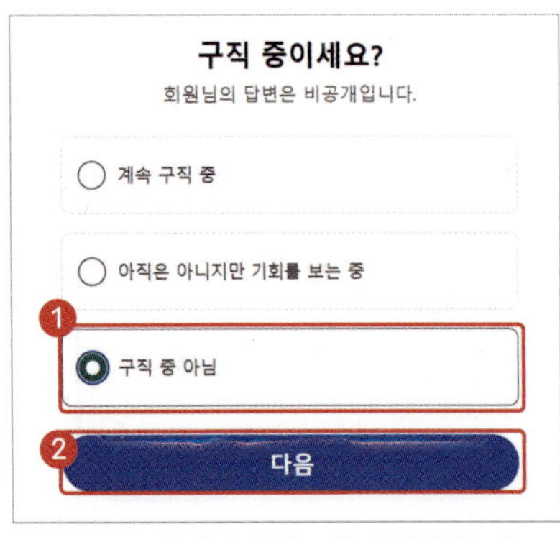

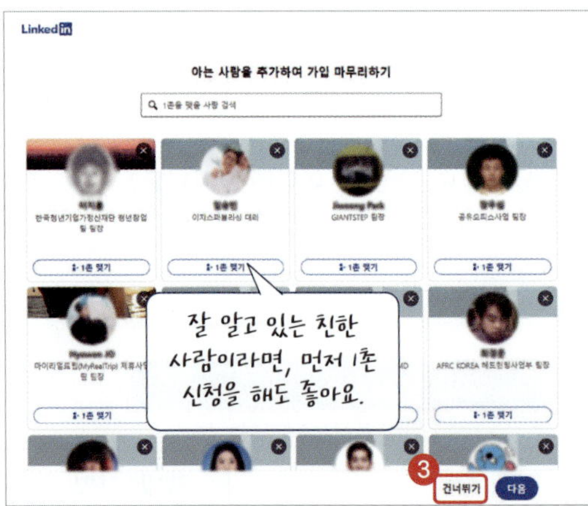

➡ 구직 여부 수정 방법은 02-1절에서, 1촌에 관한 설명은 03-1절에서 자세히 다룹니다.

링크드인의 회원 가입 과정이 거의 끝나 갑니다. ❶ [사진 등록]을 클릭해서 프로필 사진을 업로드합니다. 아직 준비한 사진이 없다면 건너뛰어도 됩니다. 마지막으로 링크드인 앱을 내려받을 수 있는데, 이는 나중에 해도 되니 ❷ 여기에서는 [마침]을 눌러 마무리합니다.

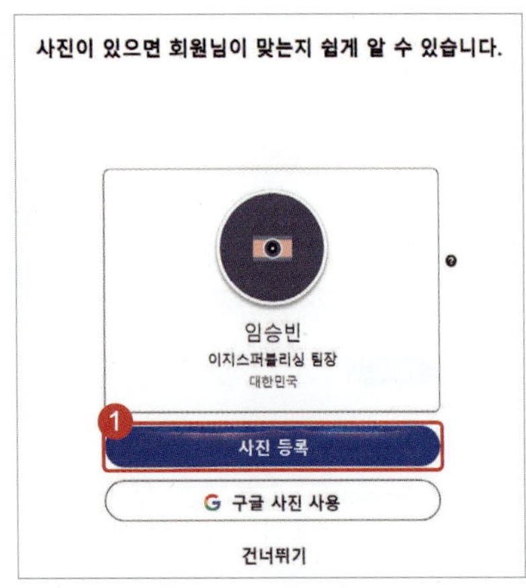

➡ 프로필 사진에 관한 내용은 02-1절에서 자세히 다룹니다.

7 링크드인 가입을 완료했습니다. 앞서 설정한 프로필은 다시 설정할 수 있으니, 일단 여기까지 쭉 따라 해보세요.

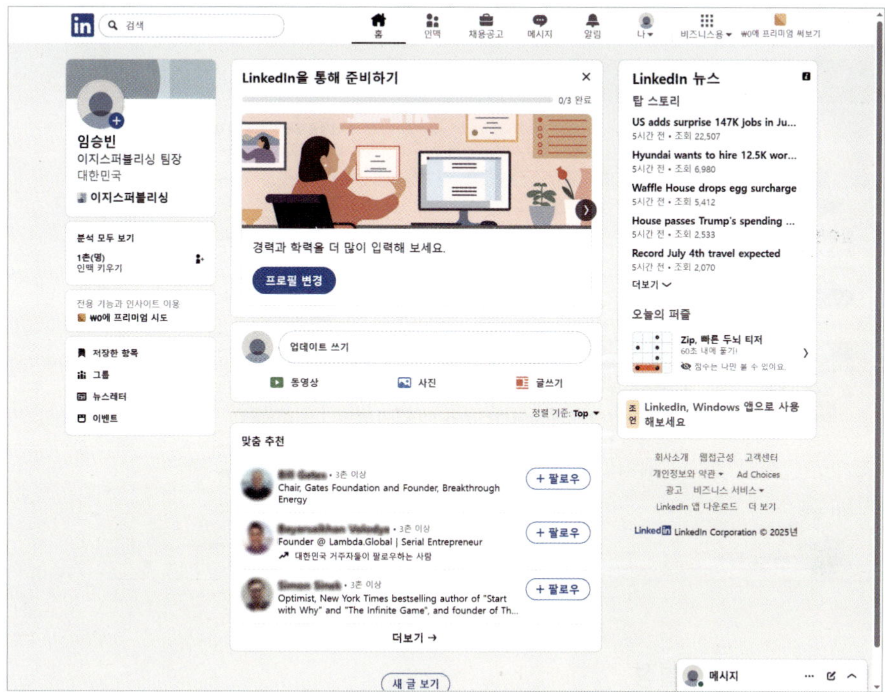

하면 된다! } 링크드인 프로필 기본 설정하기

식당 메뉴판에 아무것도 적혀 있지 않다면 손님은 어떤 메뉴가 있는지 몰라 두리번거리고, 어떤 메뉴를 골라야 할지 망설일 것입니다. 이제 아무것도 없이 텅 빈 프로필을 알차게 채워 보겠습니다. 천천히 따라 해보세요.

1 프로필 보기

먼저 프로필을 설정하기 위해 [① 나 → ② 프로필 보기]를 클릭합니다.

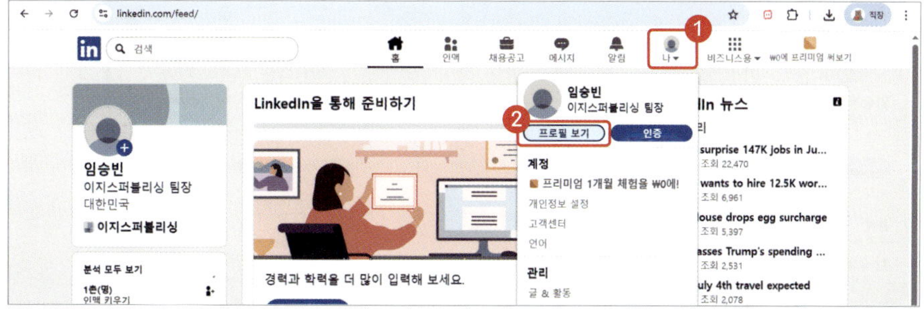

2 프로필은 다른 사람에게 나를 알리는 페이지입니다. 위에서부터 하나씩 채
워 가겠습니다.

3 전체공개용 URL 설정

전체공개용 URL이란 링크드인 계정이 없는 사람도 볼 수 있는 공개 프로필 웹
주소입니다. 이 기능을 설정하면 구글, 네이버와 같은 검색 엔진에서 프로필이
검색될 확률이 높아집니다. 또한 이력서나 이메일 서명 등에 URL을 추가하여
간편하게 공유할 수도 있으므로 일석이조의 효과가 있습니다.
프로필 수정 화면에서 오른쪽 위 [전체공개용 프로필 및 URL] 옆에 있는 연필 ✎
버튼을 클릭합니다.

④ 오른쪽 위 ❶ [URL 수정]에서 **연필** ✎ 버튼을 클릭하고 ❷ **주소로 쓸 URL**을 입력합니다. 주로 사용하는 이메일 주소의 아이디를 입력해도 좋고, 영어 이름과 숫자를 조합해서 사용해도 됩니다. 입력을 마쳤다면 ❸ [저장]을 클릭합니다.

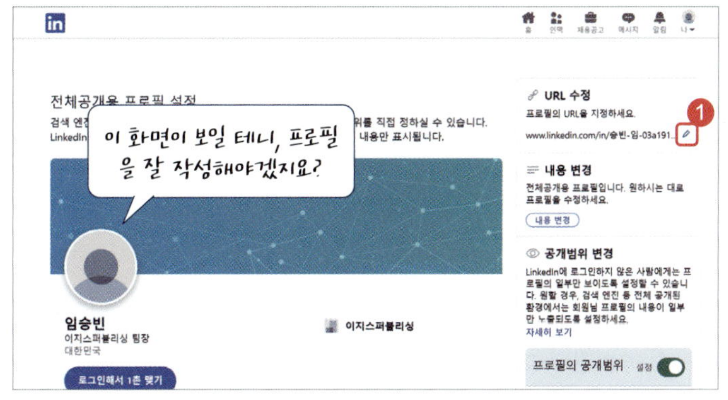

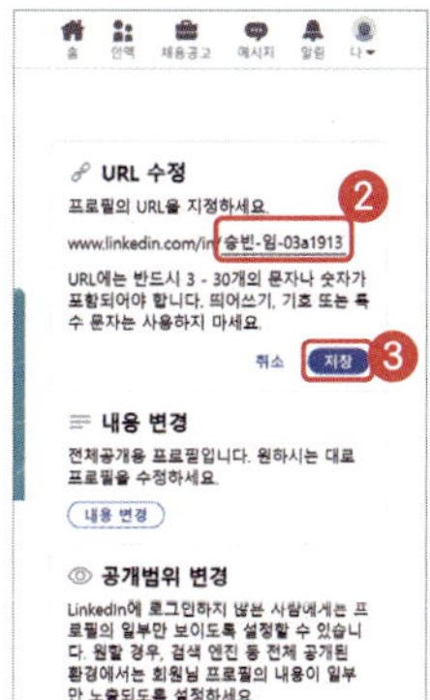

<table>
<tr><td>

알아 두면 좋아요 👍　　**URL을 정할 때 이런 점을 고려하세요!**

- **간결하고 기억하기 쉽게:** URL이 너무 길거나 복잡하면 기억하기 어렵고, 공유하기도 불편합니다. 가능한 한 간결하고 기억하기 쉬운 URL을 만드는 것을 추천합니다.
- **전문성 반영:** URL에 이름과 직무, 전문 분야 등을 포함하면 전문성을 효과적으로 강조할 수 있습니다.
- **일관성 유지:** 다른 온라인 플랫폼(예: GitHub, Twitter)에서도 동일하거나 유사한 URL을 사용하면 더 쉽게 찾고 기억할 수 있어 퍼스널 브랜딩에 도움이 됩니다.

</td></tr>
</table>

⑤ 소개말 수정

전체공개용 URL 설정을 마쳤다면, 다시 관리 화면으로 돌아와 소개말 영역에서 **연필** ✎ 버튼을 눌러 소개말을 수정해 보겠습니다.

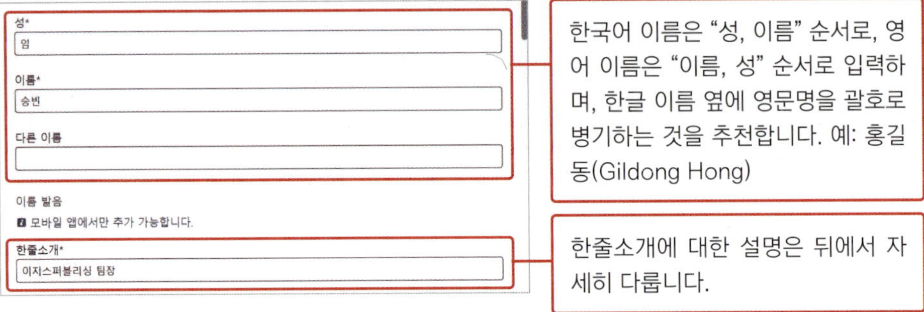

6 업계와 학력, 지역을 입력합니다. 특히 지역 부분은 취업 정보에서 중요한 역할을 합니다. 현재 일하는 곳 또는 주로 활동하고 싶은 국가를 설정합니다. 글을 올리는 시점(포스팅 시간)이 해당 지역 시간에 맞춰 자동으로 설정됩니다.

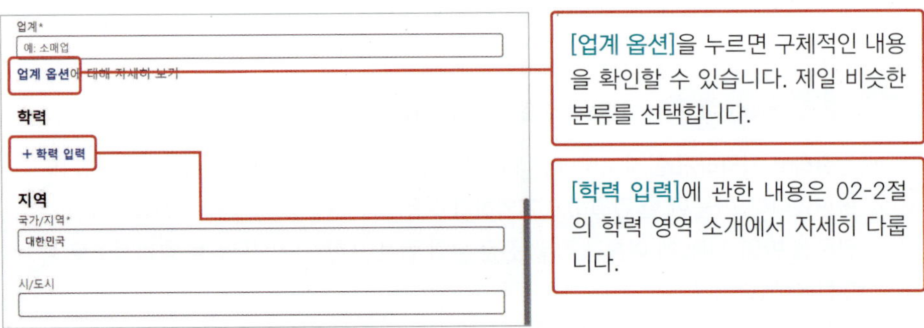

7 연락처 수정

소개말 수정 맨 아래에 있는 [연락처 수정]을 클릭하면 연락처를 수정할 수 있습니다. 설명을 참고하여 정보를 수정해 보세요.

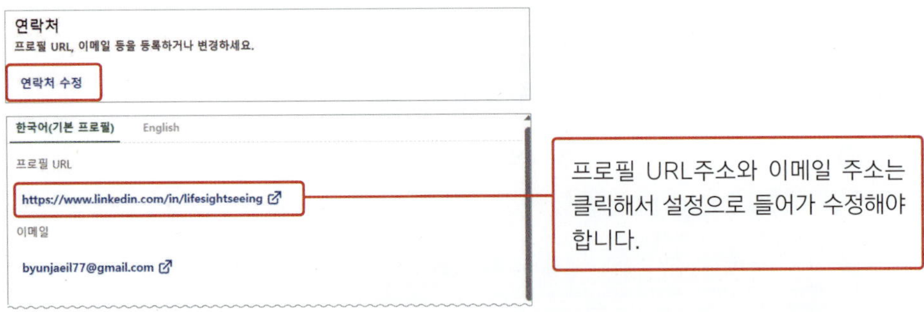

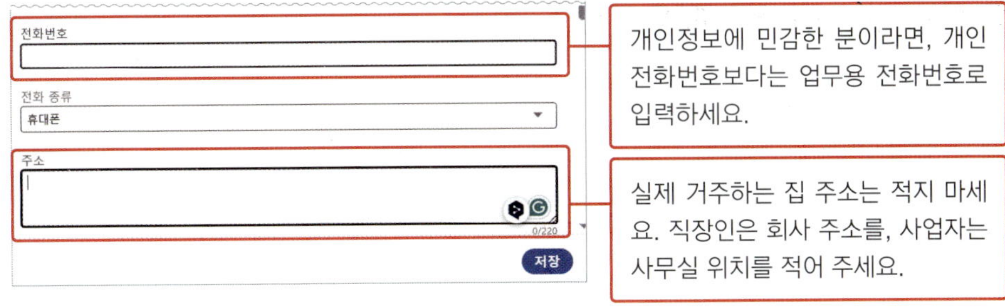

8 이어서 생일과 웹 사이트는 입력해도 좋고, 안 해도 되는 부분입니다. 기호에 맞게 설정하세요.

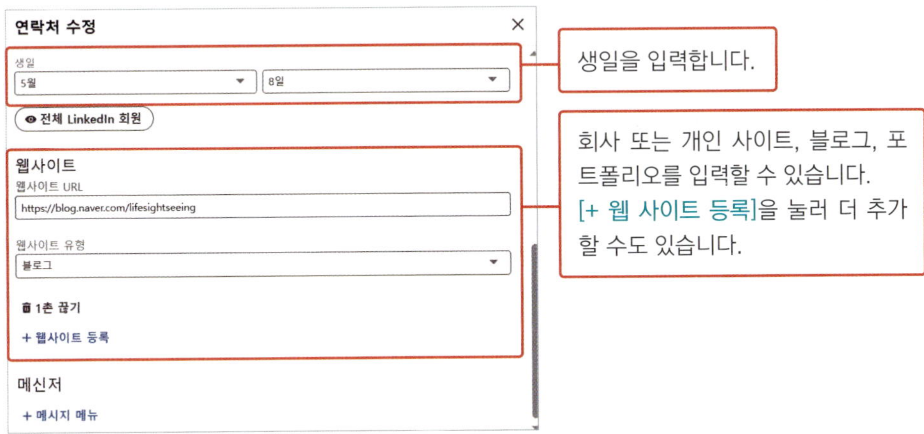

9 메신저는 인스턴트 메시지 계정을 입력하는 곳입니다. 그러나 대부분은 국내에서 잘 사용하지 않는 플랫폼이므로, 따로 설정하지 않고 넘어가도 됩니다. 여기까지 잘 마쳤다면 [저장]을 눌러 프로필 설정을 마무리합니다.

한줄소개는 어떻게 적을까요?

한줄소개^{Headline}는 프로필을 방문하거나 검색하는 사람들에게 강렬한 첫인상을 주는 중요한 도구입니다. 한줄소개로 내 프로필이 검색되므로, 회사 이름이나 직업만 나열하기보다는 **나를 가장 잘 설명하는 키워드**를 전략적으로 드러내야 합니다.

한줄소개 표시 화면

앞서 설정했던 소개말 수정의 한줄소개란에 소개말을 작성합니다. 프로필의 소개란에는 자신을 알리는 글을 2,000자까지 작성할 수 있습니다. 이때 영문은 국문보다 글자 수를 많이 차지하므로, **영문으로 먼저 핵심 내용을 작성한 뒤 국문을 병기**하는 순서를 추천합니다. 그러고도 여유 공간이 남는다면 검색 노출을 위한 **주요 키워드**를 추가해 꽉 채워 활용하세요.

한줄소개 작성 화면

회사원/일반인의 한줄소개 작성 노하우

한줄소개는 나의 직함과 전문 분야, 주요 고객층에 대해 한글/영어 공통 220자 이내로 작성해야 합니다. 예를 들어 B2B 스타트업 마케팅 매니저처럼 명확한 키워드를 작성하세요. 그리고 나의 성과를 나타내면 좋습니다. 업무 성과를 수치화하여 객관적으로 제시하거나(매출 20% 증대), 인상 깊은 프로젝트 경험이나 수상 경력(2023년 이달의 영업사원 수상)을 간략히 소개해도 좋습니다.

❶ 회사, 산업, 전문 분야를 포함한 직무: 핵심 키워드를 활용하여 명확하게 작성하세요.

❷ 업무 성과: 행동보다는 결과 중심으로 간결하게 작성하세요.

❸ 업무나 산업 관련 키워드: 검색 최적화를 위해 관련 키워드를 포함하세요.

❹ 회사의 미션/가치: 현재의 직장에 만족하고 이직 의사가 없는 경우에는 회사의 미션과 가치를 연계해서 작성하여 내가 회사를 사랑하고 열정이 있다는 것을 표현하세요.

❺ 관심사나 열정: 업무와 관련된 관심사와 열정을 간결하게 표현하세요. 링크드인에 관심이 많다면 링크드인 크리에이터라는 키워드를 넣는 것도 좋아요.

위 노하우를 반영한 일반 직무의 한줄소개 작성 예시는 다음과 같습니다. 여러분의 상황에 맞게 수정해 보세요.

일반 직무의 한줄소개 작성 예시

- 디지털 마케팅 매니저 | SEO/SEM 전문가 | B2B SaaS 기업 대상 트래픽 50% 증대 // 데이터 기반 의사결정

- 소프트웨어 엔지니어 | 풀스택 개발자 | AWS 전문가 // 클라우드 기반 애플리케이션 개발 // 기술 혁신에 대한 열정

- HR 전문가 | 인재 채용 및 육성 | 100명 이상 규모 스타트업 채용 담당 | 직원 만족도 향상 20% 달성 // 다양성과 포용성 추구

영업 직무의 한줄소개 작성 노하우

영업이나 판매 관련 직무를 한다면 **고객 중심의 가치 제안**을 담은 한줄소개를 작성하는 것이 핵심입니다. 단순히 자신의 직책만 나열하는 것이 아니라, 고객에게 어떤 구체적인 솔루션을 제공하는지 명확하게 전달해야 합니다.

내가 현재 어떤 솔루션을 제공하고 있는지 **한 문장으로 간단명료하게** 설명하세요. 고객의 입장에서 "이 사람이 나에게 어떤 도움을 줄 수 있는지" 즉시 이해할 수 있어야 합니다. 영업의 핵심은 고객의 행동을 이끌어 내는 것입니다. 한줄소개에도 잠재 고객이 다음 단계로 나아갈 수 있도록 명확한 안내를 포함하세요. 특히 구체적인 수치를 포함하고, 고객이 필요한 정보를 정기적으로 업데이트한다면 큰 효과를 볼 수 있습니다.

> **영업/세일즈 직무의 한줄소개 작성 예시**
>
> - 고객의 문제와 해결책 언급: 수천 달러의 IT비용 투자 없이 기업 데이터 정리와 생산성 향상을 도와드립니다.
> - 신뢰 요소 포함: "APAC 지역 1위", "50개 이상 스타트업 마케팅 성공 사례"
> - 행동 유도문 추가: 무료 데모 상담은 메시지로 문의하세요.

내 전문성과 가치관은 '소개'에서 표현해 주세요!

소개 영역은 프로필에서 자신을 종합적으로 소개하는 중요한 공간입니다. 이 영역을 통해 자신의 전문성, 경험, 가치관, 열정 등을 효과적으로 전달할 수 있습니다.

또한 소개 영역에 작성된 내용은 키워드로 제시하여 나를 찾을 수 있는 요소가 되므로 매우 중요합니다. 여기서 사람들이 많이 하는 실수는 소개 영역의 소개를 자기소개서처럼 생각하는 것입니다. 링크드인에서는 자기소개보다는 좀 더 친근하게 나의 삶에 대해 드러낸다는 목적으로 작성해 보세요.

링크드인을 이력서와 비슷하게 생각하는 경우도 많지만, 소셜미디어의 성격을 가지고 있다는 것을 간과하면 안 됩니다. 그래서 내가 어떤 것에 열정을 가지고 살아가고 있는지, 미리 보기에 보이는 2~3줄에 독자의 관심을 끌 수 있는 강렬한 문구를 쓰는 것도 중요합니다.

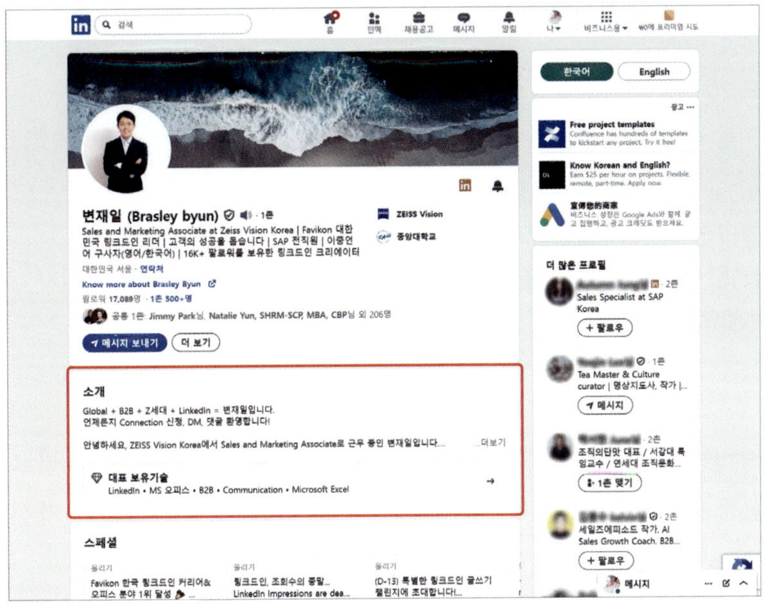

소개 표시 화면

다음은 상위 1%의 링크드인 리더들의 소개글을 분석한 내용입니다. 소개 영역에서는 이 **4가지 공식**을 참고해 작성하는 것을 추천합니다.

❶ 경험과 성과는 맨 앞에 드러내기

[형용사 1~2개 + 직무명]으로서 [경력 기간]년간 [동사 + ing로 시작하는 업무 성과] 경험이 있습니다.

⑩ "혁신적이고 데이터 중심적인 마케팅 전문가로서 5년간 디지털 마케팅 캠페인을 성공적으로 이끈 경험이 있습니다."

❷ 열정과 태도는 경험에 이어서 작성하기

저는 [관심분야]에 큰 열정을 가지고 있습니다.

⑩ "저는 데이터에 숨겨진 인사이트를 발견하여, 기업이 더 나은 의사결정을 내릴 수 있도록 도울 때 가장 큰 보람을 느낍니다."

❸ 주요 성과는 개조식으로 보기 좋게 구성하기

저의 가장 자랑스러운 성과는… [동사 + ing를 활용한 3가지 개조식 성과]

⑩ "저에게 가장 자랑스러운 성과는 ABC 프로젝트를 성공적으로 이끌어 매출을 30% 증대시킨 것입니다.

❹ 행동 유도문(Call To Action, CTA)으로 네트워크 능력 강화하기
저는 [대상]과의 연결을 환영합니다. 언제든 연락 주세요[연락처].
例 "저는 마케팅 분야의 다양한 전문가들과의 네트워킹을 환영합니다. 언제든 메시지
로 연락 주세요!"

다음은 위 4가지 공식을 반영하여 작성한 소개 예시입니다. 꼭 이렇게 쓸 필요
는 없지만, 처음 소개글을 작성해 막막함을 느낀다면, 다음 예시를 참고해 자신
의 것으로 만들어 보세요.

소개 영역 전체 예시

안녕하세요, 김링크입니다. 저는 5년 이상의 경험을 쌓아온 데이터 중심의 혁신적인 디지
털 마케팅 전문가입니다. 저는 데이터에 숨겨진 인사이트를 발견하여 기업이 더 나은 의
사결정을 내릴 수 있도록 돕는 과정에서 가장 큰 보람을 느낍니다. 기술이 가진 긍정적인
변화의 힘을 믿기에, 기술로 사람들의 삶을 더욱 편리하고 풍요롭게 만드는 데 열정을 다
하고 있습니다.

주요 성과로 ABC 프로젝트를 성공적으로 이끌어 매출 30% 증대를 달성했습니다.
- 신규 고객 유입 50% 증가
- 고객 만족도 20% 향상
- 프로젝트 비용 15% 절감

업무 외에도 새로운 요리를 해보거나, 독립 영화를 찾아보는 것을 즐깁니다. 또한 주말에
는 친구들과 함께 등산을 하며 스트레스를 해소하기도 합니다.
저는 마케팅 분야의 다양한 전문가들과의 네트워킹을 환영합니다. 언제든 메시지로 연락
주세요!
핵심 역량: 디지털 마케팅, SEO/SEM, 콘텐츠 마케팅, 데이터 분석, 소셜 미디어 마케팅,
　　　　　프로젝트 관리

하면 된다! } 링크드인 소개글 작성하기

소개글 작성 요령을 익혔다면, 이제 실제로 등록해 볼 차례입니다. 그럼 한 단계씩 따라 해보세요.

1 먼저 프로필 화면에서 소개 메뉴의 연필 ✎ 버튼을 클릭합니다.

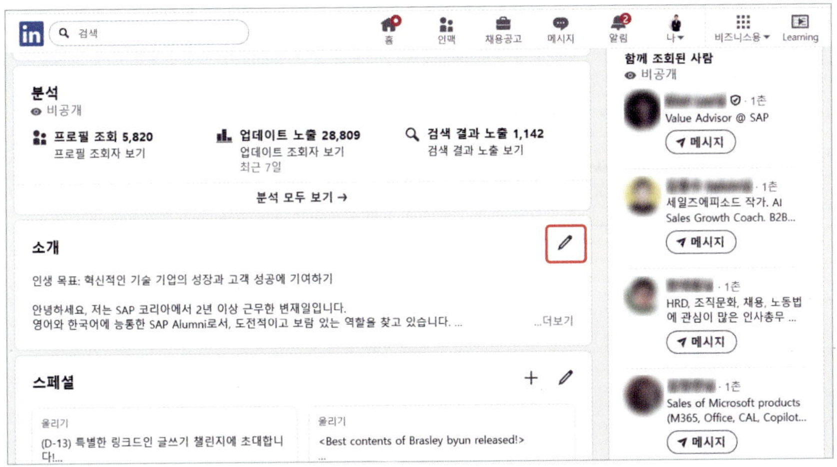

2 정보 변경 창이 나타나고, 여기에 총 2,600자까지 작성할 수 있습니다. 그러나 프로필은 3줄까지만 노출되므로 사람들의 시선을 끌도록 하는 것이 중요합니다.

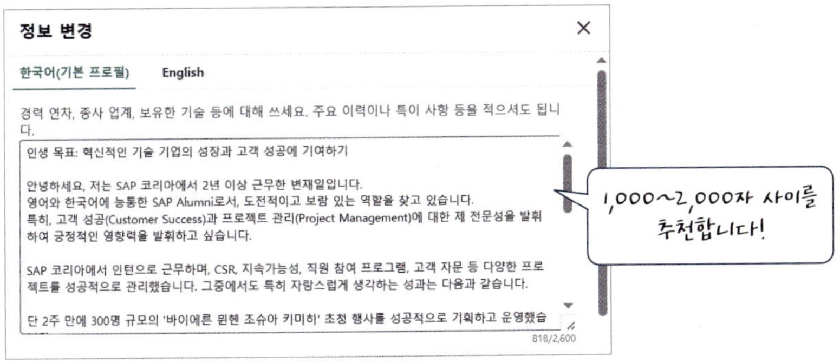

3 보유기술에서는 내가 가지고 있는 기술 중 대표 기술 5개를 영어로 추가합니다. 링크드인은 영문 기술명을 기준으로 인재를 검색하는 경우가 많고, 한국어가 영어로 자동 변환되지 않으므로 기술의 영어 이름을 알아내서 꼭 영어로 추가해 주세요. 한국 링크드인 가입자들이 흔히 하는 실수이므로 다시 한번 강조합니다.

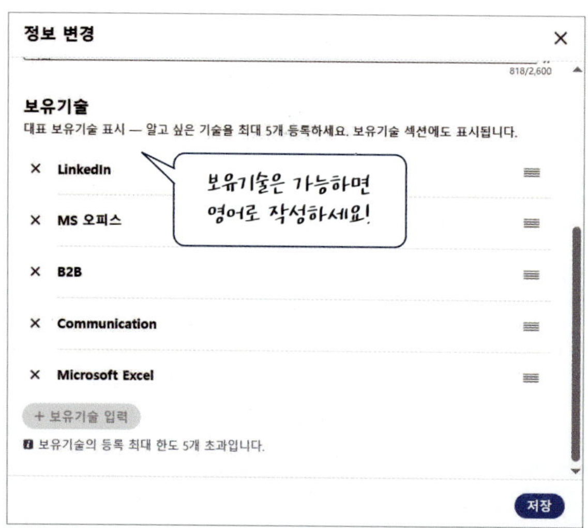

 내가 가진 보유기술을 영어로 잘 모르겠다면?

내가 가진 보유기술이 무엇인지 잘 모르겠다면 어떻게 해야 할까요? 가장 좋은 방법은 현재 나의 직무와 비슷한 사람들의 프로필을 참고하는 것입니다. 보통 리크루터나 구매 결정권자들은 공통 키워드로 사람을 검색할 때가 많습니다. 그래서 이질적인 키워드를 쓰면 검색이 안 되어 노출이 안 될 수도 있습니다.

편집자 L씨의 사례를 보면, 편집자 L씨는 자신과 같거나 유사한 직업을 가진 사람을 링크드인에서 검색해 보았습니다. 편집자는 영어로 Book Editor이므로, 편집자 L씨는 자신과 같은 직업을 가진 사람들의 링크드인 프로필을 찾아보았습니다. 여기서 모든 사람들의 프로필을 볼 필요는 없고, 제일 처음 나온 5명의 링크드인 프로필을 꼼꼼히 보면서 참고 자료로 삼았습니다.

링크드인으로 유사한 직업을 검색한 결과

먼저 첫 번째로 나오는 사람의 프로필을 참고하면, 보유기술은 최대 100개까지 쓸 수 있기 때문에 가장 괜찮은 키워드들만 고르면 됩니다. 중요한 것은 보유기술은 영어로 작성해야 한다는 것인데요, 프로필 언어를 바꾸더라도 보유기술은 작성한 언어로 공개되기 때문입니다. 여기서는 Proofreading(검수), English(영어)를 사례로 들어보겠습니다.

유사한 직무의 보유기술 검색 결과

이렇게 나의 보유기술을 20~30개 정도 찾고 나면 그것을 영어로 번역해야 하는데요. AI 기반 번역 서비스인 딥엘(DeepL)이 가장 정확한 번역을 제공한다고 알려져 있으므로, 딥엘에서 단어를 찾아보는 것을 추천합니다.

딥엘로 교정한 모습

해외 사용자에게 노출되려면 '프로필 언어 설정'을 해주세요!

프로필 언어 설정은 하나의 계정에서 여러 언어로 프로필을 생성하여, 타깃에 따라 각기 다른 프로필을 보여 줄 수 있는 기능입니다. 특히 외국계 기업이나 글로벌 기업에 해당하는 사람은 영어 프로필이 꼭 필요합니다.

멀티프로필 기능으로 한줄소개, 소개, 경력 사항, 학력을 다르게 설정할 수 있습니다. 이 4개의 영역을 제외한 영역은 프로필 언어 설정이 적용되지 않습니다. 그래서 영어와 한국어를 함께 사용하는 것을 추천합니다. 일반적으로 영어 내용을 먼저 작성하고, 그 아래에 한국어를 추가하는 방식을 많이 사용합니다.

하면 된다! } 링크드인 프로필 언어 설정하기

링크드인에서는 다양한 언어로 프로필을 만들수록 조회수가 높아집니다. 특히 영어를 기본 프로필로 사용하는 사람이 내 계정에 접속하면 자동으로 내 영어 프로필을 노출시켜 줍니다. 만약 멀티프로필이 없는 한국인이라면 맨 처음에 설정해 둔 언어(한국어/영어)로만 계정이 노출됩니다.

1 먼저 프로필 화면에서 **프로필 언어 메뉴의 연필** ✎ 버튼을 클릭합니다.

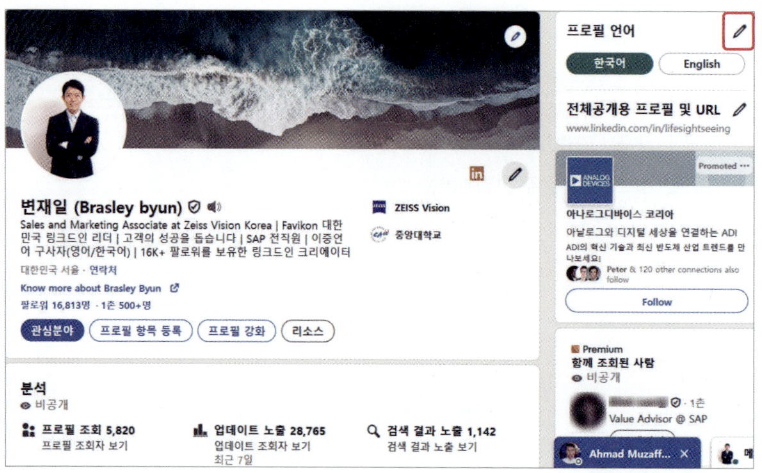

2 프로필 언어 설정 내용을 확인한 후 **[+ 언어 추가]**를 클릭합니다.

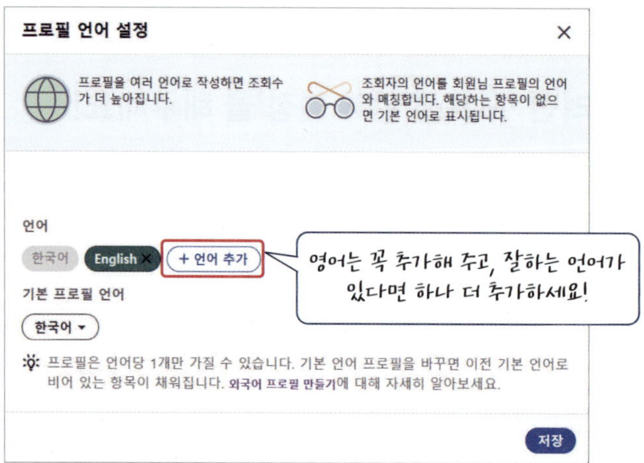

3 새 프로필의 언어를 선택합니다. 여기서는 이미 영어가 등록되어 있으므로, 제3의 언어인 중국어(번체)로 만들어 보겠습니다.

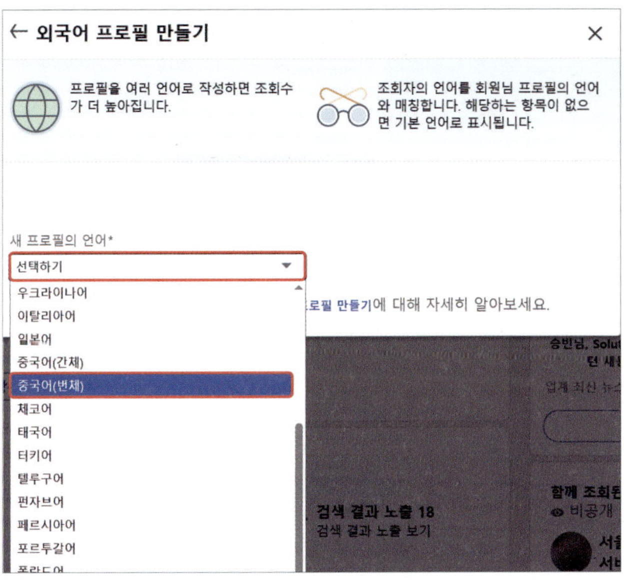

4 새 언어를 설정하기 위해서 먼저 ❶ 기본 언어로 설정은 [아니요]를 선택하고, ❷ 그 언어에 맞게 성과 이름 그리고 한줄소개를 작성합니다. 필자는 이름을 중국어 번체로 쓰고, 한줄소개는 영어로 작성했습니다. ❸ 모든 설정을 마쳤다면 [프로필 만들기]를 눌러 마무리합니다.

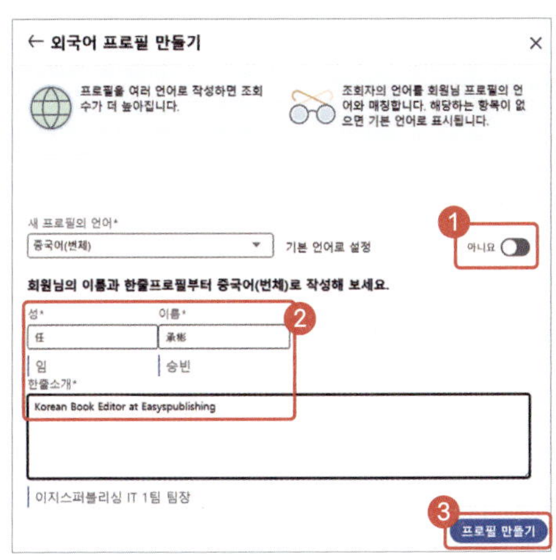

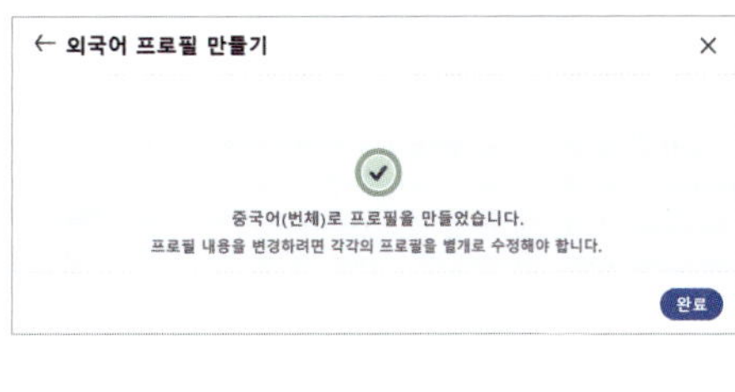

⑤ 이제 다시 설정 화면으로 돌아가 **프로필 언어** 영역을 보면, 버튼 혹은 드롭다운 형태로 언어 목록이 추가되어 있는 것을 확인할 수 있습니다.

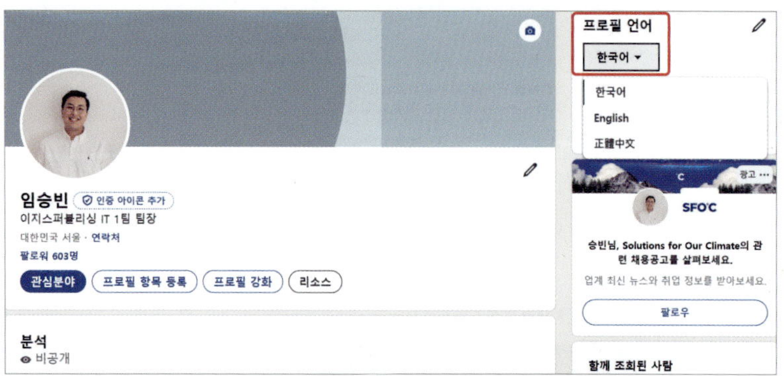

⑥ 이렇게 프로필 언어를 추가했다면, 언어마다 프로필을 각각 수정해야 합니다. ❶ **프로필 영역의 연필** ✎을 누르면 ❷ 언어마다 설정 창이 추가된 것을 볼 수 있습니다. 설정하고 싶은 언어의 프로필을 선택하고 내용을 입력한 후 ❸ **[저장]**을 클릭하세요.

7️⃣ 모든 프로필 수정을 마쳤다면 오른쪽 ❶ 프로필 언어의 **드롭다운 버튼**을 누르고 ❷ [正體中文]을 눌러 ❸ 프로필이 잘 수정되었는지 확인해 보세요.

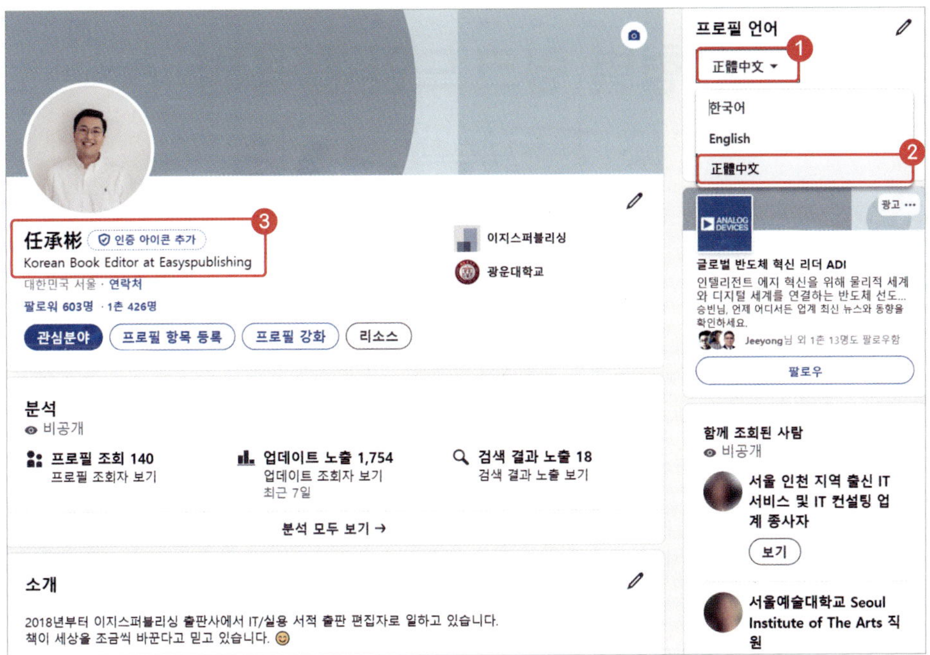

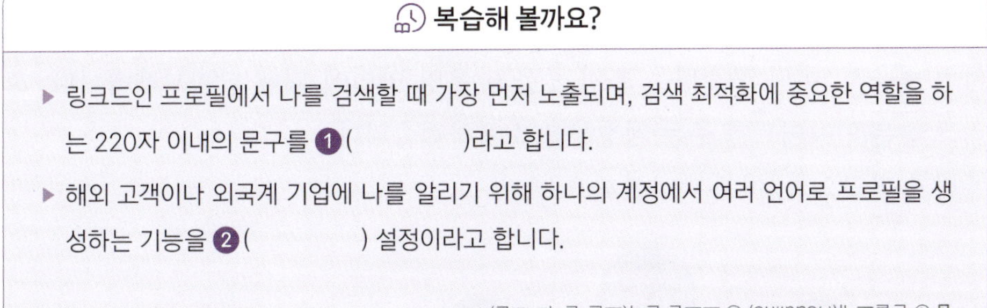

⏱ 복습해 볼까요?

▶ 링크드인 프로필에서 나를 검색할 때 가장 먼저 노출되며, 검색 최적화에 중요한 역할을 하는 220자 이내의 문구를 ❶ (　　　　　)라고 합니다.

▶ 해외 고객이나 외국계 기업에 나를 알리기 위해 하나의 계정에서 여러 언어로 프로필을 생성하는 기능을 ❷ (　　　　　) 설정이라고 합니다.

답 ① 헤드라인(Headline) ② 여러 언어 프로필(다국어 프로필)

유형별 링크드인 활용법

필자는 2023년 1월에 링크드인에 가입하여 3년간 사용하면서 계정 분석을 진행했습니다. 링크드인을 쓰는 주요 유형으로는 학생, 교수, 구직자, CEO, 1인 기업가, 직장인, 작가형, 익명형까지 총 8가지의 유형이 있다는 사실을 발견했습니다. 학생과 구직자는 글로벌에서 일할 기회를 노리는 경우가 많았습니다. CEO나 1인 기업가는 링크드인을 통해 해외 바이어들과 교류하고 사업 기회를 찾고 싶어 했습니다. 결국 유형별로 링크드인을 쓰는 방법이 달라져야 한다는 것을 깨달았습니다.

이번 절에서는 각 유형별로 어떤 특징이 있는지, 프로필에서는 어떤 부분을 집중하면 좋을지, 어떤 포스팅을 쓰면 좋을지 운영 방법에 대해 살펴보겠습니다. 그리고 좋은 인사이트를 주는 계정들을 소개하겠습니다.

준비가 되었으면, 이제 떠나볼까요?

학생 — 링크드인으로 새로운 미래를 꿈꾸다!

"링크드인? 그거 직장인들이 쓰는 거 아니에요?" 대학교 선배가 링크드인을 추천했을 때 제가 했던 말입니다. 당시만 해도 링크드인은 이미 커리어를 쌓은 사람들만 쓰는 플랫폼이라고 생각했거든요. 하지만 지금 돌이켜 보니, 그때 시작한 링크드인이 제 대학생활과 커리어에 가장 큰 변화를 가져다준 도구였습니다. 대한민국의 학생들은 '링크드인'의 저력을 잘 모르므로, **지금 시작하는 것을 추천**합니다.

학생뿐만 아니라 글로벌을 목표로 하는 학과에서는 교수님들이 직접 나서서 링크드인 운영을 독려하고 있습니다. 중앙대학교 국제물류학과에서는 학과 페이지를 개설하여 소식을 공유하고, 교수님들이 직접 링크드인 가입을 안내하는 유튜브 동영상을 찍기도 했습니다.

중앙대학교 국제물류학과 링크드인 페이지

학생은 링크드인에서 이런 것을 얻을 수 있어요!

학생에게 링크드인은 단순한 인맥 관리를 넘어, 현직자, 연구자, 교수와 직접 연결하여 생생한 조언을 얻고 **커리어의 방향을 설정하는 기회의 장**입니다. 또한 각종 학회나 연구 프로젝트 정보를 가장 빠르게 접할 수 있고, 국내외 학생들과 교류하며 스터디나 협업을 할 수 있어 **학문적 성장을 위한 발판**이 됩니다.

학생은 소개에 이런 점을 강조해야 해요!

학생의 링크드인 프로필은 단순히 현재의 신분을 나열하는 공간이 아닌 **미래의 전문가로서 자신의 정체성과 비전을 구축하는 곳**입니다. 신뢰감을 주는 프로필 사진과 함께, '경영학과 4학년'을 넘어 'ESG 경영 전략을 연구하는 예비 전문가'처럼 구체적인 관심 분야를 한줄소개로 작성하고, 소개^{About}란에는 자신의 학문적 여정과 목표를 담은 스토리를 구성해야 합니다.

이러한 정체성은 **구체적인 근거**로 증명해야 합니다. 학점, 수상 경력, 장학금 내역을 명시하고, 연구 프로젝트와 인턴십 경험은 역할과 성과 중심으로 상세히 기술하여 실무 역량을 보여 주어야 합니다. 여기에 파이썬^{Python}과 같은 데이터 분석 툴 활용 능력과 학회 활동, 리더십 경험 등을 체계적으로 기록하여 성장 잠재력이 큰 인재임을 강조합니다.

➜ ESG 경영: ESG는 환경(Environment)·사회(Social)·지배구조(Governance)로, 기업의 성과를 측정할 때 이 3가지 요소를 핵심 지표로 삼는 경영 방식을 의미합니다.

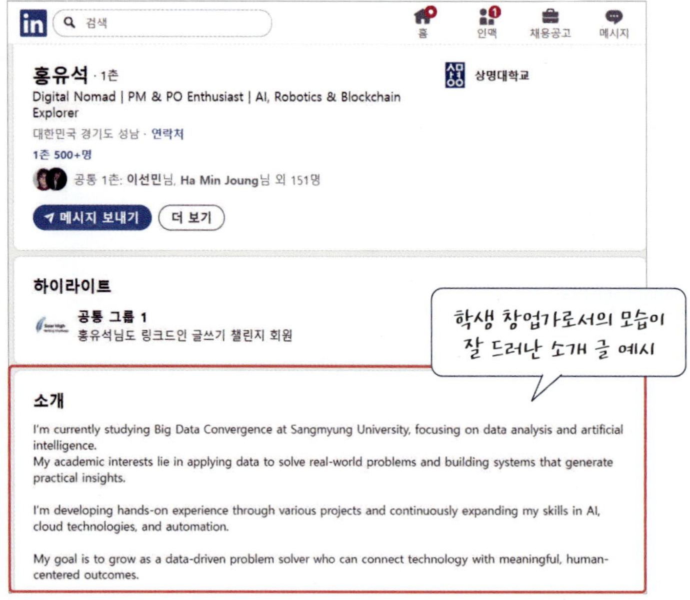

학생이 링크드인에서 당장 할 수 있는 3가지 활동

매주 월요일, **지난 주 배운 것 중 하나를 포스팅으로 공유해 보세요.** 작은 것이라도 좋습니다. 수업에서 배운 흥미로운 개념, 읽은 책의 인사이트, 프로젝트에서 겪은 시행착오 등 무엇이든 나만의 관점을 더해 공유해 보세요.

관심 분야 전문가 10명을 팔로우하고 그들의 글에 진솔한 댓글을 달아보세요. 단순히 "좋은 글 감사합니다"가 아닌, 구체적인 질문이나 개인적 경험을 바탕으로 한 의미 있는 댓글을 달아보세요.

한 달에 한 번, **관심 있는 분야의 전문가에게 정중하게 조언을 구해 보세요.** 커피챗이 부담스럽다면 링크드인 메시지로 질문을 해보세요. 많은 전문가들이 진정성 있는 질문에 기꺼이 답해줄 것입니다.

➡️ 커피챗에 대해서는 03-2절에서 자세히 다룹니다.

대표적인 학생 유형 링크드인 사용자 소개

학생들은 네이버 블로그, 인스타그램 등에서 많이 활동하고 사실 링크드인에서는 자주 활동하지는 않는 편입니다. 그런 점에서 사례를 바로 찾기는 어려웠지만, 정기적으로 활동하는 대표 크리에이터를 소개합니다.

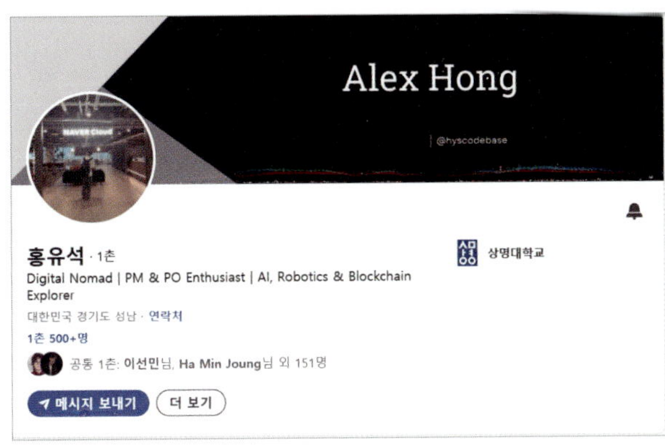

홍유석 학생 링크드인

교수 — 사회와 학계 사이의 길잡이가 되다!

미국에 계신 교수님들은 링크드인을 많이 합니다. 링크드인으로 학계 사람들과 네트워크를 만들고, 서로의 논문을 공유하기도 합니다. 그러나 국내의 교수님들은 링크드인을 체계적으로 활용하는 경우가 많지 않습니다. 강의, 연구, 행정 업무로 너무 바쁘거나, 디지털 플랫폼에 익숙하지 않거나, 무엇을 공유해야 할지 고민이 많기 때문입니다. 하지만 많은 사람들이 쓰지 않는 만큼, 링크드인은 교수님들에게 기회가 될 수 있습니다.

교수님은 링크드인에서 이러한 것들을 얻을 수 있어요!

교수님에게 링크드인은 연구 협업의 기회를 넓히는 장으로 쓰일 수 있습니다. 비슷한 관심 분야의 주제를 연구하는 연구자들과 1촌을 맺고 메시지를 주고받으며 연구 범위를 확장할 수 있습니다. 우수한 학생을 유치하는 데도 도움이 될 수 있으며, 산학 프로젝트나 인터뷰 등 다양한 기회를 만들 수도 있습니다. 교수님들 역시 과거처럼 연구만 하기보다 사회의 흐름에 맞춰 빠르게 변화하는 모습을 보여 주고 계십니다.

교수님은 소개에 이런 점을 강조해야 해요!

교수님의 링크드인 프로필은 학술적 권위와 대중성과의 균형을 이루는 것이 중요합니다. 프로필 사진은 정장 차림도 좋지만 연구실이나 강의실 등 자연스러운 배경을 활용하면 학술에 대한 정체성을 강조할 수 있습니다.

이름과 소개에는 단순한 직함 대신 소속과 전문 분야의 키워드를 함께 표기해 전문성과 검색 효과를 높이는 것이 좋습니다. 특히 소개 영역에서는 연구 철학과 핵심 분야, 현재 수행 중인 프로젝트와 사회적 비전, 그리고 학생 지도 및 협업에 대한 열린 자세를 담아야 합니다.

경력과 학력은 체계적으로 정리하되, 소속학과, 직책, 주요 업무, 연구소 및 행정 경험을 포함해서 학술적 리더십을 강조합니다. 주요 논문과 저서, 연구비 수주 실적, 특허 등은 학술적 우수성을 알리는 근거가 되며, 강의 활동과 커리큘럼 개발 등은 교육자로서의 전문성을 보여 줍니다. 여기에 학회 활동, 공공 기여, 언론 기고 등의 사회적 활동과 멀티미디어 자료를 적극 활용하면 전문성과 공공성을 겸비한 입체적인 온라인 정체성을 구축할 수 있습니다.

소개의 경우 멀티프로필이 있다면 각각 한글과 영어로 작성하고, 그렇지 않다면 병기해 주세요.

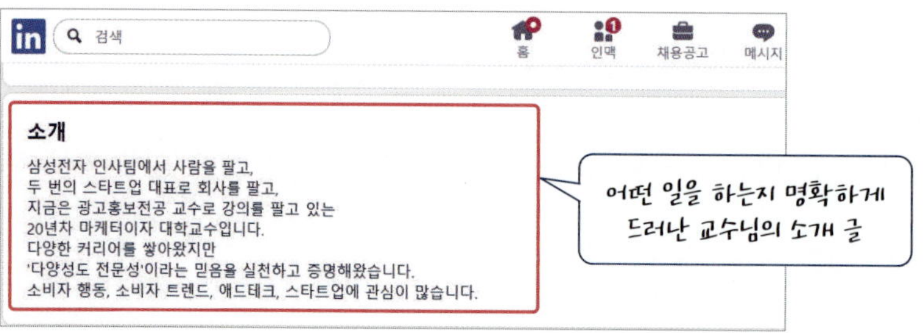

교수 소개 예시

교수님이 링크드인에서 당장 시작할 수 있는 3가지 활동

월 1회, 최근 연구 성과나 학술 활동을 간단히 공유해 보세요. 새로운 논문이 게재되었거나 학회에서 발표를 했다면, 그 내용을 일반인도 이해할 수 있게 쉽게 풀어서 설명해 보세요. 복잡한 학술 용어를 일상 언어로 번역하는 것 자체가 교수님의 핵심 역량입니다.

관심 분야의 국내외 연구자 20명 정도와 연결해 보세요. 같은 분야 교수님들이나 존경하는 연구자들과 연결을 맺고, 그들의 활동을 관찰해 보세요. 그리고 의미 있는 연구 성과나 통찰에는 진심 어린 댓글을 남겨보세요.

한 달에 한 번, 전문 분야와 관련된 사회적 이슈에 대해 전문가적 견해를 공유해 보세요. 언론에서 다루는 관련 뉴스나 정책에 내해, 학술적 관점에서 분석하여 제공하면 많은 사람들에게 도움이 됩니다. 이는 사회적 기여이면서 동시에 전문성을 알리는 좋은 방법입니다.

대표적인 교수 유형 링크드인 사용자 소개

교수님들도 바쁘셔서 링크드인을 많이 하지는 않는데요. 그래도 최근 링크드인 계정을 만들고 적극적으로 포스팅을 진행하는 민병운 교수님을 소개합니다.

민병운 교수님 프로필

구직자 — 기회를 찾는 탐험가

"링크드인으로 정말 취업이 될까요?"

취업을 하려면 링크드인을 해야 한다고 하는데 그게 정말 효과가 있을지 궁금했습니다. 글로벌 기업에 취업하고 싶은데, 뭔가 일자리 채용공고는 많은데 내가 지원할 곳은 하나도 없는 느낌이었습니다.

링크드인을 통해 저는 단순히 채용공고를 찾는 것을 넘어, 관심 있는 기업의 현직자들과 직접 소통하고, 업계 동향을 실시간으로 파악하며, 무엇보다 자신을 효과적으로 어필할 수 있는 방법을 배웠습니다. 결과적으로 링크드인을 통해 발견한 채용공고로 첫 번째 인턴십을 시작할 수 있었고, 그곳에서 만난 인연들이 지금까지도 제 커리어에 큰 도움이 되고 있습니다. 인턴 계약이 종료되고 2번째 회사도 링크드인 간편 지원Easy Apply를 이용해서 합격했습니다.

구직자는 링크드인에서 이러한 것을 얻을 수 있어요!

링크드인은 구직자에게 전에 없던 강력한 도구를 제공합니다. 전통적인 채용 프로세스의 한계를 넘어서, 기업과 구직자가 서로를 더 깊이 이해할 수 있는 플랫폼이 된 것입니다.

채용공고에는 나오지 않는 숨겨진 채용 정보를 찾을 수 있고, 현직자로부터 생생한 업무 정보를 얻을 수 있으며, 무엇보다 자신의 전문성과 열정을 지속적으로 어필할 수 있습니다. 같은 고민을 하는 사람들을 만나서 서로 정보를 공유하기도 하고요.

구직자는 링크드인 소개에 이런 점을 강조해야 해요!

구직자의 링크드인 프로필은 **신뢰감과 전문성을 동시에 전달**해야 하므로 전략을 세워 구성해야 합니다. 프로필 사진은 정장 또는 비즈니스 캐주얼 복장으로 얼굴이 잘 보이도록 촬영하고, 배경은 단순하거나 직무와 관련 있는 환경을 선택합니다.

한줄소개에는 단순한 직함 대신 목표 직무와 핵심 역량을 명확히 표현하여 검색 최적화 효과를 높여야 합니다. 소개 영역에서는 자신만의 가치관과 경험을 스토리텔링 방식으로 전달하되, 인턴십, 프로젝트, 동아리 활동 등의 경험을 구조화해서 직무 연관성을 명확히 드러내는 것이 좋습니다.

기술과 역량 항목은 채용공고의 키워드를 기반으로 직무 기술[hard skill]과 대인 관계 기술[soft skill]을 균형 있게 배치하고, 추천[Endorsement] 기능으로 신뢰를 높입니다. 프로젝트 영역은 개인 및 팀 단위 경험을 구체적으로 정리하고, 시각적인 포트폴리오 링크나 결과물을 첨부하여 강한 인상을 줄 수 있습니다.

교육 배경과 자격증은 최신 기술의 트렌드 반영 여부와 실제 업무 적용 가능성을 중심으로 구성하고, 자신의 강점을 효과적으로 입증하는 제3자의 추천서를 활용하여 성장 가능성과 준비된 전문가임을 보여 줍니다.

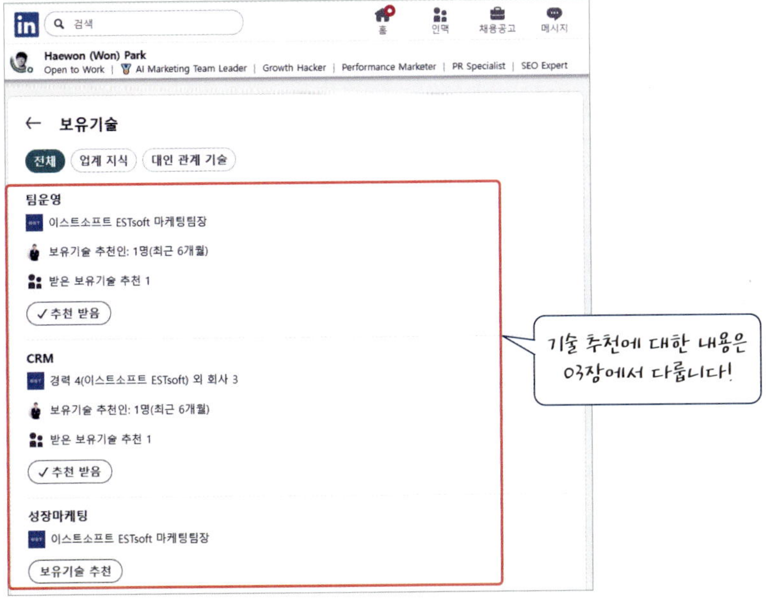

구직자의 보유기술 추가 예시

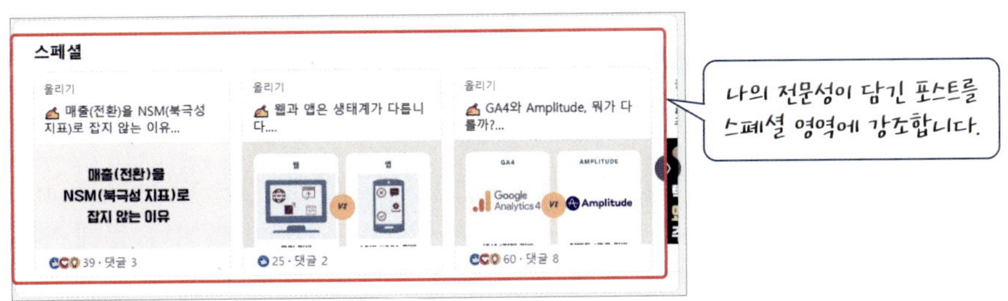

구직자의 포트폴리오 관리 예시

구직자가 링크드인에서 당장 시작할 수 있는 3가지 활동

매주 화요일, **이번 주 학습한 내용 중 하나를 포스팅으로 공유해 보세요.** 온라인 강의 수강, 새로운 도구 학습, 관련 도서 독서 등 어떤 형태든 상관없습니다. 중요한 것은 지속적으로 성장하고 있다는 모습을 보여 주는 것입니다.

관심 기업 20곳과 해당 분야 전문가 30명을 팔로우하고 그들의 활동을 관찰해 보세요. 기업의 최신 소식과 현직자들의 인사이트를 파악할 수 있고, 의미 있는 댓글을 통해 점진적으로 관계를 구축할 수 있습니다.

한 달에 최소 두 번, **관심 기업의 현직자에게 정중하게 조언을 구해 보세요.** 갑작스러운 커피챗 요청보다는 구체적인 질문이 담긴 메시지로 시작하는 것이 좋습니다. "안녕하세요, [이름]님. [구체적인 경력이나 포스팅 내용]을 보고 연락드렸습니다. [구체적인 질문] 관련해서 짧은 조언을 구할 수 있을까요?"같은 방식으로 접근해 보세요.

직장인 — 나의 성장을 위한 꿈터

아직 국내 직장인들은 링크드인을 '헤드헌터들이 많은 이직용 사이트'로만 생각하는 경우가 많습니다. 하지만 실제로는 현재의 업무 질을 높이고, 전문성을 개발하며, 장기적인 커리어 성장을 위한 종합적인 플랫폼입니다. 직장인에게 링크드인은 **일상 업무와 커리어 성장을 자연스럽게 연결해 주는 강력한 도구**입니다.

직장인은 링크드인에서 이러한 것들을 얻을 수 있어요!

링크드인은 직장인들이 일과 성장을 동시에 추구할 수 있는 플랫폼입니다. 업무를 통해 얻은 인사이트를 공유하면서 전문성을 인정받고, 업계 동향을 파악하여 업무에 활용할 수 있습니다.

또한 다양한 분야의 전문가들과 교류하면서 시야를 넓히고, 새로운 아이디어를 얻을 수 있습니다. 최근에는 링크드인에서 직장인들을 위한 밋업이나 클래스를 홍보하거나 개최하고 있으며, 유료 구독 서비스에 포함된 세계 최대 규모의 온라인 강의 사이트인 **링크드인 러닝**을 이용해 나의 역량을 키우는 것에도 집중할 수 있습니다.

직장인은 소개에 이런 점을 강조해야 해요!

링크드인에서 직장인의 프로필은 단순한 이력서 이상의 가치를 지닙니다. 프로필 사진은 깔끔하고 현재의 모습을 반영하면서도 **업계 분위기에 맞는 복장과 배경을 선택해 신뢰감**을 주는 것이 좋습니다. 한줄소개는 단순한 직함을 넘어 자신의 핵심 성과나 역량을 요약한 광고 문구처럼 활용하세요. 소개 영역은 경력의 흐름과 전문성을 자연스럽게 스토리텔링하고, 향후 목표와 네트워킹에 대한 열린 태도를 보여 주는 공간이어야 합니다.

경력과 프로젝트는 결과 중심의 서술이 중요합니다. 단순한 업무 나열이 아니라, 문제 해결 과정과 성과를 STAR 기법으로 풀어내고, 구체적인 수치와 도구를 제시해 실질적인 기여도를 보여 주어야 합니다. 기술 및 역량 영역에서는 현재 사용 중인 기술뿐만 아니라 준비 중인 역량도 포함해 성장 가능성을 제시하고, 자격증, 교육 이수, 세미나 참여 등의 학습 활동으로 끊임없이 발전하는 전문가임을 증명하는 것이 좋습니다. 전체적으로는 '결과로 증명하는 전문가'라는 메시지가 일관되게 전달되어야 합니다.

➡️ STAR 기법이란 Situation, Task, Action. Result의 약자로 자신의 경험을 S(상황), T(문제), A(행동), R(결과)로 설명하는 서술 방식입니다.

직장인의 보유기술 추가 예시

직장인이 링크드인에서 당장 시작할 수 있는 3가지 활동

매주 금요일 오후, **이번 주 업무에서 배운 점 하나를 간단히 공유해 보세요.** 새로운 도구를 사용해 본 경험, 문제 해결 과정에서의 인사이트, 동료와의 협업에서 얻은 깨달음 등 어떤 것이든 좋습니다. 중요한 것은 업무로 지속적인 성장을 보여 주는 것입니다.

업계의 주요 리더 20명과 관심 있는 회사 10곳을 팔로우해 보세요. 그들의 포스팅을 정기적으로 확인하고, 의미 있는 인사이트에는 전문가의 관점에서 댓글을 달아보세요. 이는 자연스럽게 네트워크를 확장하는 효과적인 방법입니다.

한 달에 한 번, **업무와 관련된 유용한 정보나 팁을 공유해 보세요.** 동료들에게 도움이 될 만한 실용적인 내용을 공유하면, 전문성을 인정받으면서 동시에 긍정적인 영향력을 확장할 수 있습니다. 단, 회사의 소셜 미디어 정책을 미리 확인하고 기밀 정보는 절대 포함하지 않도록 주의하세요.

대표적인 직장인 유형 링크드인 사용자 소개

링크드인이 비즈니스 플랫폼인 만큼 많은 직장인들이 접속해서 활용하고 있고, 또 점점 많은 직장인들이 링크드인을 사용하고 있어서 대표적인 분들을 고르기 어려웠습니다. 꾸준하게 자신만의 글을 쓰면서 인사이트를 주는 김한규 님을 소개합니다.

김한규 님 프로필

1인 기업가 — 혼자서도 강한 비즈니스 리더

프리랜서, 독립 컨설턴트 등 1인 기업가에게 링크드인은 단순한 네트워킹 플랫폼을 넘어 비즈니스 성장을 위한 핵심 마케팅 채널입니다. 1인 기업가에게 링크드인의 가치는 구직자나 일반 직장인과는 또 다른 차원에서 발휘됩니다. 자신의 서비스와 전문성을 알리고 고객을 발굴하며, 협업 파트너를 찾는 종합 비즈니스 플랫폼으로 활용할 수 있기 때문입니다.

하지만 많은 1인 기업가들이 여전히 링크드인 활용에 어려움을 겪고 있습니다. 가장 큰 고민은 '어떻게 비즈니스 성과로 연결할 것인가'입니다. 단순히 프로필을 만들고 가끔 포스팅을 하는 것만으로는 실질적인 고객 확보나 매출 증대로 이어지지 않습니다. 또한 개인 브랜딩과 영업 활동 사이에서 균형을 맞추는 것도 쉽지 않습니다.

1인 기업가는 링크드인에서 이러한 것들을 얻을 수 있어요!

링크드인은 1인 기업가에게 고객 확보, 파트너십 구축, 개인 브랜딩, 업계 동향 파악, 역량 강화, 커뮤니티 참여 등 비즈니스 전반에 걸친 강력한 도구로 작용합니다. 정교한 검색 기능으로 이상적인 고객을 타기팅할 수 있고, 잠재 고객의 니즈를 파악해 맞춤형 제안을 할 수 있으며, 신뢰할 수 있는 파트너를 만나 협업 네트워크를 확장할 수도 있습니다.

또한 자신이 어떤 분야의 전문가인지 포지셔닝^{positioning}하고, 최신 트렌드와 시장 변화를 실시간으로 파악해서 전문성을 키우고 소속감을 유지할 수 있게 합니다.

1인 기업가는 소개에 이런 점을 강조해야 해요!

1인 기업가에게 링크드인 프로필은 곧 브랜드이자 마케팅 도구입니다. 프로필 사진과 배경 이미지는 전문성과 신뢰감을 전달하면서 서비스나 산업에 맞게 일관성을 유지해야 합니다. 한줄소개는 제공하는 서비스와 대상 고객, 주요 혜택을 구체적으로 표현해 검색과 클릭률을 높이도록 합니다.

소개 영역에서는 고객의 문제 해결 과정과 솔루션, 성공 사례를 중심으로 스토리텔링하고, 마지막에는 명확한 연락처나 행동 유도^{Call To Action, CTA}를 포함하는 것이 효과적입니다.

경력 및 프로젝트 영역에서는 단순 직무보다는 **성과와 문제 해결 사례를 강조하고, 가능한 한 수치로 구체화**하는 것이 설득력을 높입니다. 업무 서비스 영역에는 제공하는 서비스의 범위와 가격, 진행 방식 등을 명확히 설명하고, 신뢰를 위해 고객 추천서와 기술 인증을 적극 활용해야 합니다. 이로써 1인 기업가는 링크드인에서 전문가로서 입지를 강화하고, 고객과 신뢰를 효과적으로 구축할 수 있습니다.

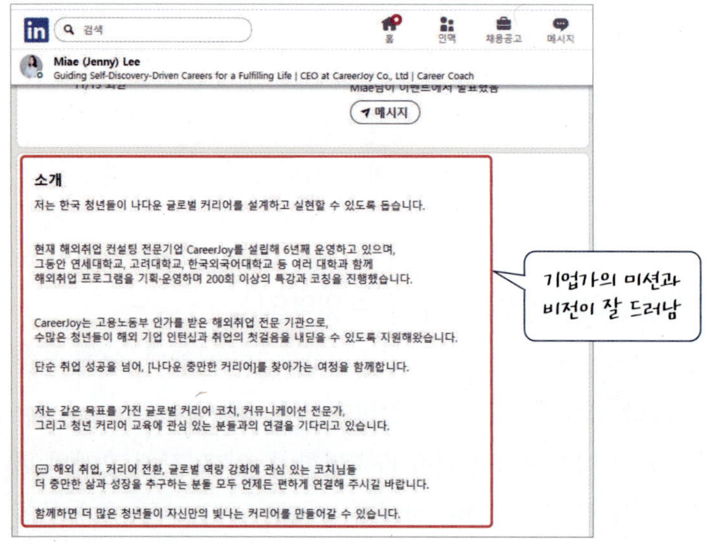

1인 기업가 소개 예시

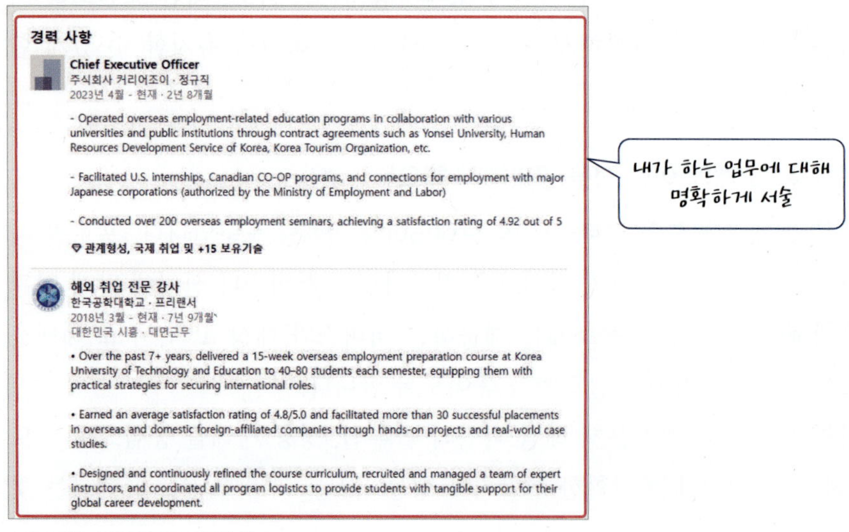

1인 기업가의 경력 소개 예시

1인 기업가가 링크드인에서 당장 시작할 수 있는 3가지 활동

매주 월요일 오전, 업계 동향이나 고객이 관심 가질 만한 이슈를 짧게 정리해 보세요. 예를 들어 "최근 [트렌드/이슈]가 [타깃 고객]에게 어떤 영향을 줄 수 있을까?"와 같이 질문형으로 시작하고, 간결한 분석이나 자신의 견해를 덧붙이면 좋습니다. 중요한 것은 전문성을 자연스럽게 드러내면서 팔로워들에게 실질적인 가치를 제공하는 것입니다.

격주 수요일에는 최근 고객 프로젝트나 경험을 기반으로, '문제-접근법-성과' 흐름의 간단한 사례를 공유해 보세요. 실제 사례 기반 콘텐츠는 유사한 니즈를 가진 잠재 고객의 공감을 유도하고, 서비스에 대한 신뢰를 높이는 데 효과적입니다.

매달 마지막 주에는 타깃 고객에게 유용한 외부 자료를 큐레이션하여 소개해 보세요. 최근 읽은 글이나 보고서, 툴, 팟캐스트 등에서 핵심 요점만 뽑아 소개하고, 왜 이 정보가 유용한지 자신의 인사이트를 덧붙이세요. 정보 제공자로서의 포지셔닝은 장기적으로 신뢰 기반 관계를 구축하는 데 큰 도움이 됩니다.

대표적인 1인 기업가 유형 링크드인 사용자 소개

링크드인의 B2B 시장을 겨냥해 많은 1인 기업가들이 진출해 있습니다. 예전에는 코치 직업군이 많았으나, 이제는 훨씬 다양한 분야의 사업가들이 링크드인에서 비전을 펼쳐 나가고 있습니다. 이미애 대표님을 소개합니다!

이미애 대표님 프로필

CEO/임원 — 기업을 이끄는 디지털 리더십

링크드인은 이제 단순한 취업 플랫폼을 넘어 비즈니스 리더들의 강력한 전략적 도구로 진화했습니다. 특히 CEO와 임원진에게 이곳은 개인 브랜딩과 기업 브랜딩을 동시에 수행할 수 있는 독보적인 채널입니다. 저 또한 여러 CEO 및 임원들과의 커피챗 경험과 컨설팅으로 고위 경영진의 링크드인 활용이 기업 성과에 미치는 영향력을 직접 목격했습니다.

하지만 많은 CEO와 임원들이 링크드인 활용에 있어 시간 제약과 효율성 문제로 어려움을 겪고 있습니다. 바쁜 일정 속에서 지속적인 콘텐츠 생산과, 개인 및 기업의 브랜딩을 어떻게 조화시킬 것인가가 핵심 과제입니다. 아울러 위기 상황에서의 커뮤니케이션 전략이나 네트워킹 관리 역시 해결해야 할 중요한 고민거리입니다.

CEO/임원은 링크드인에서 이러한 것들을 얻을 수 있어요!

임원의 링크드인 활동은 기업의 브랜드 가치, 리더십, 투자 유치, 인재 확보로 직결되는 중요한 전략 자산입니다. 기업의 얼굴인 CEO/임원이 링크드인에서 비전과 문화를 진정성 있게 전달하면 기업에 대한 신뢰가 높아집니다.

이는 투자자와 우수 인재에게 긍정적인 인상을 남깁니다. 실제로 국내 스타트업과 핀테크 기업에서 CEO/임원의 꾸준한 콘텐츠 발행과 글로벌 네트워킹이 투자 유치에 기여한 사례가 있습니다. 또한 대다수 구직자가 CEO/임원의 소셜 미디어를 참고하는 만큼 인재 영입에도 직접적인 영향을 미치고 있습니다.

링크드인은 CEO 및 임원이 업계 리더십을 구축하고 전략적 파트너십을 만들며, 위기 상황에서 기업 신뢰를 회복하는 데 효과적인 플랫폼입니다. 통찰력 있는 콘텐츠로 사고 리더십thought leadership을 입증하며, 해외 파트너와의 접점을 마련하고, 위기 상황에서는 신속하고 투명한 메시지로 고객의 신뢰를 되찾을 수 있게 합니다.

특히 고객과의 직접 연결이 중요한 B2B 기업에서 CEO의 활발한 소통은 고객 관계 강화와 시장 내 입지 확립에 실질적인 도움이 됩니다.

CEO/임원은 소개에 이런 점을 강조해야 해요!

CEO와 임원의 링크드인 프로필은 개인의 커리어를 넘어 **기업의 브랜드와 비전을 드러내는 전략적 플랫폼**입니다. 프로필 사진은 신뢰감을 주는 밝은 표정과 전문적인 분위기를 담아야 하며, 기업 이미지와 조화를 이루는 스타일을 선택하는 것이 중요합니다.

한줄소개는 단순한 직함 나열에서 벗어나 리더십 철학과 기업의 방향성을 함축적으로 전달해야 하며, 소개 영역에서는 회사의 미션과 산업에 대한 통찰, 리더로서의 여정을 진정성 있게 서술하여 전문성을 보여 주어야 합니다.

경력 영역은 단순한 이력 나열이 아닌, **각 직무에서 창출한 구체적인 비즈니스 임팩트를 중심으로 서술**해야 합니다. 예를 들어 기업의 전략적 진환, 시장 진입 성공 사례, 조직 재구성이나 리더십 변화를 통해 얻은 성과 등을 기업의 성장 흐름과 연결 지어 설명하는 것이 효과적입니다. 또한 추천서는 CEO나 임원에게 있어 외부의 신뢰를 구축하는 핵심 요소이므로, 파트너사 경영진이나 이사회, 업계 리더들로부터 받는 것이 좋습니다.

CEO의 경력 소개 예시

CEO/임원이 링크드인에서 당장 시작할 수 있는 3가지 활동

매주 화요일, **업계의 미래나 회사의 핵심 가치에 대한 리더로서의 통찰을 공유해 보세요.** 단순한 정보 전달을 넘어, '우리는 왜 이 일을 하는가'라는 질문을 던지거나 리더로서 겪는 고민을 진솔하게 나누는 것은 업계의 사고 리더십을 구축하는 가장 효과적인 방법입니다. 이는 투자자와 잠재적 인재에게 회사의 비전을 명확히 전달하는 강력한 신호가 됩니다.

한 달에 한 번, **#팀자랑** 또는 **#성장의기록** 태그를 활용해 직원 개인이나 팀의 성공 사례를 조명해 보세요. "최근 OOO 프로젝트를 성공적으로 이끈 OOO팀에게 감사를 전합니다"와 같은 포스팅은 내부 직원의 사기를 높일 뿐만 아니라, 외부에는 훌륭한 인재가 성장하는 기업 문화를 보여 주는 효과적인 채용 브랜딩 전략이 됩니다. 리더의 인정과 격려는 최고의 복지입니다.

매주 5명의 핵심 인물(잠재 투자자, 전략적 파트너, 업계 리더)을 정해 개인화된 메시지와 함께 1촌을 신청해 보세요. "최근 OOO에 대한 님의 글을 인상 깊게 보았습니다"와 같이 공통의 관심사를 언급하며 접근하면, 단순한 인맥 확장을 넘어 의미 있는 비즈니스 관계를 시작하는 첫걸음이 될 것입니다. 바쁜 일정 속에서도 전략적인 네트워킹을 꾸준히 실천하는 것이 중요합니다.

대표적인 CEO/임원 사용자 소개

다양한 CEO/임원들이 브랜드를 알리기 위해 활발하게 활동을 하고 있습니다. 1인 기업가와 다른 점은 직원들을 보유하고 있으며, 그렇기 때문에 다른 사람들보다 더 엄중한 무게를 가지고 링크드인 활동을 하는 경우도 많습니다. 링크드인 활동을 잘하시는 조여준 CEO 님을 소개합니다.

조여준 CEO님 프로필

작가형 — 솔직한 나의 이야기를 쓰다

링크드인 활용 유형으로 작가형을 만든 이유는, 직업 분류로는 담아 낼 수 없는 사람들이 있기 때문입니다. 작가형으로 만날 수 있는 사람들은 주변의 평범한 사람들입니다. 이들 중 누군가는 평범한 회사원이고, 전문직 종사자나 CEO이기도 합니다.

하지만 이들은 링크드인에 업무나 진로에 관한 인사이트만 기록하지 않습니다. 오히려 삶에서 마주한 느낌들을 진솔하고 담담하게 풀어냅니다. 이들의 글은 주제가 한정되어 있지 않고, 현재 배우고 느끼는 것들을 공유하며 꾸준히 그리고 깊이 있게 소통합니다.

작가는 링크드인에서 이러한 것들을 얻을 수 있어요!

작가형에게 링크드인은 커리어의 성장을 넘어 '진정한 나'를 발견하고 표현하는 무대입니다. 업무 성과나 직함만으로는 설명할 수 없는 자신의 가치관, 철학, 감성을 공유함으로써 전문성과 인간미를 겸비한 독보적인 개인 브랜드를 구축할 수 있습니다. 이는 단순히 팔로워를 늘리는 것을 넘어, 나의 이야기에 깊이 공감하고 지지를 보내는 '진짜 팬'을 만드는 과정이기도 합니다. 이러한 깊은 유대감은 출판이나 강연, 커뮤니티 리더로의 확장 등 예상치 못한 새로운 기회로 이어지기도 합니다.

작가는 소개에 이런 점을 강조해야 해요!

작가형의 프로필은 단순한 이력서가 아닌, 앞으로 펼쳐질 이야기의 '프롤로그'가 되어야 합니다. 프로필 사진은 정형화된 증명사진보다는 자신의 개성이 드러나는 자연스러운 모습을 선택합니다.

한줄소개는 직함의 나열을 넘어 '업무와 일상에서 인사이트를 찾는 기록자' 또는 '기술과 인문학의 경계를 탐험하는 이야기꾼'처럼 자신의 정체성을 나타내는 문구로 채우는 것이 좋습니다.

가장 중요한 소개^{About} 영역은 '작가의 말'처럼 활용하여, 내가 왜 글을 쓰는지, 어떤 주제에 관심이 있는지, 독자들과 어떤 이야기를 나누고 싶은지에 대한 진솔한 생각을 담아야 합니다. 경력이나 프로젝트 항목에도 단순한 성과 나열이 아닌, 그동안의 경험을 통해 무엇을 느끼고 배웠는지 서사를 더해 보세요. 사람들은 당신의 이력보다 당신만의 '이야기'에 흥미를 느끼고 더 궁금해할 것입니다.

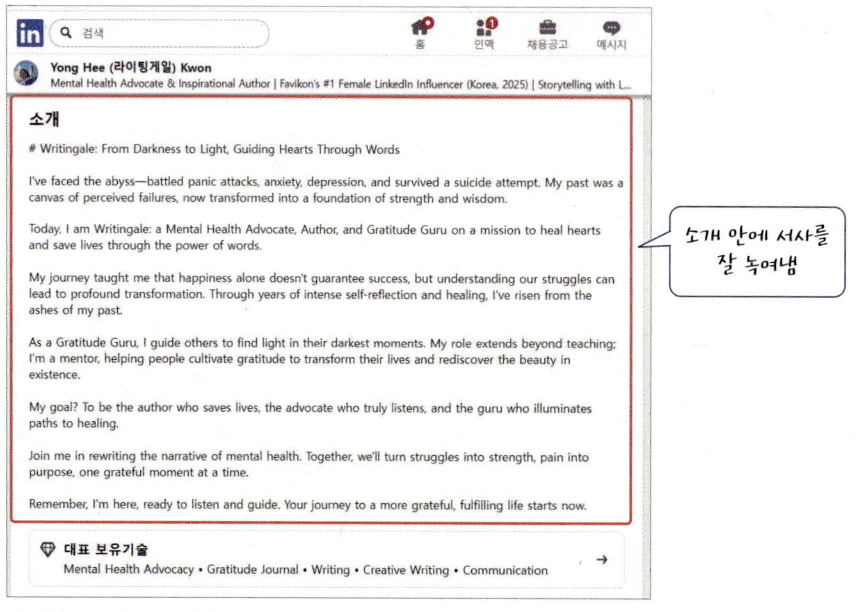

작가형 프로필 소개 예시

작가가 링크드인에서 당장 시작할 수 있는 3가지 활동

매주 한 번, 이번 주 일상에서 발견한 작은 깨달음을 하나의 이야기로 공유해 보세요. 동료와의 대화, 읽은 책의 한 구절, 영화 속 장면 등 어떤 것이든 좋습니다. '오늘 본 OOO을 통해 OOO에 대해 생각해 보았습니다'와 같이 개인적인 관찰을 보편적인 인사이트로 연결하는 연습은 작가형의 가장 강력한 무기입니다.

다른 사람의 글에 댓글을 달 때, 분석이나 조언보다 나의 짧은 경험이나 감상을 나눠보세요. "좋은 분석입니다"라는 댓글 대신 "이 글을 읽으니, 제가 신입사원 시절 겪었던 OOO 경험이 떠오르네요. 그때 저도…"와 같이 공감과 이야기로 소통하면 훨씬 더 깊은 관계를 맺을 수 있습니다.

나만의 글쓰기 시리즈를 시작해 보세요. 거창할 필요는 없습니다. '#주간회고', '#내가만난사람들', '#요즘읽는책'처럼 소박한 이름으로 시작해 3편 정도만 연재해도 좋습니다. 이는 자신만의 콘텐츠 정체성을 만들고, 독자들이 다음 글을 기대하게 만드는 효과적인 방법입니다.

대표적인 작가형 사용자 소개

필자 또한 작가형으로 느끼고 있습니다. 자신이 어떤 유형에 들어가기 어렵다고 생각한다면, 나만의 장르를 만드는 것도 필요하다고 생각합니다. 필자 역시, 포스팅을 보면 굉장히 주제가 다양하고 많은 사람들과 소통하며 삶의 한 부분으로 링크드인이 자리하고 있습니다. 그 예시를 잘 활용하고 계신 권영희 님을 소개합니다.

권영희 님 프로필

익명형 — 천천히 그러나 꾸준하게

링크드인은 실명과 얼굴, 경력을 투명하게 공개하는 플랫폼으로 익명성을 중시하는 다른 소셜 미디어와 차별화됩니다. 그럼에도 불구하고 익명 또는 가명을 사용해 링크드인에서 성공적으로 활동하는 사례들이 있습니다. 과연 링크드인에서 '부계정 활동'은 어떻게 가능한 것일까요? 익명으로 어떻게 진정성을 발휘할 수가 있는지 구체적인 사례들을 살펴보겠습니다.

사람들이 부계정 운영에 관심을 갖는 이유는 다양합니다. 현재의 직장에 노출되지 않으면서 구직 활동을 하거나, 민감한 업계의 정보를 공유하고 싶을 때, 또는 단순히 개인정보 보호를 위해 익명성을 선택하기도 합니다. 그러나 1인 1계정만 허용하는 링크드인 정책에서, 부계정 운영은 사람들의 신뢰를 얻기가 어렵고 실명 계정에 비해 성장 속도도 느립니다.

링크드인 이용약관과 커뮤니티 가이드라인은 실제 신원 사용을 권장하고 있습니다. 그러나 이러한 환경 속에서도 "중요한 것은 꺾이지 않는 마음"이라는 말처럼, 다양한 방식으로 부계정을 운영하며 성공을 거둔 사례들을 발견할 수 있습니다.

익명형 사용자는 링크드인에서 이러한 것들을 얻을 수 있어요!

익명형에게 링크드인은 배경이나 직함의 후광 없이 오직 콘텐츠의 힘, 즉 '실력'만으로 자신의 가치를 증명할 수 있는 공정한 링과 같습니다. 현재의 직장에 얽매이지 않고 업계의 민감한 이슈나 조직 문화에 대해 자유로운 의견을 개진할 수 있으며, 이는 특정 분야에 대한 날카로운 인사이트를 가진 전문가로 포지셔닝할 수 있는 기회가 됩니다.

이름과 얼굴 대신 콘텐츠의 질과 꾸준함으로 신뢰를 쌓아가는 과정은 그 자체로 강력한 퍼스널 브랜딩이 됩니다. 이러한 활동은 단순한 소통을 넘어 유료 뉴스레터 구독, 제품 판매, 컨설팅 의뢰 등 실질적인 비즈니스 기회로 연결됩니다.

익명형 사용자는 소개에 이런 점을 강조해야 해요!

익명형의 프로필은 신뢰의 공백을 메우기 위한 전략적인 설계가 필수입니다. 프로필 사진은 얼굴 대신, 자신의 전문성을 상징하는 로고나 캐릭터, 추상적인 이미지를 사용하여 일관된 정체성을 보여 주어야 합니다.

한줄소개는 프로필에서 가장 핵심적인 '가치 제안'의 공간입니다. '이커머스 트렌드를 매일 분석합니다'와 같이 누구인가를 설명하는 대신 '무엇을 제공하는지'를 명확히 밝혀야 합니다.

특히 익명형 사용자에게 소개 영역은 활동하는 이유와 비전을 담은 일종의 '선언문'이 되어야 합니다. 왜 익명성을 선택했는지, 그럼에도 불구하고 커뮤니티에 어떤 가치를 기여하고 싶은지 진솔하게 설명하여 신뢰를 쌓아야 합니다.

경력 사항은 회사명을 공개하는 대신 '핀테크 스타트업 5년 차 그로스 마케팅 리드_{Growth Marketing Lead}'처럼 산업과 직무, 기간을 구체적으로 명시하여 전문성을 증명하세요. 결국 익명형의 프로필은 '나는 누구인가'가 아닌 '나는 어떤 가치를 주는 사람인가'에 대한 명확한 답변이어야 합니다.

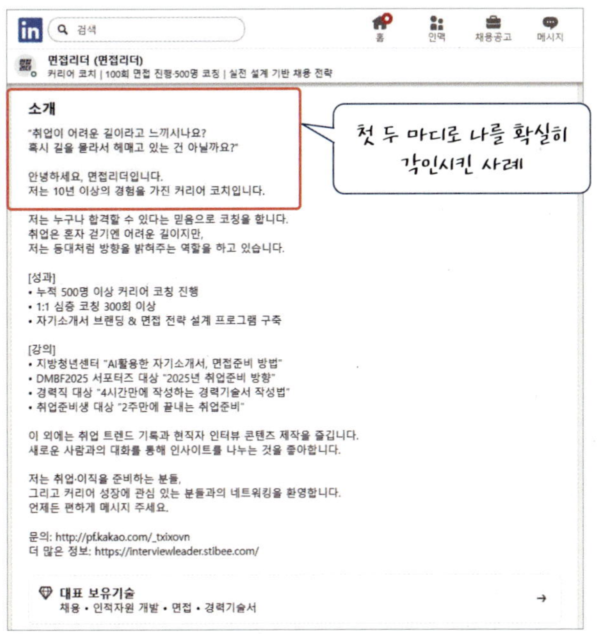

익명형 소개 예시

익명형 사용자가 링크드인에서 당장 시작할 수 있는 3가지 활동

압도적인 가치를 증명하는 콘텐츠를 발행하세요. 익명 계정의 유일한 무기는 콘텐츠입니다. 활동 시작과 동시에 자신의 전문 분야에 대해 분석한 글이나 유용한 팁을 담은 콘텐츠를 주 1개 이상 발행하여, 팔로우할 가치가 있는 계정임을 즉시 증명해야 합니다. 뉴스레터를 발행하는 '기묘한' 님처럼 매일 꾸준히 인사이트를 제공하는 것은 신뢰를 쌓는 가장 확실한 방법입니다.

댓글을 또 하나의 콘텐츠로 활용하세요. 게시물 노출이 적은 초기에는 업계 리더의 게시물에 남기는 깊이 있는 댓글이 나를 알리는 가장 효과적인 수단입니다. 단순한 동의나 칭찬을 넘어, 원본 글에 가치를 더하는 자신만의 분석이나 날카로운 반론을 담아 보세요. 댓글 하나가 수십 개의 포스팅보다 더 강력한 자기소개가 될 수 있습니다.

신뢰를 쌓을 외부 채널을 만드세요. 링크드인 프로필만으로는 신뢰를 주기에 한계가 있을 수 있습니다. '기묘한' 님의 유료 뉴스레터나 '피로곰' 님의 소프트웨어 다운로드 페이지처럼, 자신의 전문성을 꾸준히 아카이빙^{archiving}하고 증명할 수 있는 블로그, 뉴스레터, 깃허브^{GitHub} 등의 외부 채널을 만드세요. 그리고 링크드인 포스팅을 통해 독자들을 외부 채널로 자연스럽게 안내하며 전문성의 깊이를 입증해 나아가야 합니다.

대표적인 익명형 사용자 소개

대표적인 익명형 사용자 면접리더 님은 링크드인의 실명주의 문화 속에서도, 이름과 얼굴 대신 꾸준한 가치 제공과 깊이 있는 전문성으로 자신만의 영역을 구축했습니다.

면접리더 님 프로필

기본 설정 완성도 체크리스트

링크드인 가입부터 검색에 유리한 URL 설정, 그리고 나를 한마디로 정의하는 '한줄소개'까지 차근차근 잘 따라오셨나요? 이 과정은 링크드인 활동의 가장 기본이 되는 단계이자, 내 프로필의 첫인상을 결정하는 중요한 작업입니다.

혹시 놓친 설정은 없는지, 검색 최적화(SEO)를 위해 키워드는 잘 배치했는지 다음 체크리스트를 통해 꼼꼼하게 확인해 보세요. 기초 공사가 튼튼해야 앞으로 쌓아 올릴 여러분의 커리어와 네트워킹이 더욱 빛을 발할 수 있습니다.

단계	항목	체크(V)
가입 및 필수 정보	링크드인 가입과 이메일 인증을 모두 마쳤나요?	
	이름, 지역, 직책, 회사 등 기본 정보를 정확히 입력했나요?	
	신뢰감을 주는 프로필 사진을 업로드했나요?	
프로필 기본 설정	나를 쉽게 찾을 수 있게 '전체 공개용 URL'을 간결하게 수정했나요?	
	기본적인 소개말 정보들을 빠짐없이 채웠나요?	
	연락처 정보(이메일 등)를 최신 상태로 입력했나요?	

한줄소개	직무와 전문 분야를 명확하게 명시했나요?	
	나의 핵심 업무 성과를 간결하게 포함했나요?	
	검색에 잘 걸리도록 업계 키워드를 자연스럽게 넣었나요?	
	한줄소개를 한국어와 영어 버전으로 각각 작성했나요?	
소개	업무에 대한 열정과 나만의 가치관을 담았나요?	
	성과를 구체적인 수치로 제시하여 신뢰도를 높였나요?	
	연락처나 웹사이트 등 '행동 유도문(CTA)'을 포함했나요?	
	나의 핵심 보유기술 5가지를 추가했나요?	
다국어 설정	글로벌 노출을 위해 '한국어+영어' 프로필을 모두 생성했나요?	
	나의 주 활동 무대에 맞춰 '기본 프로필 언어'를 지정했나요?	

02장 일단 자기소개부터 확실하게 — 프로필 완성도 높이기

링크드인에서 많은 사람들이 프로필 설정 단계에서 이탈합니다. 하지만 완성도 높은 프로필은 조회수가 7배나 높아 프로필 최적화는 링크드인 성공의 핵심입니다.

프로필에 단어가 많을수록 검색 확률이 높아지고 신뢰도도 올라갑니다. 프로필 사진부터 기본, 추천, 추가 영역까지 차근차근 채워가며 나만의 프로필을 완성해 보세요.

링크드인 프로필, 비주얼도 고려하자!

링크드인 프로필을 만들려면 무엇부터 시작해야 할까요? 물론 다양한 요소가 있겠지만 결국에는 비주얼이 제일 중요합니다. 링크드인에서 1촌 신청을 하면 먼저 프로필 사진을 확인하게 되는데, 프로필에 내 사진이 없거나, 신뢰감을 보여 주지 못하면 1촌 신청을 거절당할 수 있습니다. 그러면 관계를 맺기가 어려워지겠죠. 다음에서는 프로필 사진과 배너 이미지에 대해서 자세히 알아보겠습니다.

➡ 1촌에 관한 내용은 03-1절에서 자세히 다룹니다.

프로필 사진으로 신뢰감을 높여요!

프로필 사진은 링크드인 계정의 첫인상을 좌우하는 매우 중요한 요소입니다. 잘 나온 프로필 사진은 신뢰감을 주고, 호감을 높이며, 더 많은 사람들이 방문하도록 유도합니다. 링크드인은 비즈니스 네트워킹 플랫폼이므로, 전문성이 느껴지는 사진을 사용하는 것이 중요합니다.

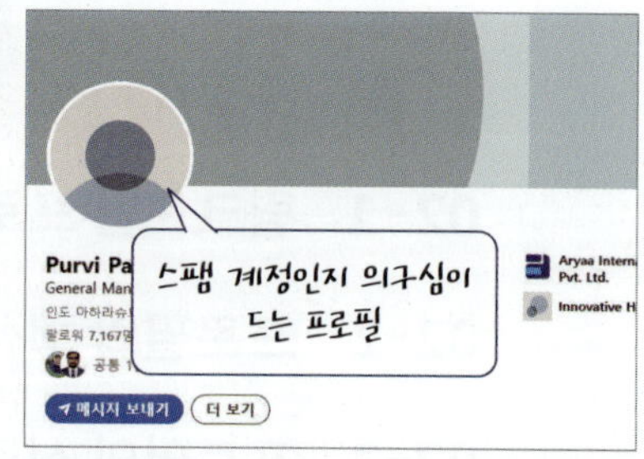

얼굴이 잘 보이는 프로필 사진과 아닌 사례

프로필 사진은 **얼굴이 명확하게 보이는 사진**을 사용해야 합니다. 따라서 얼굴이 작게 보이는 전신 사진보다는 어깨나 가슴 윗부분까지 나온 반신 사진 또는 흉상 사진을 추천합니다. 여러 명이 함께 찍은 단체 사진이나, 일상적인 스냅 사진도 피해야 합니다.

배경은 인물에 시선이 집중될 수 있도록 회색 등 무채색 계열의 단색을 사용하는 것이 좋습니다. 얼굴에 그림자가 지지 않도록 밝고 고른 조명에서 밝고 자신감 있는 표정을 지은 사진을 선택하세요. 복장은 자신의 직무나 산업에 어울리는 복장이 좋습니다. IT 업계라면 어느 정도 자연스러운 분위기의 사진을 사용해도 되지만, 전통 산업 분야에서 근무한다면 정장이 가장 무난합니다.

하면 된다! } 기본 프로필 이미지 설정하기

프로필 사진을 함께 등록해 보겠습니다. 앞서 가입하면서 프로필을 등록했더라도 따라 할 수 있습니다.

1 먼저 내 프로필 화면으로 들어갑니다. 내 프로필의 **[프로필 사진]**을 클릭합니다.

2 프로필 사진 업데이트

프로필 사진 화면이 나타납니다. 화면 아래의 **[사진 업데이트]**를 클릭합니다. 사진 업데이트에서 **[카메라 사용]**을 선택하면 현재 연결된 카메라로 사진을 찍어 프로필로 등록할 수도 있고, [사진 올리기]를 선택하여 내가 가지고 있는 사진을 바로 올릴 수도 있습니다.

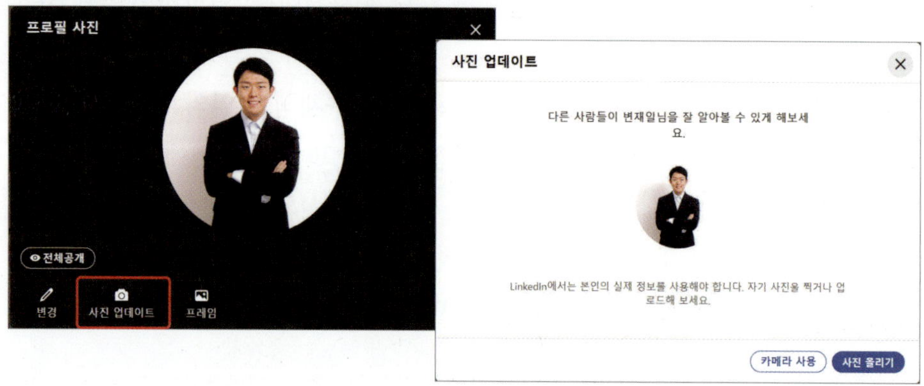

3 프로필 공개 범위 설정

다시 프로필 사진 첫 화면으로 돌아갑니다. 왼쪽 아래의 ❶ [전체공개]를 클릭하면 공개 범위를 설정할 수 있습니다. 링크드인 계정이 더 많은 사람에게 닿을 수 있게 ❷ [전체공개]로 설정하는 것을 추천합니다. 설정을 마쳤다면 ❸ [저장]을 클릭합니다.

4 프로필 사진 수정

프로필 사진의 첫 화면에서 [변경]을 클릭하면 현재 등록된 사진을 간단하게 수정할 수 있습니다. 잘라내기, 필터, 조정이 있으므로 필요에 따라 활용하세요.

5 프레임 설정

프레임은 내 구인·구직 상태를 드러낼 수 있는 링크드인만의 독특한 기능입니다. 프로필 사진의 첫 화면에서 ❶ [프레임]을 클릭하면 두 가지 기능을 쓸 수 있습니다. OpenToWork는 구직자 전용으로 내가 구직을 하고 있음을 전체적으로 알리는 기능이고, Hiring은 기업의 인사 담당자나 대표가 사람을 구인할 때 쓰는 기능입니다. ❷ 모든 수정을 마친 뒤 [지원]을 누릅니다. 그러면 설정이 적용됩니다.

OpenToWork은 퇴사가 확정되지 않았을 때 공개적으로 노출하면 같은 회사 사람들이 볼 수 있으므로, '리크루터에게 공개' 기능을 이용하는 것을 추천합니다. 링크드인에서는 이 기능을 숨겨 놓고 있으므로, 다음 순서대로 따라 해보세요.

링크드인 상단 메뉴의 ❶ [채용공고]를 선택하고 왼쪽의 ❷ [설정]을 클릭합니다. [❸ 구직중 → ❹ 리크루터만]을 선택한 후 ❺ [저장]을 클릭합니다. 이렇게 하면 같은 회사 사람들에게는 OpenToWork(구직중) 프레임이 보이지 않고, 리크루터에게만 노출되어 변화 없이 구직을 진행할 수 있습니다.

프로필 공개 설정

6 프로필 수정의 모든 과정은 자동으로 반영되어 저장됩니다. 모든 프로필 설정을 마쳤다면 오른쪽 위의 [X]를 클릭하여 마무리합니다.

하면 된다! } 포토필러로 내 프로필 사진 적절성 확인하기

링크드인 프로필 사진이 적절한지 확인하려면 무료 피드백 서비스인 **포토필러**Photofeeler를 활용해 보세요. 포토필러는 AI의 분석이 아닌, 전 세계 사람들의 피드백을 점수로 알려 주므로 프로필 사진을 결정하는 데 도움이 됩니다.

1 웹 브라우저에서 **포토필러**(photofeeler.com)에 접속합니다. ❶ [Test my photos]를 클릭하면 로그인 화면으로 연결됩니다. ❷ 여러 옵션 중 제일 편한 것으로 계정을 연결합니다.

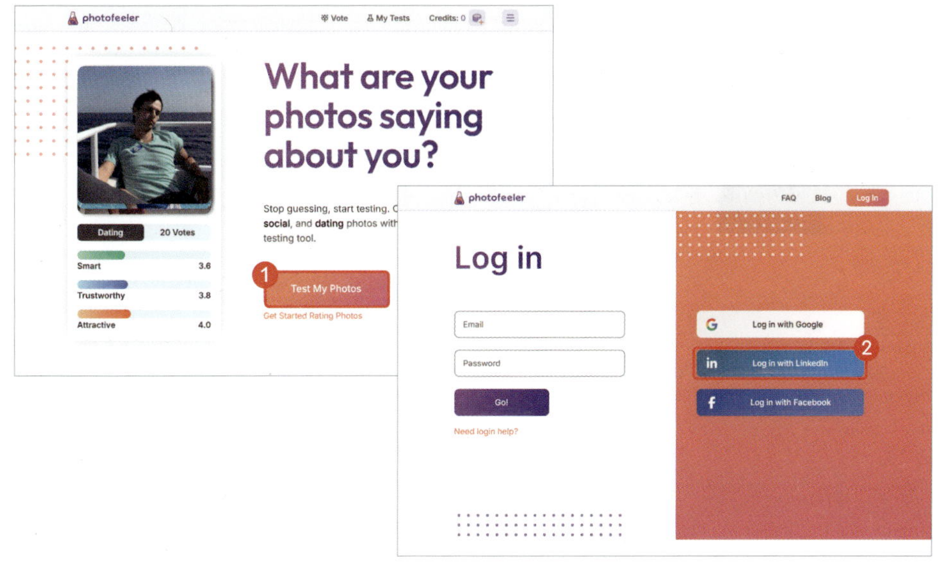

2 로그인을 마치면 확인할 사진을 올리는 화면으로 이어집니다. 링크드인에 프로필 사진이 있다면 ❶ 링크드인 아이콘의 [IMPORT]를 클릭한 후 ❷ [허용]을 눌러 프로필 이미지 정보를 연결합니다.

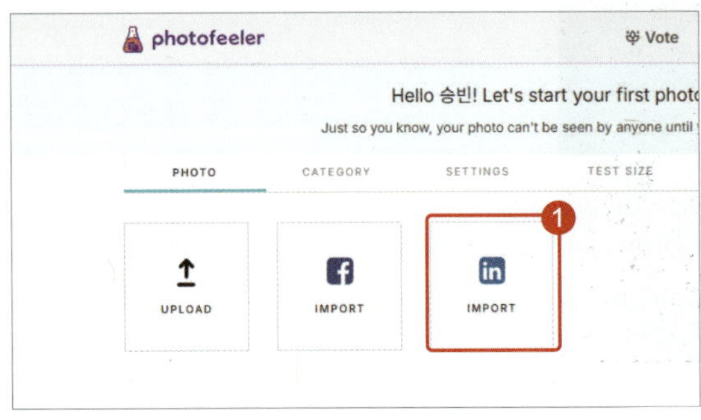

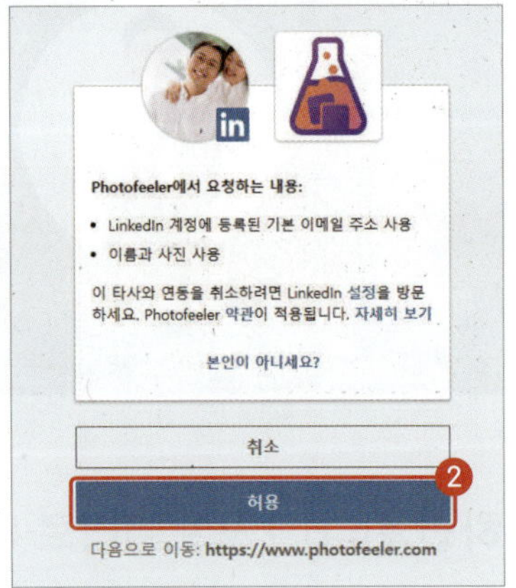

3 링크드인의 프로필 이미지를 불러왔다면 비즈니스, 소셜, 데이팅 중에 어떤 카테고리를 고를지 선택합니다. 우리는 링크드인의 전문성을 점검할 것이므로 [Business Test]를 선택합니다.

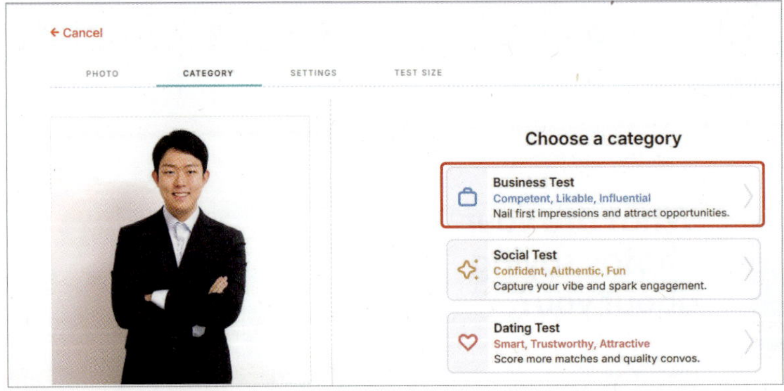

4 어떤 목적으로 이 사진을 쓸 것인지 적어줍니다. ❶ 저는 영어로 Linkedin Profile이라고 적었습니다. ❷ 이어서 [Next]를 누릅니다.

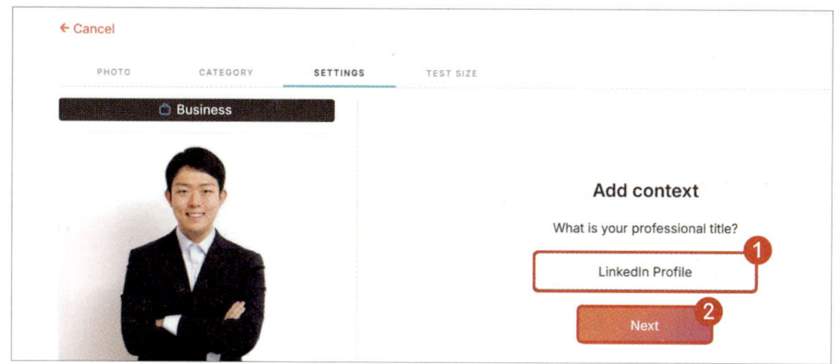

5 다음으로 테스트 유형을 고릅니다. 돈을 내면 더 빠르게 테스트를 진행할 수 있지만, 지금은 무료 기능을 활용할 것이므로 [Karma Test]를 선택합니다.

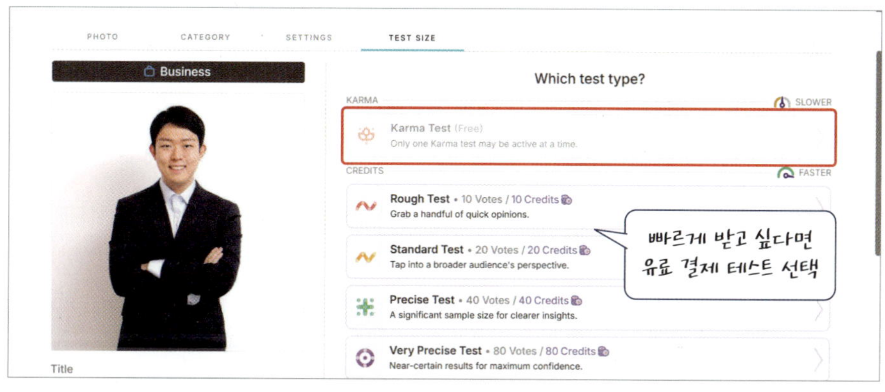

6 카르마는 일종의 크레딧 개념입니다. 다른 사람의 프로필을 보고 평가해 주면 카르마가 쌓여 내 프로필도 평가를 받을 수 있습니다. 다음 화면에서는 [+ New Test] 옆의 Karma 수치가 None으로 나와 있습니다.

7 이제 본격적으로 카르마를 쌓으러 가겠습니다. ❶ 위에 있는 메뉴에서 [Vote]를 클릭하면 다른 사람의 프로필 사진에 투표할 수 있는 화면으로 이동합니다. ❷ 비즈니스, 소셜, 데이팅 중 내가 평가할 부분을 선택합니다.

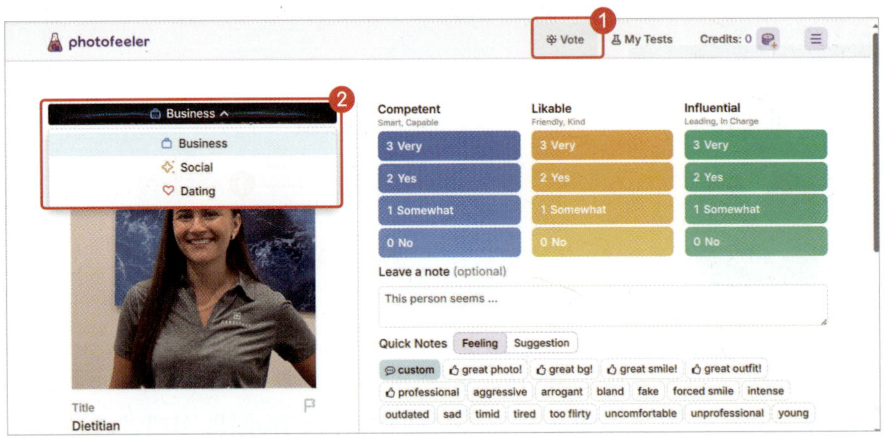

8 카르마 점수가 최대가 될 때까지 투표를 진행합니다. 투표를 너무 빠르게 진행하면 AI가 인식을 하므로 **한 사진당 30초 정도씩 진행**합니다. Competent(경쟁력), Likable(선호도), Influential(영향력) 점수를 0~3점까지 매긴 후, 코멘트를 영어로 입력하면 되는데, 여기서는 아래에 있는 **[Quick notes]**를 보고 해주고 싶은 말 하나를 선택한 후에 다음으로 넘어갑니다.

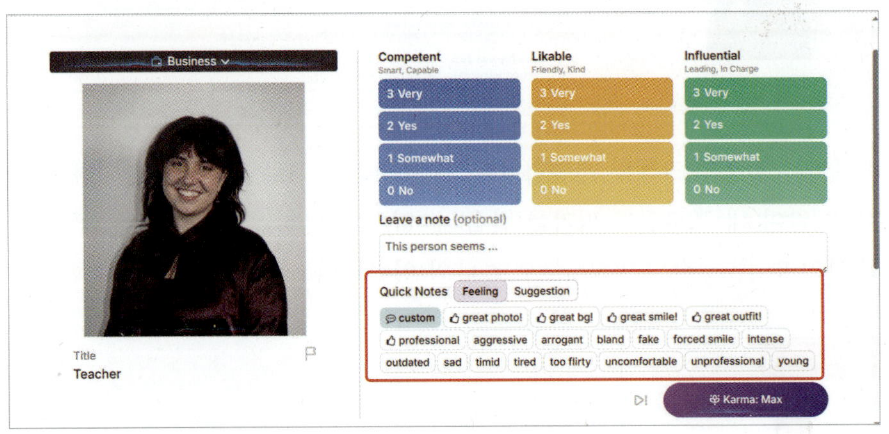

9️⃣ 이후 투표를 진행하면 결과를 볼 수 있습니다. [Scores]를 클릭하면 점수를 확인할 수 있습니다. 현재 이 투표는 120개의 투표를 받아 결과를 받았으며, 충분한 표본이 수집되어 더 이상 투표가 진행되지 않고 있습니다. 경쟁력 9.3, 선호도 7.7, 영향력 8.5로 대부분 평균 이상의 좋은 점수를 받았습니다.

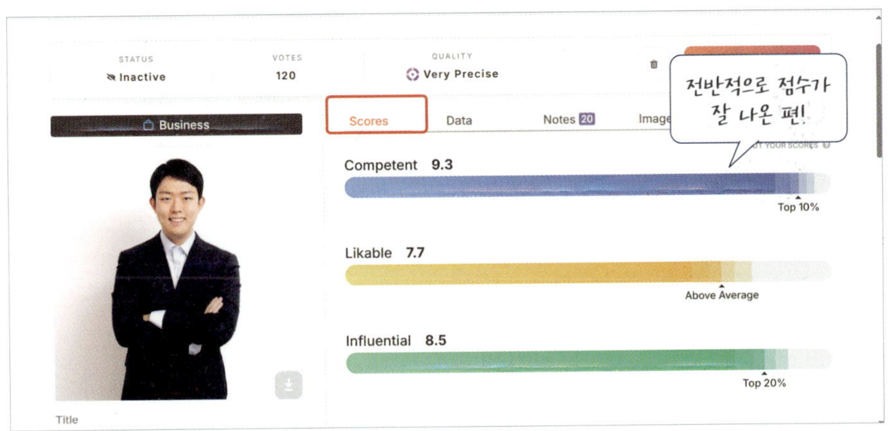

🔟 이 화면에서 [Test Quality]를 클릭하면 몇 개의 표본이 사용되었는지에 대해 알려 줍니다.

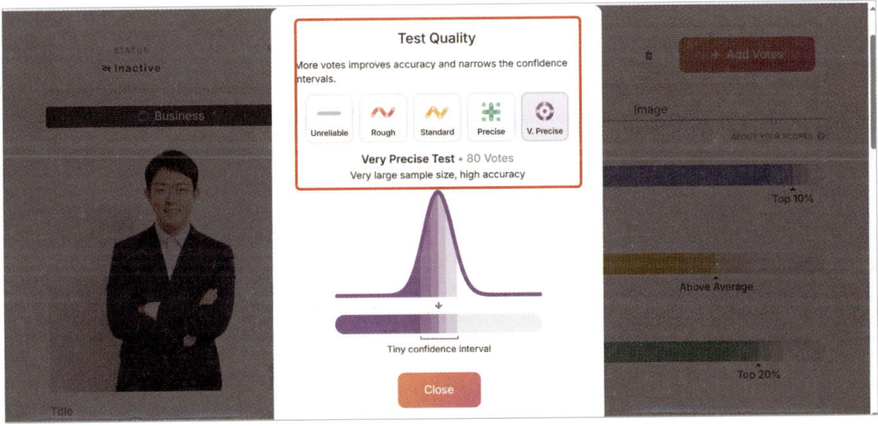

⑪ 결과 화면에서 [Data]를 클릭하면, 몇 명의 사람들이 어느 점수에 투표했는지 자세히 확인할 수 있습니다.

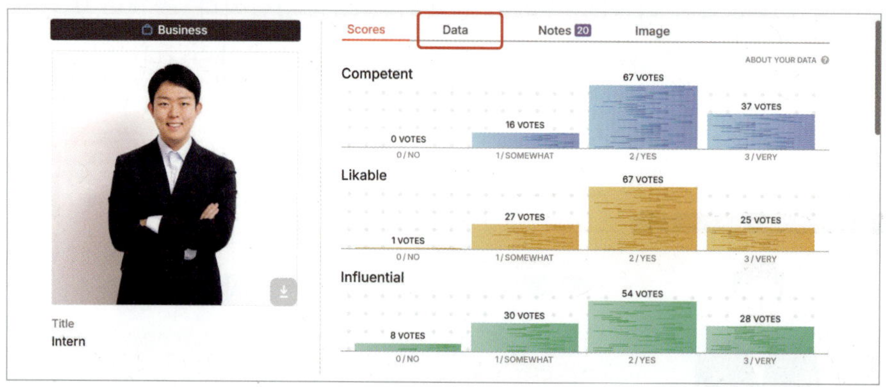

⑫ 결과 화면에서 [Notes]를 클릭하면, 이 사진에서 어떤 부분이 좋은지, 개선할 부분이 무엇인지 사람들의 의견을 확인할 수 있습니다. 저는 표정이 너무 경직돼 있거나 너무 정면으로 찍었다는 의견이 있어 다음에는 이 부분을 개선해서 찍으면 되겠다는 것을 알 수 있습니다. 여러분도 프로필 사진을 올려서 최적의 사진을 찾아보세요.

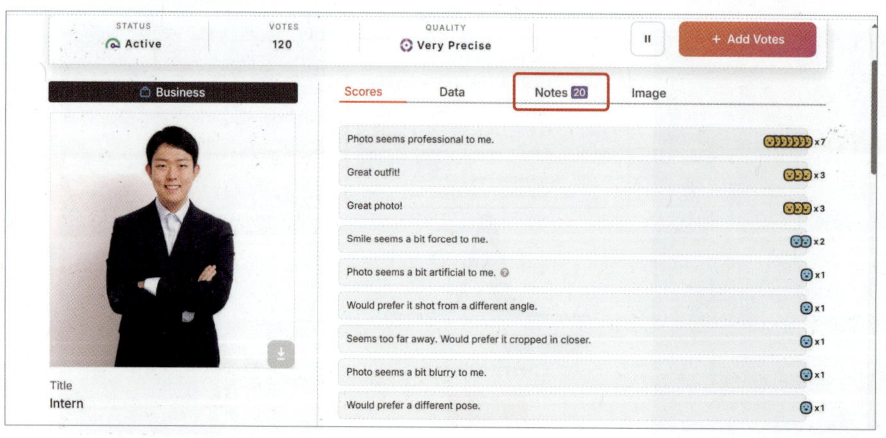

지나치기 쉬운 배너 이미지 살뜰하게 챙기기

링크드인을 하면서 많은 사람들이 프로필에서 놓치는 부분이 있습니다. 바로 배너 이미지인데요. 배너 이미지는 프로필 사진 뒤쪽에 있는 배경 이미지를 말합니다. 이 부분을 빈 상태로 놔두게 되면 굉장히 공허해 보이기 때문에 배너 이미지를 꼭 넣는 것이 좋습니다.

이때 배너 이미지는 PC와 모바일에서 보여지는 것이 다르다는 점을 반드시 기억해야 합니다. 실제로 비교해 보면 PC와 모바일의 배너 영역은 사이즈가 다르다는 것을 알 수 있습니다.

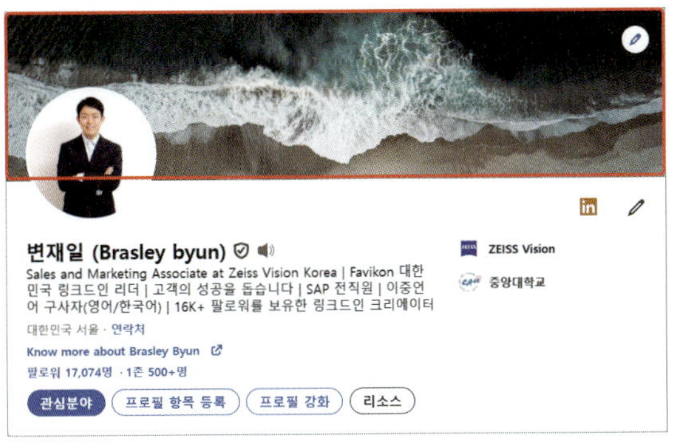

PC에서 보이는 배너 영역

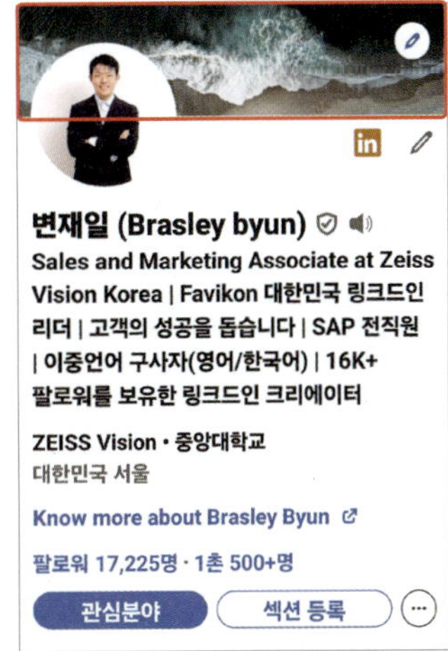

모바일에서 보이는 배너 영역

따라서 링크드인에서 자신의 이미지를 효과적으로 전달하려면 배너(헤더 이미지) 디자인의 차이를 반드시 인지해야 합니다. 특히 PC와 모바일 환경에서는 같은 이미지라도 보여지는 영역이 달라 중요한 내용이 잘리거나 비대칭으로 표시될 수 있습니다. 이는 곧 브랜드 이미지, 나아가 프로필의 신뢰성에 영향을 줄 수 있습니다.

하면 된다! } 캔바에서 배너 만들기

좀 더 멋있는 나만의 배너를 만들고 싶다면 캔바^{Canva}를 이용하는 걸 추천합니다. 이미 만들어진 배너에 글자만 바꾸면 됩니다.

1 캔바(Canva.com)로 접속한 후 로그인을 합니다. 로그인은 구글 메일로 가입할 수 있으므로 자동으로 연동을 하면 됩니다.

2 검색 창 위에 있는 ❶ [템플릿]을 선택한 후 ❷ Linkedin Banner를 입력해 검색합니다. 입력만 해도 하단에 다양한 결과물이 나옵니다.

3 링크드인 배너에 어울릴만한 마음에 드는 디자인을 고릅니다. 유료 멤버십을 가입해도 좋지만, 무료로도 충분히 원하는 디자인을 고를 수 있습니다. ❶ 원하는 이미지를 선택하고 ❷ [이 템플릿 맞춤 편집하기]를 클릭합니다.

4 새 창으로 디자인을 편집할 수 있는 화면이 나타납니다. 텍스트 상자를 클릭해 내용을 알맞게 수정합니다. 캔바에서 글자를 수정하는 것은 그렇게 어렵지 않으므로 따로 설명하지 않겠습니다.

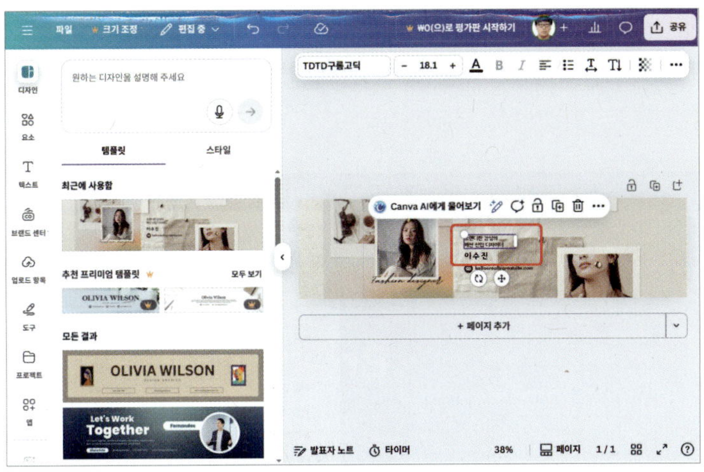

5 만일 디자인에 자신이 없다면 텍스트 중심의 디자인을 선택하거나, 크몽 같은 사이트에서 전문가에게 제작을 의뢰하는 것도 좋은 방안입니다.

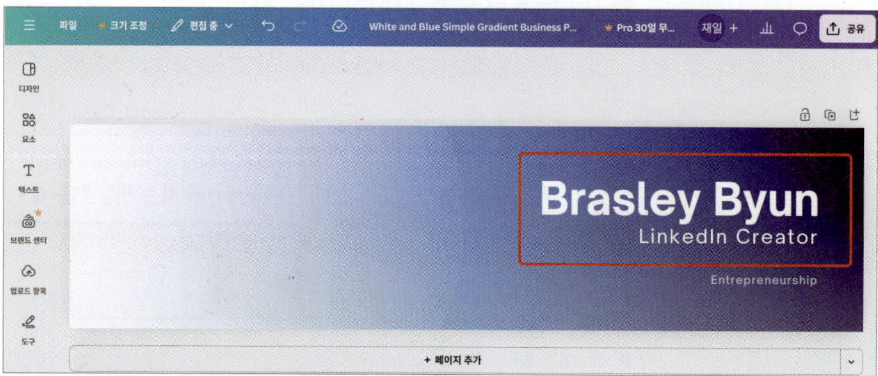

6 어느 정도 디자인이 완성됐다면 [❶ 공유 → ❷ 다운로드]를 클릭합니다.

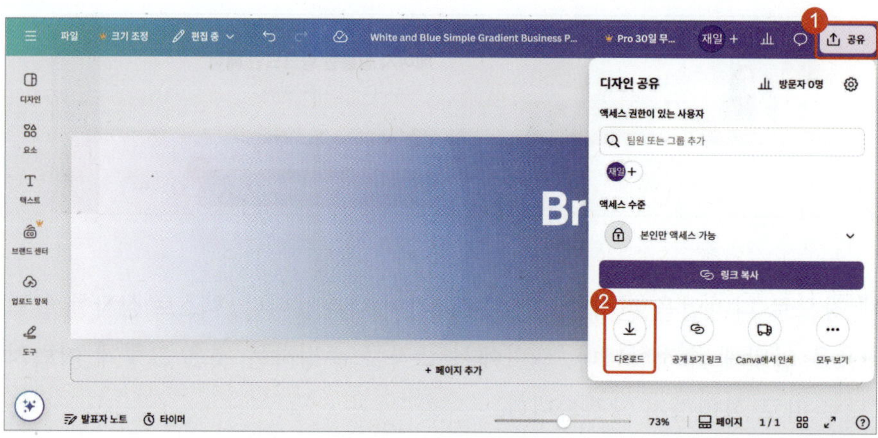

7 ❶ 파일 형식을 PNG로 선택하고, 다른 옵션 선택 없이 바로 ❷ [다운로드]를 클릭합니다.

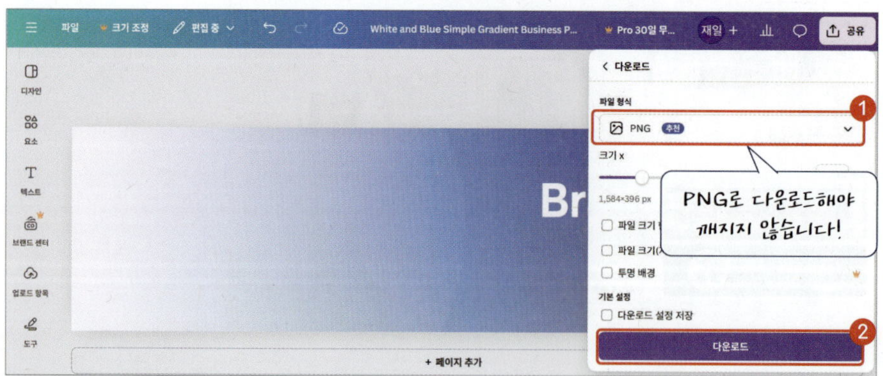

8 링크드인 배너 제작 및 다운로드가 모두 완료되었습니다.

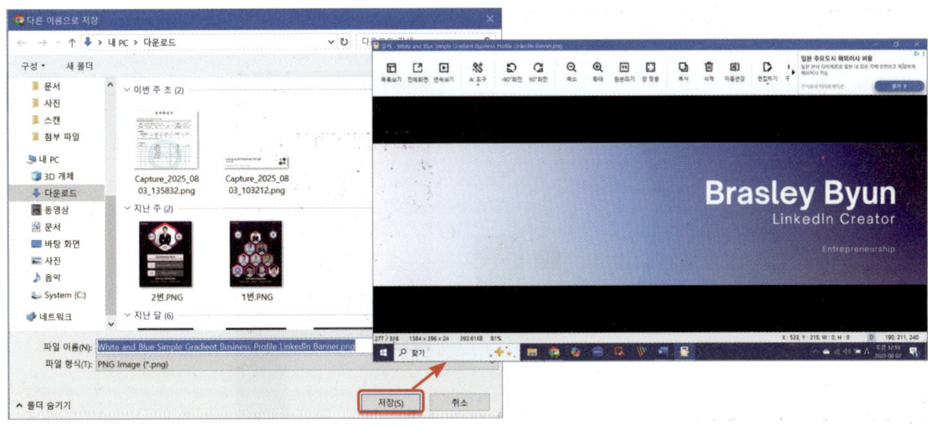

하면 된다! } 배너 이미지 설정하기

이제 앞서 만든 링크드인용 배너를 링크드인 프로필에 적용하겠습니다.

1 링크드인의 기본 프로필 화면에서 ❶ [수정 ◯]을 클릭하고 커버사진 창의
❷ [사진 변경]을 선택합니다.

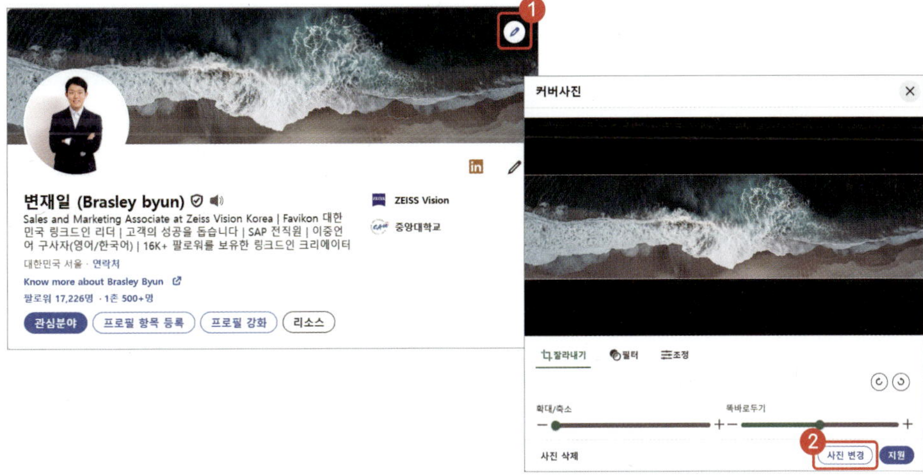

2 ❶ 배너로 사용할 사진을 선택하고 ❷ [열기]를 클릭합니다.

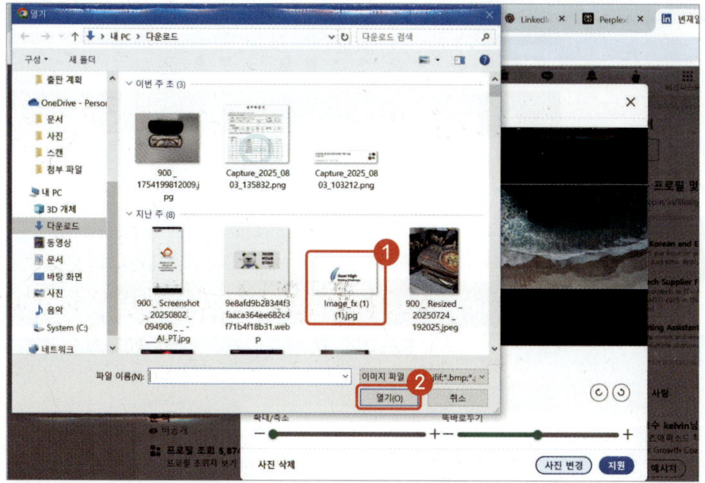

3 배너 사진 수정

올린 배너 사진을 편집 기능을 이용해 간
단하게 수정할 수 있습니다.

⏱ 복습해 볼까요?

▶ 링크드인 프로필 사진 뒤쪽에 위치하며, PC와 모바일에서 보이는 영역이 달라 디자인에
주의해야 하는 이미지를 ❶ (   )라고 합니다.

▶ 전 세계 사람들에게 내 프로필 사진의 호감도, 영향력 등을 무료로 피드백받을 수 있는 사
이트는 ❷ (   )입니다.

답 ① 배너 이미지(또는 커버 사진) ② 포토필러(Photofeeler)

프로필의 핵심, 기본 영역 작성법

프로필 사진과 기초 정보를 설정했다면, 이제 기본 사항을 작성할 차례입니다. 기본 사항은 링크드인을 활용하는 모든 사람이 반드시 입력해야 하는 핵심 영역입니다. 이 영역을 충실히 채우면 회사의 리크루터나 지인들이 여러분의 계정을 쉽게 찾을 수 있습니다. 추천 영역이나 추가 영역은 작성하지 않더라도, 기본 영역만큼은 반드시 완성해야 합니다.

기본 영역에는 어떤 것이 있나요?

프로필 기본 영역은 **학력사항, 직책, 업무서비스, 경력 휴식기, 보유기술**로 구성되어 있습니다. 보유기술은 네트워킹과 관련된 부분이므로 03장에서 다루고, 여기서는 보유기술을 제외한 4가지의 영역에 대해 살펴보겠습니다.

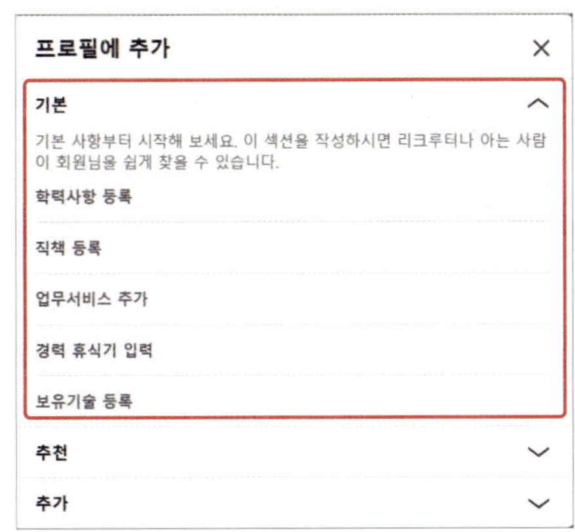

프로필 기본 영역의 구성

1. 학력사항 영역

학력사항 영역은 단순히 학교 이름을 나열하는 곳이 아닌 **나의 전문성과 지적 역량을 증명**하는 핵심 공간입니다. 이 영역을 통해 채용 담당자나 잠재적 비즈니스 파트너들은 지원자가 어떤 교육기관에서 어떤 전공 지식을 쌓았는지, 그리고 그것이 현재 직무 분야와 어떤 연관성을 갖는지 파악할 수 있습니다.

대부분 학력사항은 **대학교 이상의 학력부터 작성**하며, 고등학교는 필수 입력 사항이 아닙니다. 특목고나 해외 고등학교, 특성화고를 졸업했다면 간단하게 작성해도 좋습니다. 여러 개의 학위를 취득했다면 **최신 학위를 상단에 배치**하며, 학생 신분으로 수상한 대회가 있다면 이후에 다룰 수상 경력 등록과 연계하여 등록하면 좋습니다.

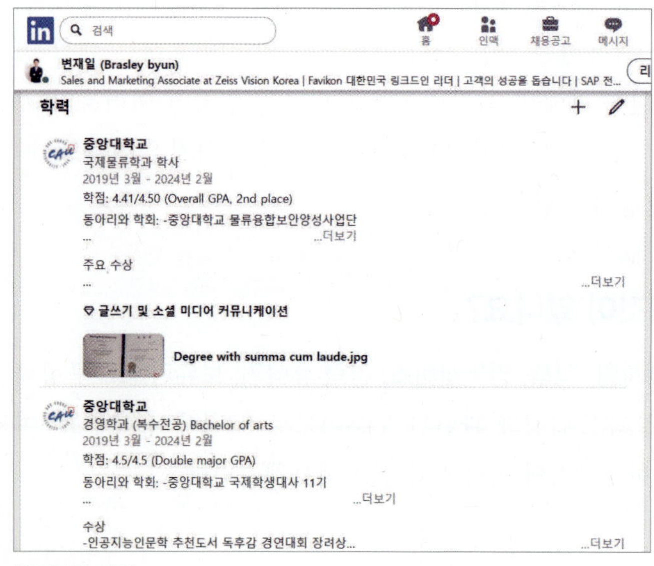

학력사항 영역

특히 글로벌 환경에서는 출신 대학교의 인지도나 전공 분야가 신뢰도 형성에 직접 영향을 미치므로 정확하고 체계적으로 작성해야 합니다. 또한 학업 성과나 관련 수상 경력을 함께 기재하면 단순한 학력 증명을 넘어 학습 능력과 성취도까지 어필할 수 있어, 경쟁력 있는 프로필 구성이 됩니다.

하면 된다! } 학력 등록하기

1 프로필 화면에서 **①** [프로필 항목 등록]을 클릭한 후 **②** [학력사항 등록]을 선택합니다.

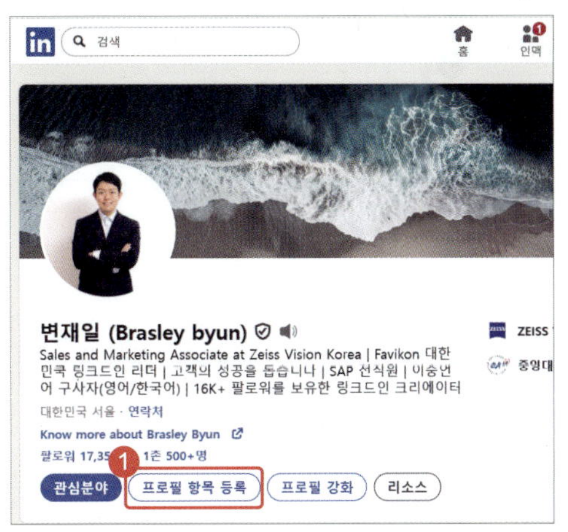

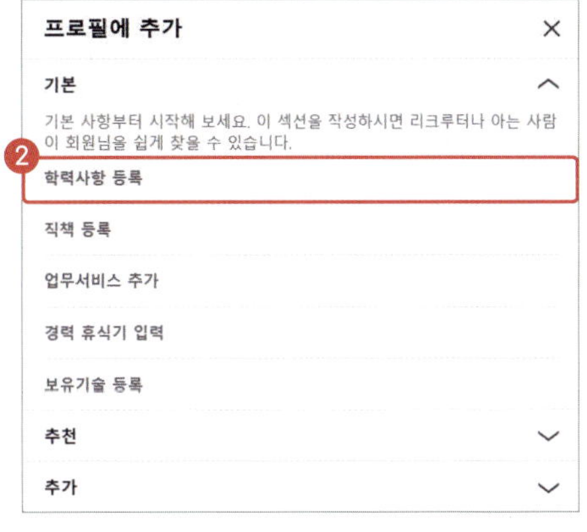

2 학력의 기초 내용 입력

기본적인 학력사항을 등록합니다. 다음 내용을 참고해 입력하세요.

❶ 학교

링크드인에 학교 페이지가 등록된 경우 학교의 이름을 입력하면 자동으로 완성됩니다. 예를 들어 필자의 모교인 중앙대학교의 '중앙'을 입력하면, 학교 이름이 자동으로 채워집니다. 글로벌 기업이나 외국계 기업에 취업하기를 희망할 때는 프로필 언어를 영어와 함께 설정해서 영문/국문 모두 표기할 수 있도록 합니다.

➡ 프로필 언어 설정은 01-2절에서 자세히 다뤘습니다.

❷ 학위

한국어로 학사, 석사, 박사로 입력하면 자동으로 입력이 됩니다. 영어로 학사는 Bachelor's degree, 석사는 Master's degree, 박사는 Doctoral degree 또는 Doctor's degree입니다.

❸ 전공

한국어로 국제물류학, 경영학 등 전공한 학과를 입력합니다. 영어로 입력할 때는 취득한 학위증에 나온 정확한 명칭을 입력해야 합니다. 특히 해외에서는 학력에 대해 정확한 검증을 요구하는 경우가 많아 더 신중한 확인이 필요합니다.

예 Bachelor of Science, Master of Arts, Doctor of Philosophy

> **알아 두면 좋아요 👍 인맥에게 알리기를 설정해야 하나요?**
>
> 인맥에게 알리기를 클릭하면 내가 프로필을 바꾼 사실이 게시글로 1촌에게 공개됩니다.
> 공개가 되면 1촌들이 댓글을 달아 주며, 인맥에게 알리기로 등록된 게시글은 링크드인
> 특성상 다른 게시글에 비해 더 많이 노출됩니다.

③ 학력의 세부 내역 입력

학력의 세부 내역도 입력해 줍니다. 여기는 반드시 다 기재할 필요는 없고, 있다
면 좋은 수준이므로, 필요에 맞게 작성하세요.

---

❶ 입학일과 졸업일

학위의 진행 사항을 확인해 연도와 월을 입력하고, 졸업 예상일이 바뀌었다면 자유롭게
수정할 수 있습니다.

❷ 학점

자신이 있다면 적는 것이 좋습니다. 필자는 4.41/4.50으로 학점에 매우 자신 있는 편이
라서 적었습니다.

❸ 동아리나 학회

재학 중에 참여한 동아리, 학회, 학생회, 봉사활동 내역을 추가할 수 있습니다. 500자 제
한이기 때문에 여기서는 간단한 활동들만 적고, 나중에 다른 영역에서 더 자세히 추가하
는 것이 좋습니다.

❹ 설명

필수는 아니지만, 학업과 관련한 추가 정보를 제공하고 싶을 때 활용할 수 있습니다. 예를
들어 수상 실적, 성적이 우수했던 과목, 장학금 내역 등을 추가할 수 있습니다. 그 외에도
졸업 논문 주제, 참여한 연구 프로젝트, 학업 관련 활동 등을 간략하게 작성할 수도 있습
니다. 하지만 작성할 내용이 많다면 다른 영역을 활용하는 것이 더 좋습니다.

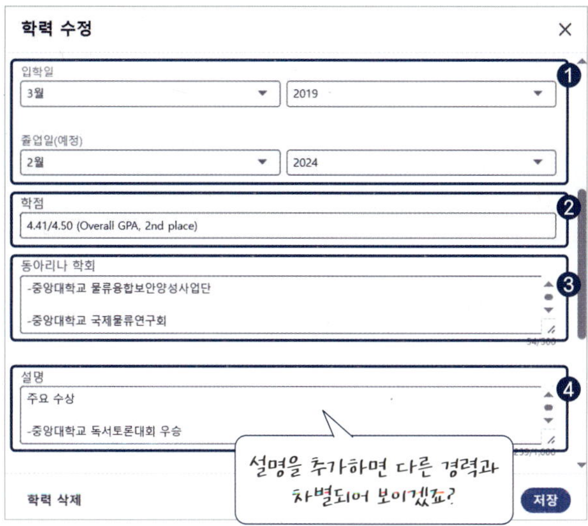

4 학력의 기타 영역 채우기

보유기술, 미디어까지 채웁니다. 모든 내용을 입력했다면 [저장]을 클릭합니다.

❶ **보유기술**

앞서 했던 대로 가지고 있는 핵심 보유기술 5개를 영어로 검색해서 추가합니다.

❷ **미디어**

졸업장이나 장학금 증서 등을 PDF로 스캔해서 추가할 수 있습니다. 단, 개인정보 보호에 유의해 중요한 부분은 가려 주세요.

졸업장, 성적표, 상장 등 학업이나 업무 관련 자료를 프로필 미디어에 추가하면 자신의 성과를 구체적으로 보여 줄 수 있습니다.

미디어 등록에는 2가지 방법이 있습니다. 하나는 링크를 등록하는 것입니다. 보통 자신의 업무 내용이 담긴 웹 링크를 넣는 것이 일반적입니다. 업무를 하면서 느낀 점이나 회사 행사에서 찍었던 사진을 링크드인 포스팅으로 만든 뒤, 그 링크드인 포스팅 링크를 복사해서 붙여 넣으면 나만의 미디어를 만들 수 있습니다. 다음으로는 실제로 내가 활동했던 사진을 업로드하는 방식입니다. 링크드인에 글을 쓰기는 애매하지만, 실제로 활동한 내역을 보여 주고 싶을 때 사용합니다.

미디어 등록 예시

[5] 앞서 01-2절에서 '프로필 언어 설정'을 했다면, 다른 언어로도 프로필을 만들어야 합니다. 여러 프로필 언어로 등록할 때 프로필이 노출될 가능성도 높아지므로, 최소한 영어로라도 다른 프로필 언어를 등록하는 것을 권장합니다. 일단 이 부분은 나중에 해도 되므로 [사양할게요]를 클릭합니다.

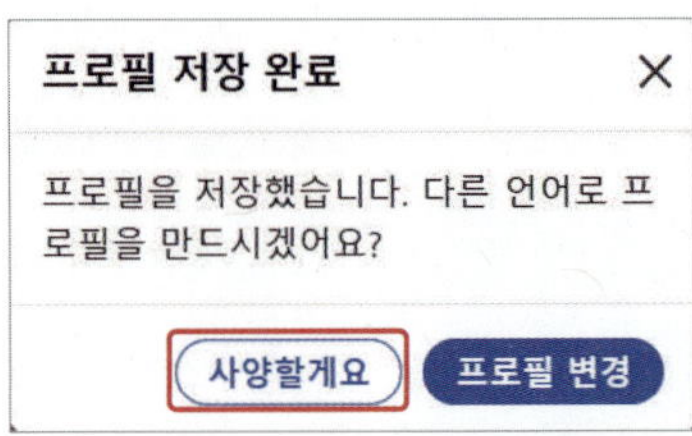

6 프로필 변경을 마쳤다면, 자신의 프로필로 돌아가 원하는 대로 잘 반영되었는지 확인하세요. 미흡한 부분이 있다면 다시 [수정 ✐]을 눌러 수정을 진행하면 됩니다.

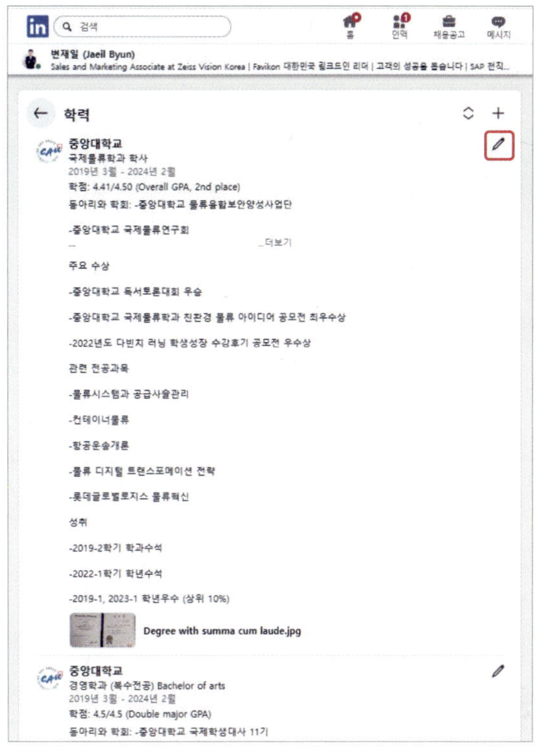

2. 직책 영역

링크드인 프로필에서 가장 주목받는 핵심 영역으로, 나의 전문성과 실무 역량을 가장 확실하게 보여 줄 수 있는 공간입니다. 이 영역에서 채용 담당자나 잠재적 협업 파트너들은 지원자가 어떤 회사에서 어떤 직책을 맡아 어떤 성과를 냈는지 구체적으로 파악할 수 있습니다.

단순히 회사명과 직책명을 나열하기보다 담당했던 프로젝트의 규모, 달성한 성과, 사용한 기술 등을 수치와 함께 상세히 기록해야 진정한 역량을 어필할 수 있습니다. 특히 최근 경력일수록 더욱 구체적으로 작성하고, 각 직책에서의 성장 과정과 배운 점들을 포함하면 지속적인 발전 가능성까지 보여줄 수 있어 신뢰도 높은 프로필을 완성할 수 있습니다.

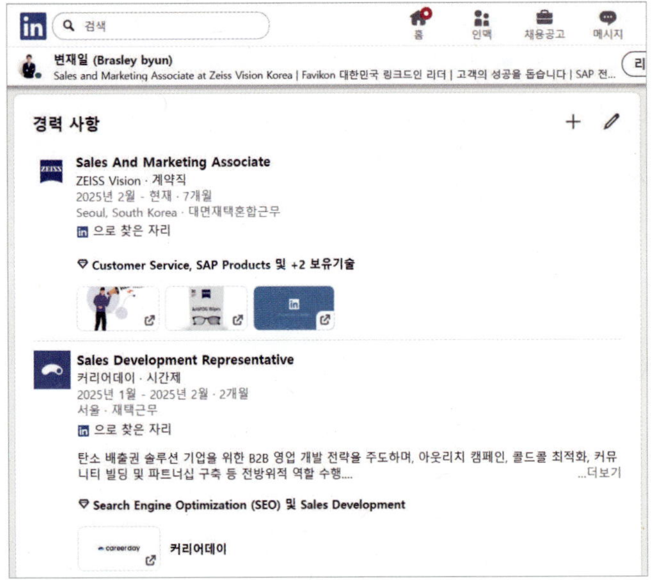

직책(경력 사항) 영역

하면 된다! } 직책 등록하기

1 프로필 화면에서 **1** [프로필 항목 등록]을 클릭하고 **2** [직책 등록]을 선택합
니다.

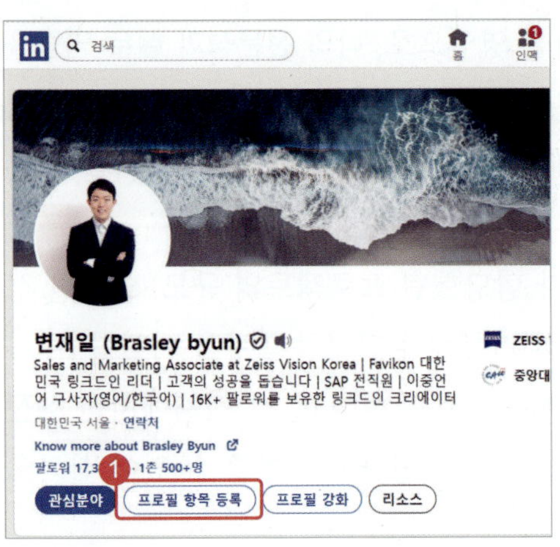

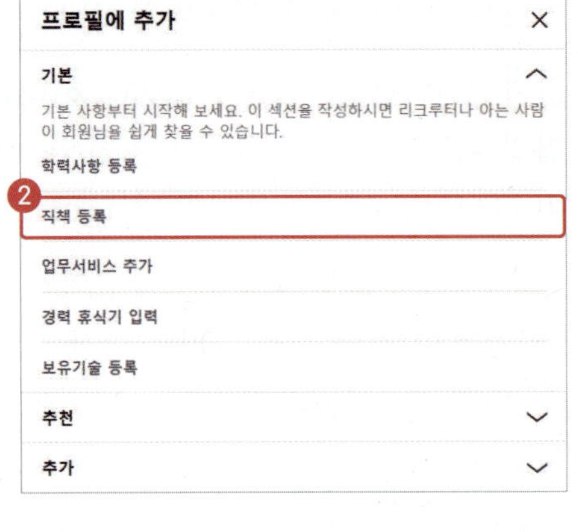

2 직책의 기본 영역 채우기

직책의 기본 내용을 기재합니다. 꼼꼼하게 입력할수록 좋습니다. 다음 내용을
참고해 입력해 보세요.

❶ **직함**

회사에서 사용한 정확한 직함을 입력해야 합니다. 링크드인에서는 여러 프로필 언어를 적
을 수 있으므로, 영문으로도 직함을 알아 놓으면 좋습니다.

❷ **고용 형태**

정규직, 시간제, 자영업/개인사업, 프리랜서, 계약직, 인턴, 수습생, 시즌 등 다양한 종류
중에 자신에게 제일 가까운 하나를 골라서 작성합니다.

❸ **회사 또는 단체**

회사의 정확한 이름을 입력합니다. 큰 회사들은 대부분 회사 페이지가 있기 때문에 자동
으로 검색됩니다. 소규모 기업은 회사 이름을 입력한 후, 설명 부분에서 이 회사가 무엇을
하는 회사이며 어떤 성과를 거두고 있는지 한 줄 정도로 설명해 줍니다.

➡ 회사 페이지는 링크드인에 로그인 후 비즈니스용을 선택한 뒤 내 회사 페이지 만들기에서 만들 수
있습니다.

3 재직 기간 및 경력 설명 채우기

이어서 재직 기간 및 경력 설명도 채웁니다.

> **❶ 근무 기간**
>
> 입사일과 퇴사일을 정확히 적어야 하며, '회사 또는 단체'란 다음에 있는 [현재 이 업무로 근무 중]에 체크했다면 퇴사일이 활성화되지 않습니다.
>
> **❷ 지역**
>
> 근무한 도시와 국가를 입력합니다.
>
> **❸ 설명**
>
> 가장 중요한 부분으로, 업무 내용, 역할, 책임, 주요 성과 등을 구체적으로 작성합니다. '~를 담당했다'는 표현보다는 '주도했다, 기획했다, 기여했다, 개선했다, 달성했다'와 같이 능동적인 표현으로 강조하는 것이 좋습니다.

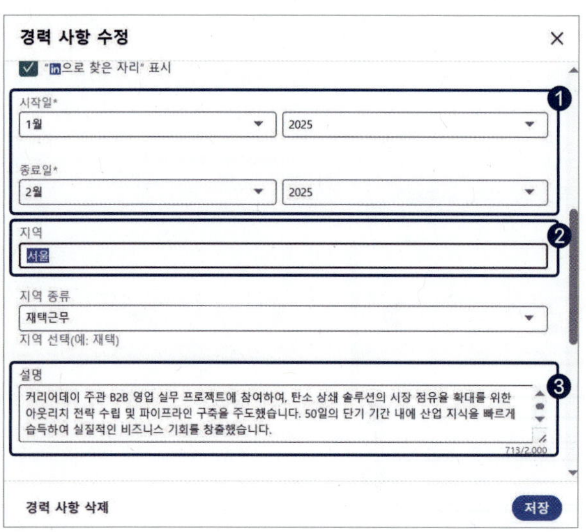

4 경력의 기타 영역 채우기

기타 영역은 선택의 영역이지만, 입력해 두면 좋습니다. 모든 입력을 마쳤다면 [저장]을 눌러 마무리하세요!

> **❶ 보유기술**
>
> 역시 기존에 하던 대로 영어로 5개 정도 정해서 입력합니다.
>
> **❷ 미디어**
>
> 직무와 관련된 포트폴리오, 뉴스 기사, 링크드인 포스팅이 있다면 링크를 삽입합니다.

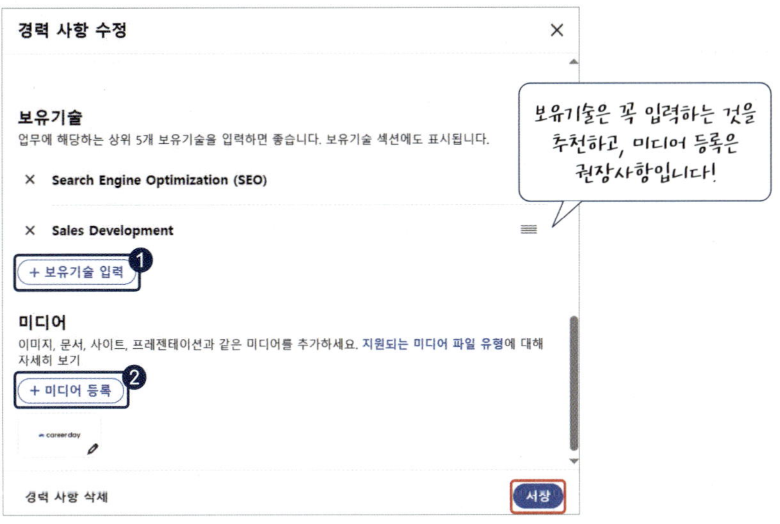

직책 설명, 이렇게 작성하면 된다!

많은 이들이 링크드인 직무 설명을 이력서의 복사본처럼 여기지만, 이 공간은 **웹 환경에 최적화된 가독성과 즉각적인 메시지 전달이 핵심**입니다. 리크루터는 모바일과 데스크톱 화면에서 문장을 빠르게 스캔하기 때문에, **한 문장으로도 역할과 성과가 동시에 드러나는 압축 구조**가 곧 경쟁력이 됩니다.

특히 연차가 쌓인 경력자일수록 단순한 업무의 나열보다는 자신이 조직에 가져온 실질적인 '변화'를 전달해야 하며, 이는 문제 해결 능력을 가장 선명하게 보여주는 지표가 됩니다. 먼저 회사에서의 역할을 한 줄로 명쾌하게 정의하고, 주요 활동을 **[목적 → 행동 → 성과]의 흐름**으로 재구성해 보세요.

임팩트 있는 동사로 문장을 시작하고 구체적인 수치를 더해 신뢰도를 높여야 합니다. 비슷한 활동들을 4~6개의 핵심 항목으로 그룹화하고 수식어를 걸어 낼 때 당신의 경력은 단순한 기록을 넘어 강력한 스토리로 완성됩니다.

효과적인 직책 설명 작성 예시

Career Day | B2B Sales Development Representative (SDR) Project

Context
커리어데이 주관 B2B 영업 실무 프로젝트에 참여하여, 탄소 상쇄 솔루션의 시장 점유율 확대를 위한 아웃리치 전략 수립 및 파이프라인 구축을 주도했습니다. 50일의 단기 기간에 산업 지식을 빠르게 습득하여 실질적인 비즈니스 기회를 창출했습니다.

Key Responsibilities

- B2B 아웃리치 전략 수립: 125개 타깃 기업 리스트업 및 거절 패턴 분석을 통한 데이터 기반 콜드콜 스크립트 고도화
- 영업 파이프라인 관리: 잠재 고객 발굴^{lead generation}부터 미팅 전환까지의 세일즈 퍼널^{sales funnel} 최적화 및 운영
- 브랜드 마케팅 및 네트워킹: 실무자 네트워킹 이벤트 기획 및 SNS 캠페인 운영을 통한 브랜드 인지도 제고
- 전략적 파트너십 발굴: 서비스 확장과 협업을 위한 외부 기관 및 파트너사 컨택, 관계 구축

Key Achievements

- 높은 리드 전환율 달성: 콜드콜 캠페인을 통해 리드 확보율 20% 및 미팅 전환율 12% 기록(단기 프로젝트 내 유효 미팅 3건 성사)
- 마케팅 임팩트 창출: SNS 홍보 캠페인 병행으로 5,000회 이상의 노출 수를 기록하며 플랫폼 확장의 토대 마련
- 비즈니스 네트워크 확장: 외부 기관과 신규 파트너십 2건을 체결하여 시장 내 입지 강화 및 협력 기회 확보
- 탁월한 적응력 및 실행력: 50일이라는 한정된 기간 내에 탄소 시장에 대한 전문성을 확보하고, 조직의 목표 수치 달성에 기여

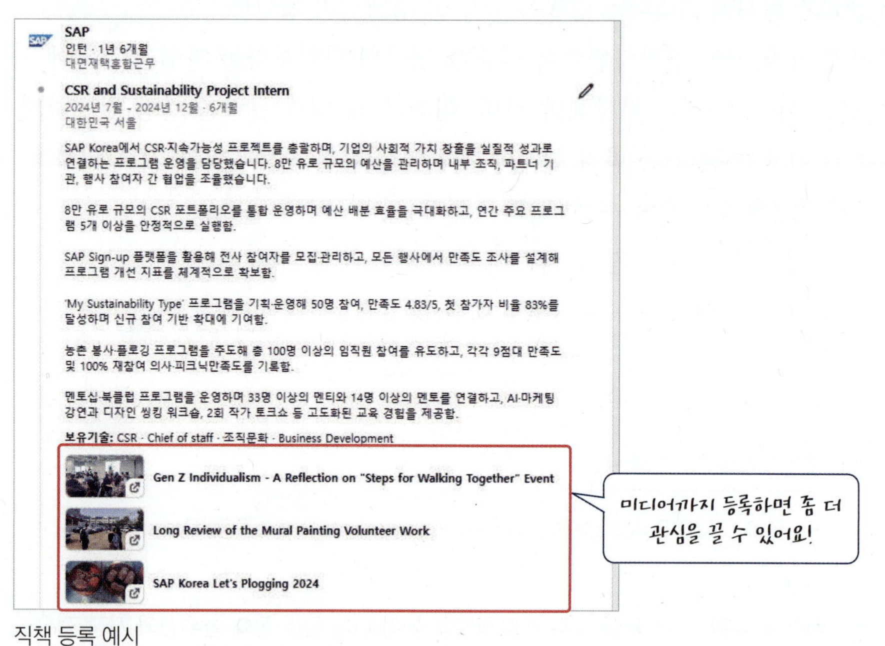

직책 등록 예시

3. 업무서비스 영역

프리랜서, 컨설턴트, 자영업자, 사업주 등 자신만의 전문 서비스를 제공하는 사람들에게 특화된 핵심 영역입니다. 이곳에 제공하는 서비스와 전문성을 명확하게 제시할 수 있으며, **링크드인을 활용해 잠재 고객을 발굴하고 비즈니스 기회를 확대할 수 있는 중요한 도구입니다.** 특히 기존의 직장 경력만으로는 표현하기 어려운 개인 사업자의 전문 역량과 서비스 차별점을 구체적으로 어필할 수 있어, 개인 브랜딩과 고객 확보에 많은 도움이 됩니다.

소개　　　　　　　　　　　　　　　　　　　　　　　　　　　🖉

Global + B2B + Z세대 + LinkedIn = 변재일입니다.
언제든지 Connection 신청, DM, 댓글 환영합니다!

안녕하세요, ZEISS Vision Korea에서 Sales and Marketing Associate로 근무 중인 변재일입니다.... ...더보기

💎 **대표 보유기술**　　　　　　　　　　　　　　　　　　　　　→
LinkedIn • MS 오피스 • B2B • Communication • Microsoft Excel

업무서비스　　　　　　　　　　　　　　　　　　　　　　　🖉

글쓰기

업무서비스 모두 표시 →

업무서비스 영역

이 영역의 주요 활용 대상은 크게 3그룹으로 나뉩니다. 첫째, 그래픽 디자이너, 웹 개발자, 번역가 등 **프리랜서**들이 전문 기술을 서비스로 소개할 수 있습니다. 둘째, **경영·IT·HR·재무 컨설턴트** 등이 컨설팅 서비스 영역과 강점을 명시할 수 있습니다. 셋째, 사진작가, 개인 트레이너, 온라인 쇼핑몰 운영자 등 **자영업자와 사업주**들이 비즈니스 서비스를 효과적으로 홍보할 수 있습니다.

업무서비스 영역은 다른 영역에 비해 눈에 잘 띄지 않으므로 직책 영역과 연계한 전략적 활용이 필요합니다. 직책 영역에 프리랜서나 컨설턴트 경력을 추가하고 제공 서비스를 구체적으로 기술하거나, 주요 프로젝트 경험에 대한 성과를 수치화하는 방법이 효과적입니다.

고객이 검색할 만한 키워드를 최적화하고, 추천 영역에 성공 사례나 포트폴리오를 연결하며, 보유기술 영역에 관련된 전문 기술을 추가하는 것도 중요합니다. 아울러 새로운 서비스를 출시하거나 지역을 확장할 때 지속적으로 업데이트하여 프로필의 완성도를 높여야 합니다.

하면 된다! } 업무서비스 추가하기

1 프로필 화면에서 **①** [프로필 항목 등록]을 클릭하고 **②** [업무서비스 추가]를 선택합니다.

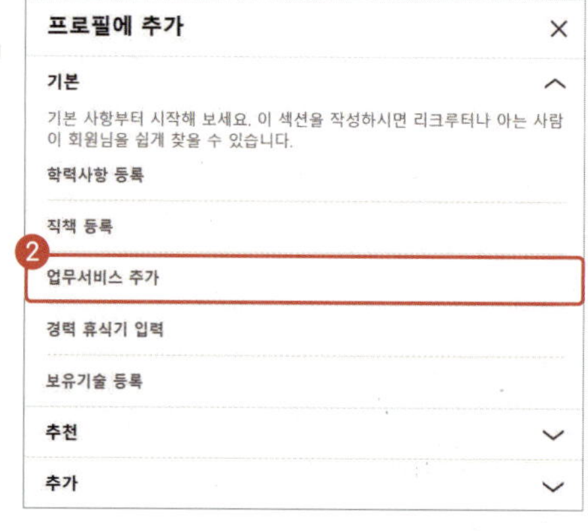

2 업무서비스 이용 안내 창이 뜨면 [다음]을 클릭합니다.

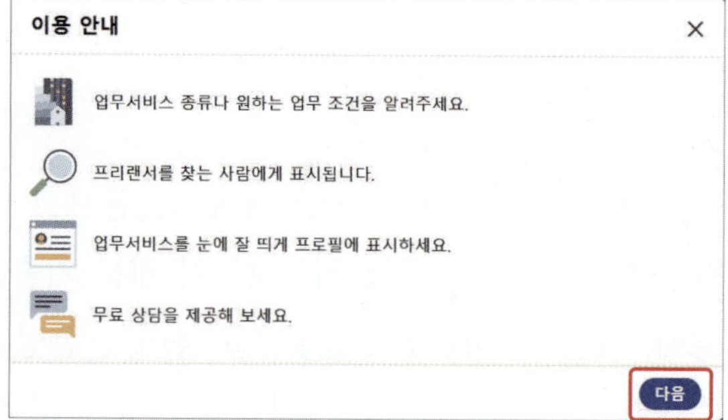

3 **①** [+ 분야 입력]을 클릭한 후, 내 업무와 가장 비슷한 내역을 검색해 추가합니다. **②** [소개]에는 500자 정도 설명을 적어 줍니다. 작성 예시는 다음과 같습니다.

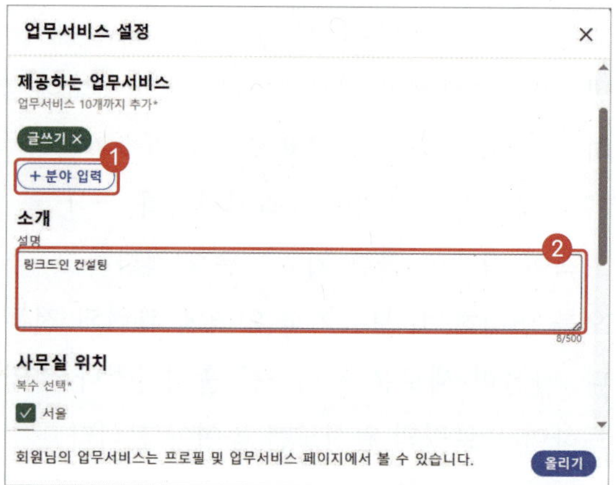

업무서비스 작성 예시

- 제공 서비스: 글쓰기, 재무 상담, 소셜 미디어 마케팅

- 서비스 소개: 저는 중소기업을 위한 맞춤형 웹 사이트 제작 및 디지털 마케팅 서비스를 제공합니다. SEO 최적화, 소셜 미디어 마케팅, 콘텐츠 제작 등으로 고객의 온라인 인지도를 높이고, 비즈니스 성장을 지원합니다. 5년 이상의 경력과 다양한 성공 사례를 보유하고 있으며, 최신 트렌드에 맞는 전략을 제시합니다. 무료 상담을 통해 당신의 비즈니스에 가장 적합한 솔루션을 찾아보세요.

- 장소: 원격 or 서울 진행

4 **사무실 위치**는 현재 내가 사이트상 설정해 놓은 위치에서 대면으로 일할 수 있는지, 아니면 대면 없이 가능한지를 선택할 수 있습니다.
가격 책정은 문의 또는 제시된 견적으로 제공할 수 있습니다.

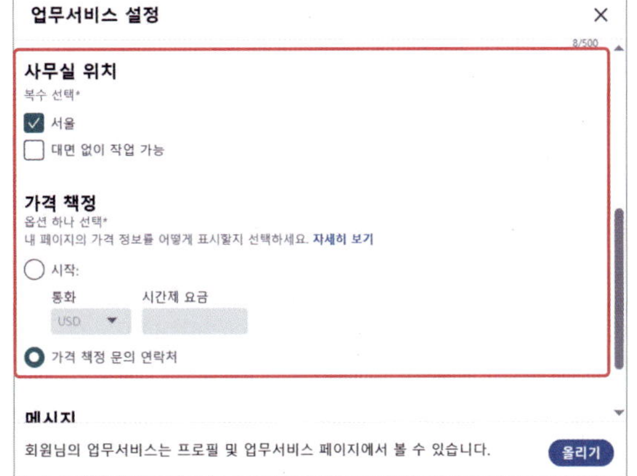

5 메시지는 1촌이 아닌 사용자에게서도 소개를 받도록 하는 것이 향후 업무 계약에 도움이 됩니다.

➡ 1촌에 관한 내용은 03-1절에서 자세히 다룹니다.

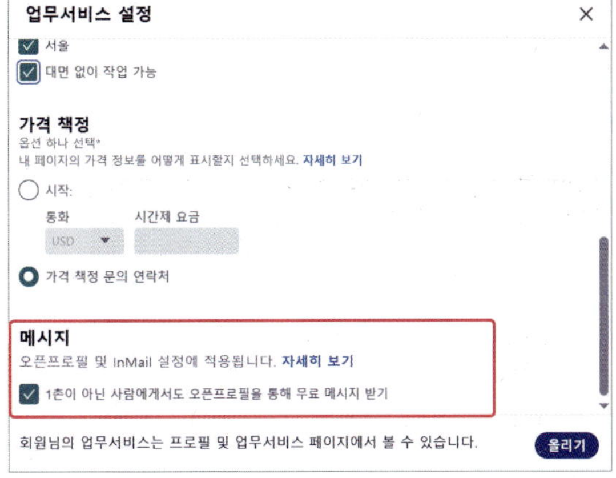

4. 경력 휴식기 영역

경력 휴식기^{Career Break}는 링크드인이 제공하는 특별한 기능으로, 다양한 이유로 발생하는 경력 공백을 투명하고 긍정적으로 표현할 수 있도록 돕는 영역입니다. 이 영역을 작성할 때는 공백기를 부정적으로 묘사하기보다는 그 기간 동안 습득한 새로운 기술, 온라인 학습이나 자격증 취득, 개인의 성장, 사이드 프로젝트 성과 등 긍정적인 측면을 구체적으로 강조해야 합니다.

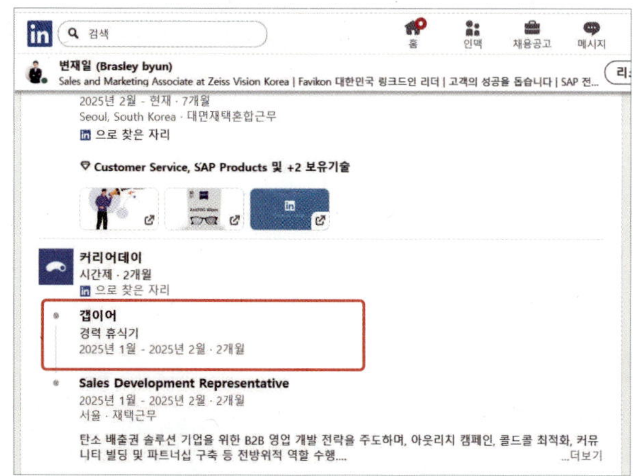

경력 휴식기 영역

또한 경력 공백 이후의 목표와 계획을 간결하고 명확하게 언급하여 채용 담당자나 잠재적 파트너에게 진솔하면서도 적극적인 인상을 심어준다면, 재취업이나 새로운 기회 창출에 실질적인 도움이 될 수 있습니다.

하면 된다! } 경력 휴식기 입력하기

1 프로필 화면에서 **1** [프로필 항목 등록]을 클릭하고 **2** [경력 휴식기 입력]을 선택합니다.

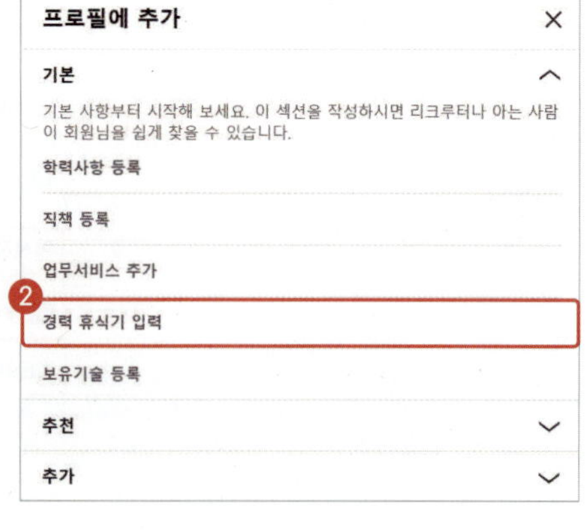

② 경력 휴식기 입력을 시작합니다. 경력 휴식기의 **종류**로는 진로변경, 가족돌봄, 구조조정 등 다양한 부분을 선택할 수 있습니다. 현재 휴식기라면 **현재 경력 휴식기입니다** 란에 체크합니다. 그러면 종료일이 비활성화됩니다.

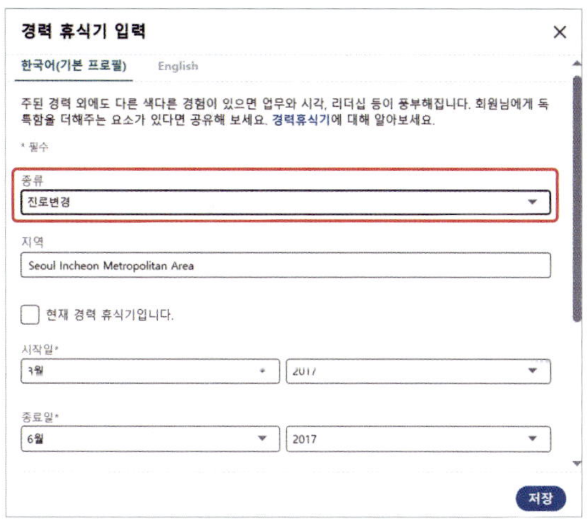

③ 계속 경력 휴식기 정보를 입력합니다. **설명**에는 경력 공백 기간의 경험, 배운 점, 성장한 부분 등을 구체적으로 기술해 줍니다. 다음 경력 휴식기 작성 예시를 참고해 설명을 채워 보세요.

경력 휴식기 작성 예시

예시 1: 육아(Full-time Parenting)

설명: 2020년 3월부터 2023년 5월까지 두 자녀를 양육하는 데 전념했습니다. 이 기간 동안 자녀의 교육과 정서적 발달을 위해 헌신했으며, 이를 통해 인내심, 공감 능력, 소통 능력을 크게 향상시킬 수 있었습니다. 또한 시간 관리, 계획, 문제 해결 능력을 더욱 발전시킬 수 있었으며, 이러한 경험은 앞으로의 커리어에서도 긍정적인 영향을 미칠 것이라고 확신합니다. 현재는 [관심 분야]로의 복귀를 준비하고 있으며, [최근에 수강한 교육/자격증] 등을 통해 전문성을 강화하고 있습니다.

예시 2: 경력 전환(Career Transition)

설명: 2022년 6월부터 2023년 1월까지 [이전 분야]에서 [새로운 분야]로의 경력 전환을 준비하는 기간을 가졌습니다. 이 기간 동안 [새로운 분야]에 대한 깊이 있는 조사와 학습을 진행했으며, [관련 교육/자격증]을 취득하여 전문성을 강화했습니다. 또한 [관련 분야

네트워킹 이벤트]에 참여하여 업계 동향을 파악하고, [새로운 분야]의 전문가들과 교류하며 경력 전환에 필요한 실질적인 조언을 얻을 수 있었습니다. 이 경험을 통해 [새로운 분야]에 대한 확신과 열정을 갖게 되었으며, 앞으로 이 분야에서 성공적인 커리어를 쌓아 나가기 위해 최선을 다할 것입니다.

예시 3: 자기 계발(Professional Development)

설명: 2023년 1월부터 6월까지 데이터 분석 역량을 강화하기 위한 집중 학습 시간을 가졌습니다. Coursera의 'Data Science Specialization'과 Udacity의 'Data Analyst Nanodegree'를 수료하여, Python, SQL, 머신러닝, 데이터 시각화 등의 기술을 익혔습니다. 또한 [관련 프로젝트]를 진행하며 실무 경험을 쌓았고, 이를 통해 데이터 분석가로서의 역량을 크게 향상시킬 수 있었습니다. 현재는 [관심 분야]의 데이터 분석가로 취업하기 위해 적극적으로 구직 활동을 하고 있습니다.

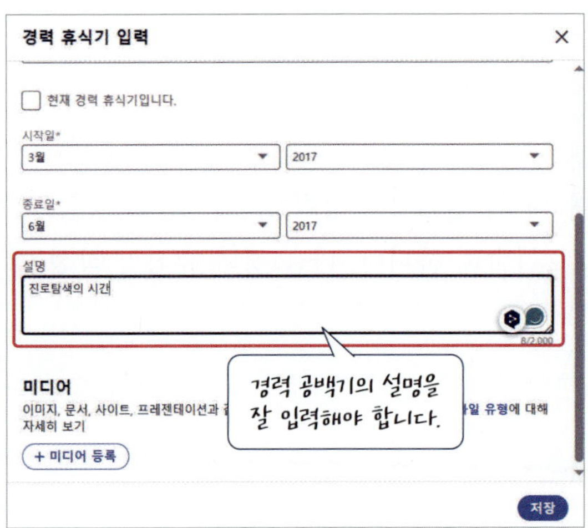

프로필은 언제든 수정할 수 있어요!

이렇게 기본 영역의 핵심 내용 4가지를 채워 보았습니다. 어떤가요? 마음에 드시나요? 만약 기본 정보를 바꾸고 싶다면 프로필 메인 화면에서 [수정 ✎]을 눌러 각 영역 페이지로 이동해서 수정을 진행할 수 있습니다.

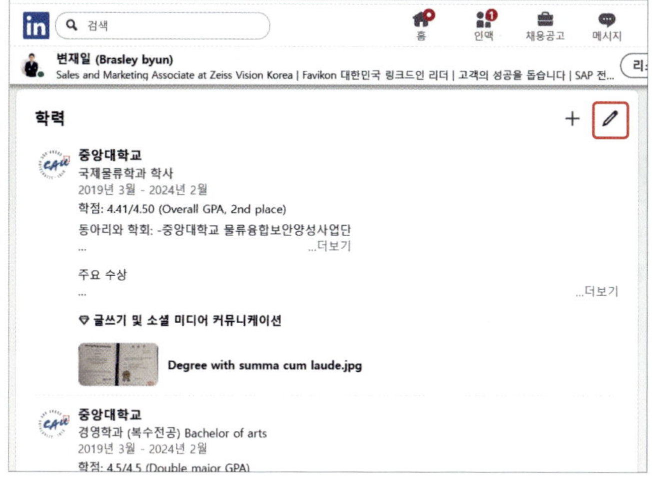

수정이 필요할 때

⏱ 복습해 볼까요?

▶ 프로필의 기본 영역 중 하나로, 자신의 전문성과 실무 역량을 가장 확실하게 보여 주며 성과를 수치와 함께 상세히 기록해야 하는 곳은 ❶ (   ) 영역입니다.

▶ 경력 공백 기간을 부정적으로 감추기보다, 그 기간 동안의 배움과 성장을 투명하게 기록하여 긍정적으로 어필할 수 있는 기능을 ❷ (   )라고 합니다.

답 ① 경력(또는 경험) ② 경력 공백 쓰기(Career Break)

프로필의 신뢰도를 높이는 추천 영역 작성법

링크드인 프로필의 기본 영역만 작성해도 내 프로필이 링크드인에서 검색되긴 하지만 그 변화를 느끼기 미미할 수 있습니다. 이럴 때 쓰이는 것이 바로 **추천 영역**입니다. 추천 영역을 완성하면 프로필 신뢰도가 기하급수적으로 높아지며, 연락을 더 많이 받을 수 있습니다. 어려운 부분들이 많지만, 꼭 시간을 내서 작성하기를 권합니다.

추천 영역에는 어떤 것이 있나요?

프로필 추천 영역은 **스페셜 영역, 자격증/수료증, 프로젝트, 클래스, 추천서**로 구성되어 있습니다. 이 영역을 하나씩 완료할 때마다 나의 계정 노출도가 올라가므로, **무조건 하나씩은 채우는 것**을 추천합니다.

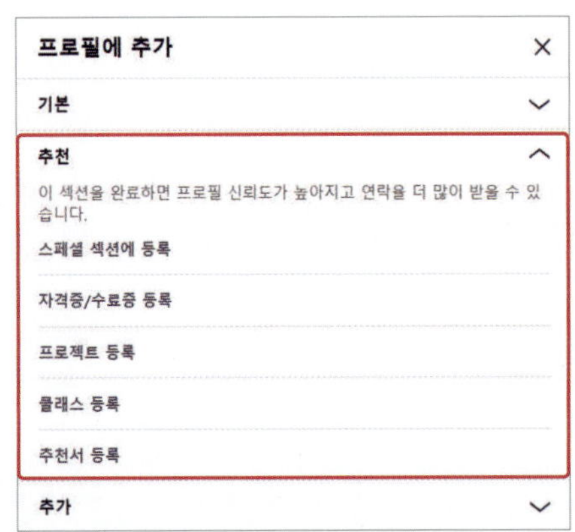

프로필 추천 영역의 구성

1. 스페셜 영역

스페셜 영역은 한마디로 내 링크드인 계정의 하이라이트입니다. 사람들에게 꼭 소개하고 싶은 **링크드인 게시물, 포트폴리오 사이트, 이미지 등을 등록**할 수 있는 공간입니다.

스페셜 영역을 효과적으로 구성하기 위해서는 전략적인 접근이 필요합니다. 누구에게 어떤 메시지를 전달할지 명확히 정의하고, 핵심 역량과 주요 성과를 가장 잘 보여 줄 수 있는 콘텐츠를 선택해야 합니다. 섬네일 이미지, 제목, 간략한 설명으로 시각적인 통일성을 유지하고, 게시물, 링크, 미디어 등 다양한 유형을 조합하여 다채롭게 만들어야 합니다.

➡ 링크드인에 게시글을 한 번도 올리지 않은 경우, 글과 뉴스레터를 스페셜 영역에 등록할 수 없습니다. 먼저 04장을 참고하여 게시글을 작성한 후 이 영역을 설정해 주세요!

스페셜 영역

스페셜 영역은 정기적으로 업데이트하여 최신 활동을 반영하고, 가독성을 위해 가장 **임팩트 있는 콘텐츠 3~5개** 정도를 엄선하는 것이 좋습니다. 항목은 끌어서 놓기로 순서를 변경할 수 있으므로, 가장 강조하고 싶은 항목을 상위에 배치하여 최대한의 효과를 얻을 수 있습니다.

하면 된다! } 스페셜 영역 등록하기

1 프로필 첫 화면에서 **①** [프로필 항목 등록]을 클릭하고 **②** [스페셜 섹션에 등록]을 선택합니다.

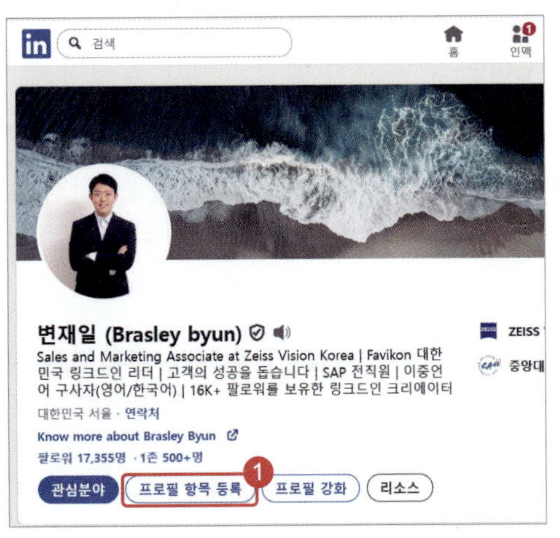

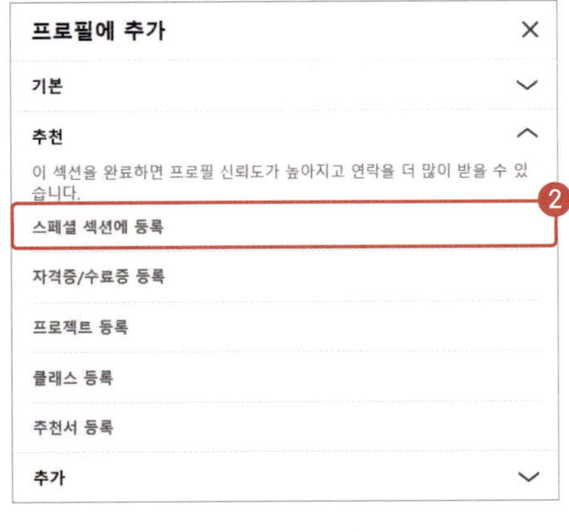

2 스페셜 영역 **①** [추가 +]를 클릭하고 **②** [업데이트 입력]을 선택하면 그동안 작성한 업데이트가 나타나고, 여기서 **③** [스페셜 섹션에 올리기]를 선택할 수 있습니다. 성과가 잘 나타나거나 차별화된 포스팅을 스페셜 영역에 추가하면 사람들이 나에 대해 더 쉽게 이해할 수 있습니다.

③ [뉴스레터 등록]을 선택해서 내가 만든 뉴스레터를 등록할 수도 있습니다.

➡ 뉴스레터에 대해서는 04장에서 다룹니다.

④ 링크 등록도 할 수 있습니다. [링크 입력]을 클릭하여 나의 포트폴리오 사이트, 성과가 담겨 있는 기사, 팔고 싶은 상품의 링크, 회사 홈페이지 등을 올립니다.

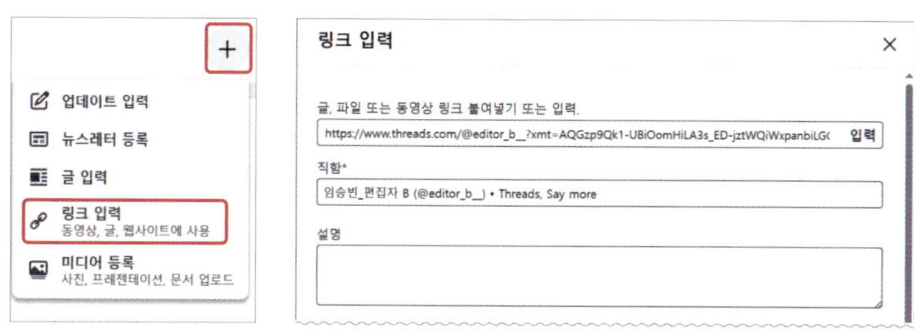

⑤ 프로필 화면의 스페셜 영역에서 ◇를 클릭해 각 스페셜 영역 요소의 순서를 조절할 수 있습니다. +를 클릭하면 새로운 요소를 추가할 수 있습니다.

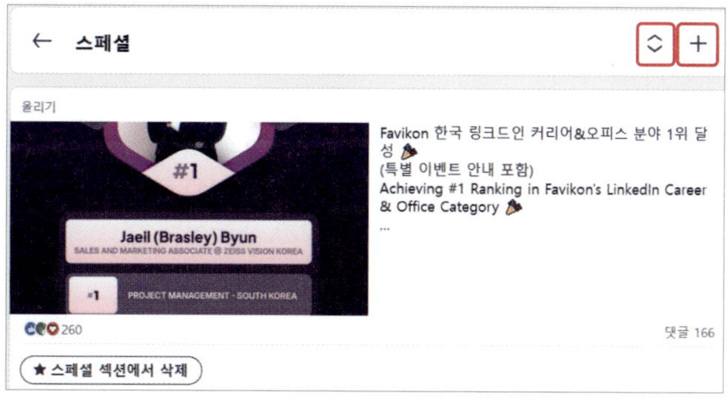

2. 자격증/수료증 영역

특정 분야에 대한 전문 지식과 기술을 보유하고 있음을 공식적으로 증명하는
공간입니다. 이 영역을 통해 전문성을 입증할 수 있으며, 공신력 있는 기관에서
발급한 자격증은 역량에 대한 신뢰도를 높여 줍니다. 많은 기업들이 채용 과정
에서 특정 자격증 보유 여부를 확인하거나 우대하기 때문에 채용 기회를 확대
하는 데 중요한 역할을 합니다.

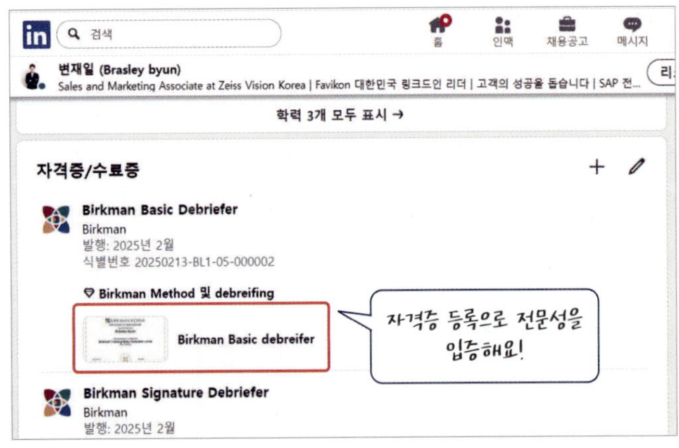

자격증/수료증 영역

자격증 사본이나 자격 확인서를 스캔 또는 촬영하여 등록하면, 나중에 확인하
기도 편리하고 신뢰도를 높이는 데도 도움이 됩니다. 단, 개인정보 보호에 유의
하여 중요한 정보는 가리는 것이 좋습니다. 새로운 자격증을 취득하거나 기존
자격증이 만료 또는 갱신되었을 때는 즉시 자격증/수료증 영역을 업데이트하여
최신 정보를 유지하는 것이 중요합니다.

링크드인에 등록할 수 있는 자격증 조건은 다음과 같습니다.

등록할 수 있는 자격증	국가 공인 자격증(⑩ 정보처리기사, 공인회계사, 변호사, 의사 등)
	국제 공인 자격증(⑩ PMP, CISSP, AWS Certified Solutions Architect 등)
	민간 자격증(⑩ Google Analytic Certification, HubSpot Inbound Marketing Certification 등)
	온라인 교육 플랫폼의 수료증(⑩ Coursera, edX, Udacity, 링크드인 Learning 등)

하면 된다! } 자격증/수료증 등록하기

1 프로필 첫 화면에서 **①** [프로필 항목 등록]을 클릭하고 **②** [자격증/수료증 등록]을 선택합니다.

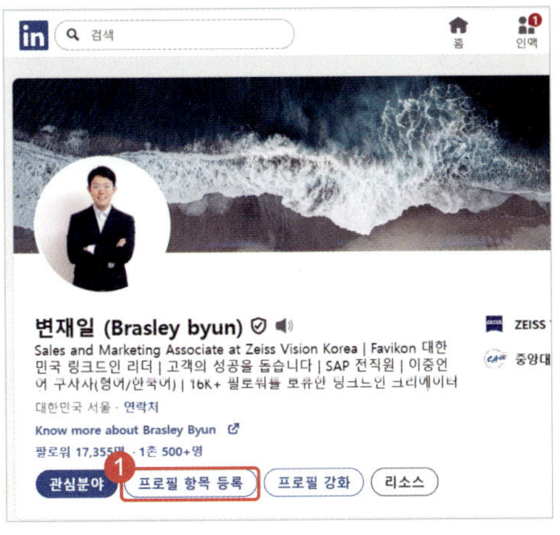
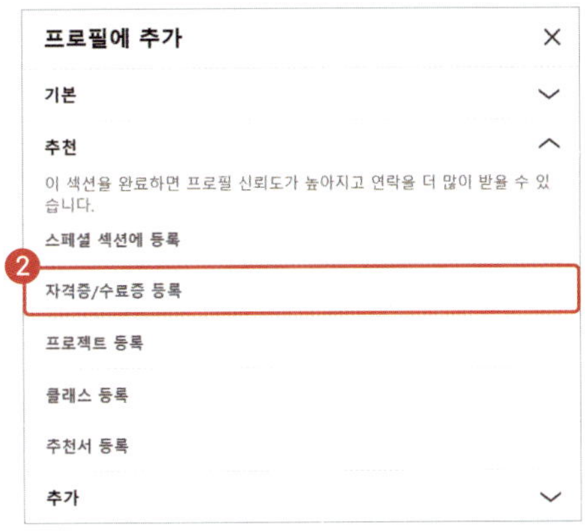

2 자격증/수료증 기본 내용 작성

자격증/수료증을 등록합니다. 다음 내용을 참고해 작성하세요.

> **❶ 자격증 정보**
>
> 자격증의 정확한 명칭을 기재해야 합니다. 한국어 자격증 이름을 먼저 쓰고, 괄호 안에 영어 자격증 이름을 추가하는 방식을 추천합니다. 영문 명칭은 링크드인에서 제공하는 자동 완성 기능을 활용하여 정확하게 찾을 수 있습니다.
>
> 예 정보처리기사(Information Processing Engineer)
>
> **❷ 발행기관**
>
> 자격증을 발급한 기관의 이름을 입력합니다. 링크드인에서 제공하는 자동 완성 기능을 활용하여 기관 이름을 검색하고 선택할 수 있어 정확성을 높일 수 있습니다. 발급일에는 자격증을 취득한 날짜를 정확히 입력해야 합니다.
>
> **❸ 식별번호**
>
> 자격증에 기재된 고유 ID 번호를 입력합니다. 이때 정확한 ID를 입력해야 다른 사람들이 자격증을 조회하고 확인할 수 있습니다. 또한 나중에 입사 지원을 할 때도 일일이 자격증 번호를 조회할 필요 없이 자격증 번호를 찾을 수 있어 편리합니다.
>
> **❹ 관련 URL**
>
> 선택 사항으로, 자격증을 확인할 수 있는 사이트를 입력하면 신뢰도를 높일 수 있습니다.

많은 온라인 교육 플랫폼과 자격증 발급 기관들이 크레들리(Credly)와 같은 디지털 배지 플랫폼과 연동되어 있으므로, 크레들리에서 제공하는 자격증 URL을 링크드인에 추가하면 다른 사람들이 쉽게 확인할 수 있습니다.

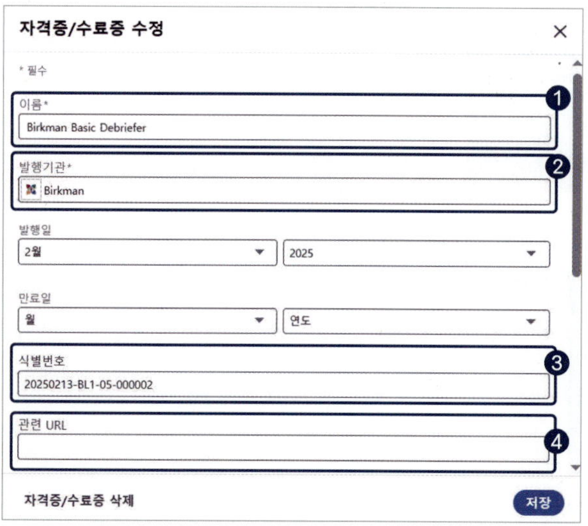

3 자격증/수료증 추가 정보 입력

자격증 항목에 '보유기술'을 추가하는 것은 검색 노출과 채용 기회를 넓히는 훌륭한 전략입니다. 자동 완성 기능을 통해 관련 기술을 등록해 보세요. 또한 개인정보를 가린 자격증 사본(PDF)을 미디어에 첨부하면, 사실 여부를 증명할 수 있어 프로필의 신뢰도와 전문성이 크게 올라갑니다. 모든 작업을 마쳤다면 [저장]을 눌러 마무리합니다.

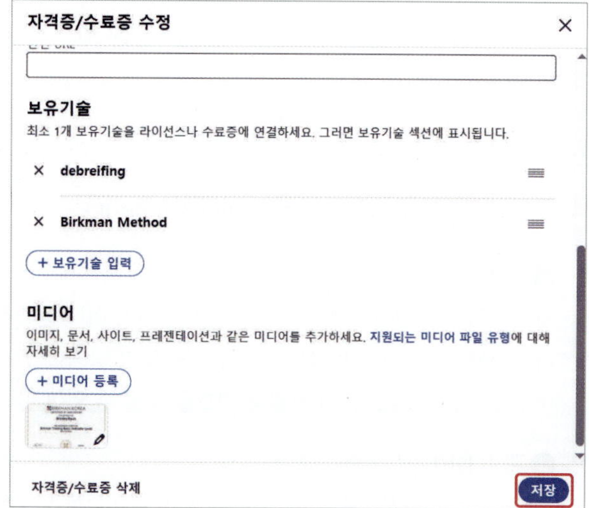

3. 프로젝트 영역

실제로 어떤 프로젝트에 참여했고, 어떤 역할을 수행했으며, 어떤 성과를 냈는지를 구체적으로 보여 줄 수 있는 공간입니다. 이 영역을 통해 실무 경험을 증명할 수 있으며, 프로젝트에서 어떤 기술과 도구를 활용했는지를 보여 줌으로써 실무 능력을 어필할 수 있고 팀 프로젝트에서의 협업 능력을 강조할 수 있습니다. 프로젝트 영역은 경력이 많지 않은 학생이나 사회 초년생이라면 자세히 작성하는 것을 추천합니다.

프로젝트 영역을 활용하는 방법은 크게 2가지로 나눌 수 있습니다.

❶ 업무 경험에 간략히 기술한 프로젝트를 더 자세히 설명하기

업무 경험 영역에서는 회사, 직책, 주요 업무 등을 간략하게 기술하지만, 프로젝트 영역에서는 업무 경험에서 언급한 프로젝트 중 가장 중요하고 성과가 좋았던 프로젝트를 선택하여 자세히 설명할 수 있습니다. 이를 통해 채용 담당자나 잠재 고객에게 자신의 역량과 경험을 더욱 심층적으로 보여 줄 수 있습니다.

❷ 개인 활동 또는 무보수 프로젝트를 추가하기

개인적으로 진행한 사이드 프로젝트, 오픈 소스 프로젝트, 스터디 프로젝트 등의 개인 프로젝트나 자원봉사, 재능 기부, 비영리 단체 활동 등 무보수 프로젝트를 추가할 수 있습니다. 정식 고용 관계가 아니거나 급여를 받지 않았더라도, 기술, 역량, 관심사를 보여 줄 수 있는 프로젝트라면 프로젝트 영역에 추가하는 것이 좋습니다.

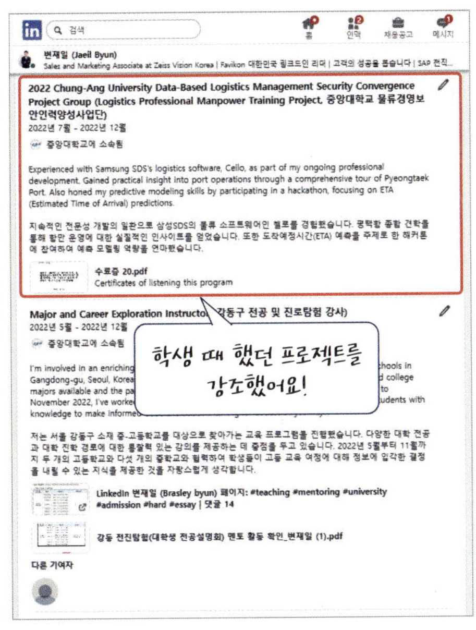

학창시절/업무 경험에 더한 프로젝트

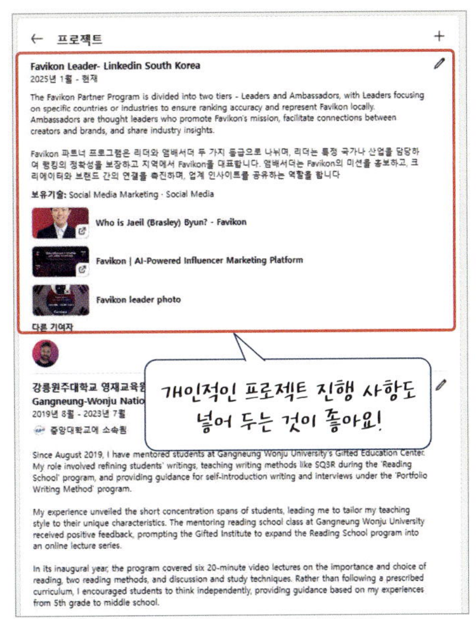

개인 프로젝트

프로젝트를 작성할 때는 자신이 맡은 역할을 명확히 표시하고, 업무 내용과 성과를 구분해 적는 것이 좋습니다. 무엇을 했는지, 그 결과 무엇이 달라졌는지 작성하고, 특히 성과는 가능한 한 수치로 표현하는 것이 효과적입니다(예: '사용자수 50% 증가', '매출 30% 개선'). 명확한 지표를 활용하면 전문성이 드러납니다. 프로젝트 설명은 한국어만으로도 충분히 완성도 있게 쓸 수 있지만, **글로벌 시장을 목표로 한다면 영어로 작성**해 두세요. 필요한 경우 프로젝트 관련 링크나 이미지·문서·영상 등을 미디어에 추가하면 설명의 신뢰도와 완성도를 높일 수 있습니다.

하면 된다! } 프로젝트 등록하기

1 프로필 첫 화면에서 ❶ [프로필 항목 등록]을 클릭하고 ❷ [프로젝트 등록]을 선택합니다.

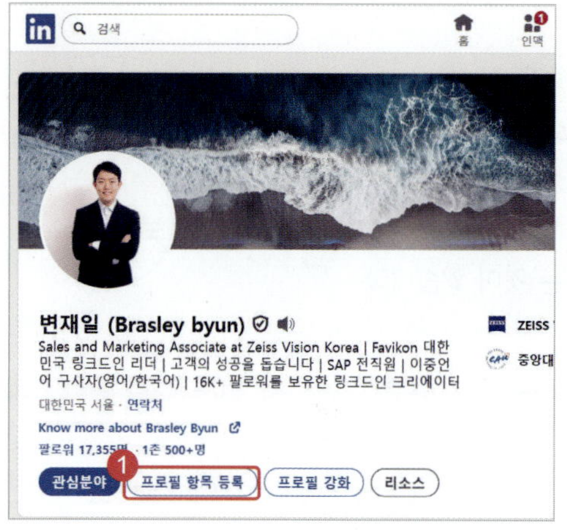

2 프로젝트 기본 내용 작성

프로젝트의 내용을 등록합니다. 다음 내용을 참고해 작성하세요.

❶ **프로젝트의 이름**

명확하고 간결하게 작성해야 합니다. 내용을 쉽게 파악할 수 있도록 구체적이면서도 이해하기 쉽게 설정하는 것이 중요합니다.

❷ **설명**

프로젝트 영역에서 가장 중요한 요소입니다. 참여 프로젝트에 대한 배경과 목적, 역할, 사용 기술, 문제 해결 사례와 성과 등을 상세히 작성해야 하며, 이 부분을 통해 실무 능력과 프로젝트 수행 역량을 직접 보여 줄 수 있습니다. 특히 정량적인 성과는 수치를 포함하여 작성하고, 프로젝트를 통해 개발한 역량이나 배운 점들도 함께 언급하면 성장 가능성까지 강조할 수 있습니다.

❸ 보유기술과 미디어

선택 사항이지만, 프로젝트의 완성도를 보여 주는 중요한 요소입니다. 보유기술은 "보유기술 입력"을 클릭해 영어로 검색을 진행하면 됩니다. 미디어에는 프로젝트 관련 웹 사이트, 깃허브 저장소, 포트폴리오 링크 등을 등록하여 실제 결과물을 직접 확인할 수 있게 하면, 프로젝트의 신뢰성과 완성도를 크게 높일 수 있습니다.

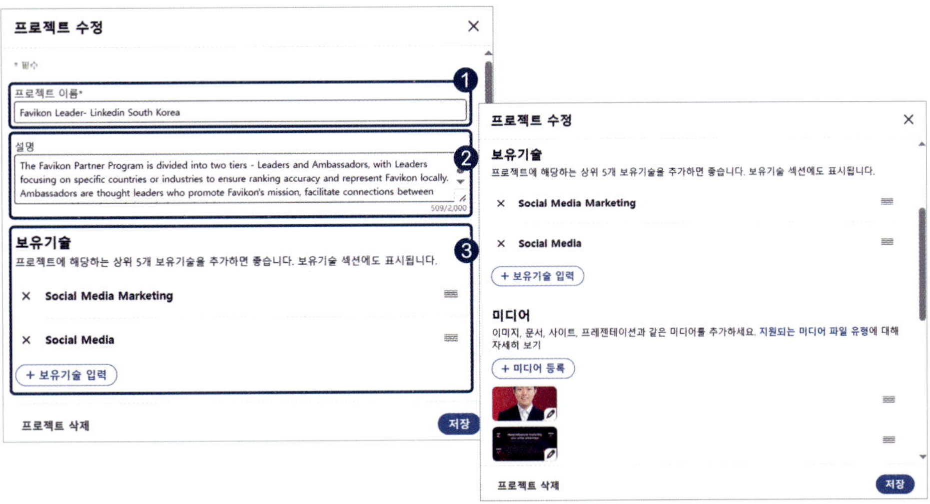

3 프로젝트 기타 정보 입력

다음 내용을 참고해 프로젝트 영역의 기타 정보까지 입력합니다. 모든 작업을 마쳤다면 [저장]을 눌러 마무리합니다.

❶ 세부 정보

프로젝트 진행 기간을 정확히 입력하고, 현재 진행 중인 프로젝트는 '현재 이 프로젝트 작업 중'에 체크하여 현재 진행 중임을 표시할 수 있습니다.

❷ 참여자

선택 사항으로, 함께 프로젝트를 진행한 팀원의 링크드인 프로필을 추가할 수 있습니다. 이를 통해 협업 능력을 보여 줄 수 있고, 팀원들과의 네트워크도 자연스럽게 연결되어 상

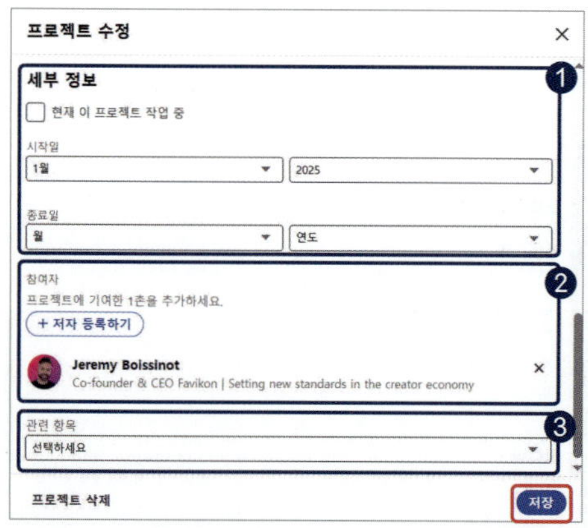

4 잘 반영되었는지 프로필 화면으로 돌아가 확인해 보세요.

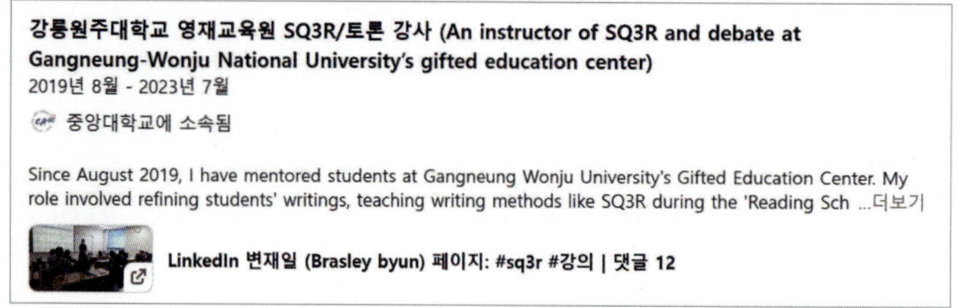

4. 클래스 영역

클래스 영역은 정규 교육 과정, 온라인 강좌, 직무 교육, 워크숍 등을 통해 습득한 **지식과 기술을 보여 주는 공간**입니다. 지속적인 학습 노력을 보여 주어 성장 가능성과 학습 의지를 강조할 수 있으며, 특히 경력이 부족한 학생이나 사회 초년생은 학업적 성취와 잠재력을 보여 줄 수 있어 경력을 보완하는 중요한 역할을 합니다.

클래스 영역에는 대학이나 대학원의 전공 수업, 코세라^{Coursera}·이덱스^{edX} 등 온라인 플랫폼 강좌, 회사 직무 교육 프로그램, 워크숍·세미나, 자격증 취득 과정 등 다양한 형태의 **교육 과정을 포함**할 수 있습니다.

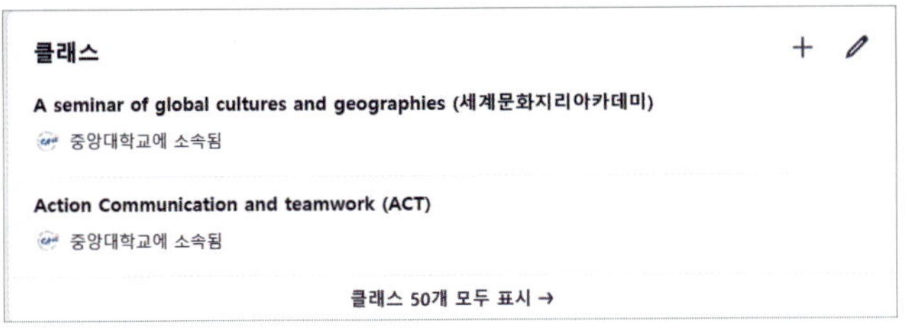

클래스 영역

클래스 영역을 효과적으로 활용하려면 경력 목표와 관심 분야 관련 과목을 우선 추가하고, 최근 수강한 과목을 상단에 배치하여 최신성을 강조하는 것이 좋습니다. "머신러닝", "데이터 분석", "재무 모델링"과 같은 관련 키워드를 포함하면 검색 노출도 높일 수 있습니다. 이러한 접근을 통해 클래스 영역을 단순한 수강 이력이 아닌 전문성과 성장 가능성을 증명하는 강력한 도구로 활용할 수 있습니다.

하면 된다! } 클래스 등록하기

1 프로필 첫 화면에서 ① [프로필 항목 등록]을 클릭하고 ② [클래스 등록]을 선택합니다.

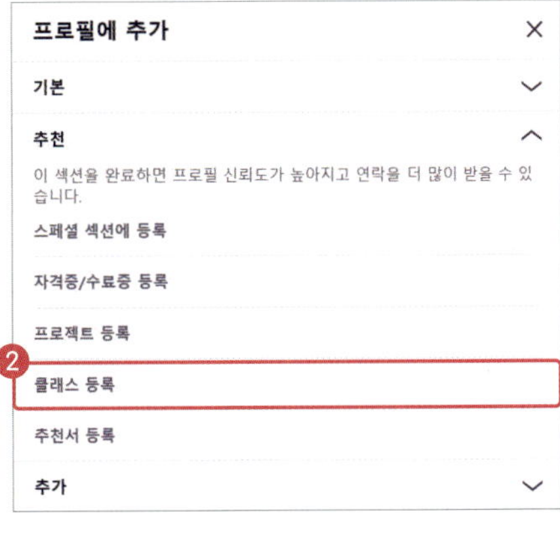

2 클래스 기본 내용 작성

다음 내용을 참고하여 클래스 영역의 내용을 채워 보세요. 모든 작성을 마쳤다면 [저장]을 눌러 마무리합니다.

> **❶ 클래스 이름**
>
> 과목의 한국어 이름을 작성하고, 필요한 경우 괄호 안에 영어 이름을 추가하는 방식을 권장합니다. 수강한 과목의 정확한 명칭을 기재하는 것이 중요하며, '마케팅 개론(Introduction to Marketing)', '자료 구조 및 알고리즘(Data Structures and Algorithms)', '재무 회계(Financial Accounting)'와 같은 형식으로 작성하면 됩니다.
>
> **❷ 클래스 번호**
>
> 선택 사항이지만, 학점을 기재하거나 학교나 교육 기관에서 사용하는 과목 번호를 기재할 수 있습니다. 예를 들어 '3학점' 또는 'CS101', 'A+'와 같은 형식으로 입력하면 과목에 대한 추가적인 정보를 제공할 수 있습니다.
>
> **❸ 관련 항목**
>
> 드롭다운 메뉴를 통해 해당 과목을 수강한 기관을 선택할 수 있습니다. 대학이나 대학원 등 정규 교육 기관에서 수강한 과목은 해당 학교를 선택하고, 재직 중인 회사나 과거 경력이 있는 회사에서 제공한 교육 과정이라면 해당 회사를 선택하면 됩니다. 온라인 강좌나 워크숍 등의 경우에는 해당 기관을 직접 입력할 수 있어, "OO 대학교', '(주)ABC', '코세라' 등의 형식으로 작성할 수 있습니다. 클래스 밑에 ~에 소속됨이라고 뜹니다.

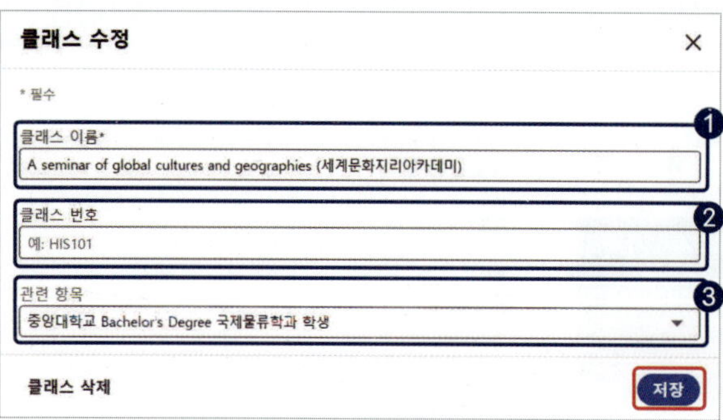

3 클래스 영역의 내용이 잘 반영되었는지 프로필 화면에서 확인해 보세요.

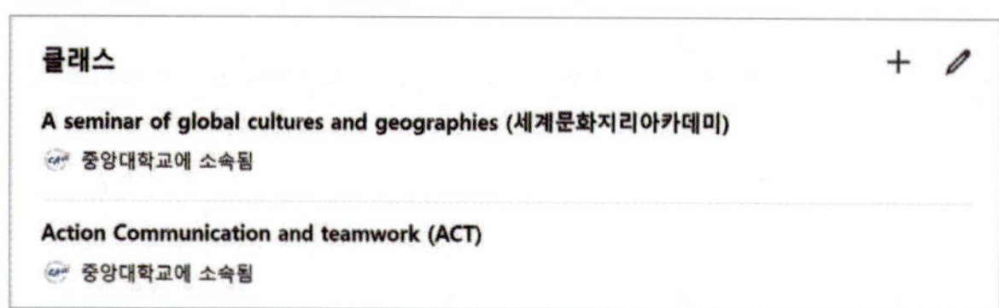

5. 추천서 영역

추천서는 함께 일한 동료나 파트너가 나의 직무 역량과 협업 스타일을 글로 보증해 주는 기능입니다. 현재 한국에서는 많이 쓰이지 않으나, **해외에서는 활발히 활용되는 기능**입니다. 내가 주장하는 기술^{skill}을 넘어 제3자의 객관적인 평가를 통해 강점을 입증할 수 있으며, 이는 채용 담당자에게 이력서 이상의 깊이 있는 신뢰감을 전달하는 역할을 합니다.

추천서는 상사, 동료, 클라이언트 등 다양한 관계에서 받는 것이 좋으며, 단순한 칭찬보다는 구체적인 업무 맥락이 담길 때 더욱 강력해집니다. 요청 시 'A 프로젝트 위기 상황에서의 대처 능력'이나 '팀 내 갈등 조율 역할'처럼 특정 에피소드와 성과를 언급해 달라고 가이드하면, 나의 실무 능력과 평판을 훨씬 설득력 있게 보여 줄 수 있습니다.

🔁 **복습해 볼까요?**

▶ 프로필의 하이라이트 공간으로, 자신이 작성한 주요 포스팅이나 뉴스레터, 외부 포트폴리오 링크 등을 시각적으로 강조하여 고정할 수 있는 영역은 **❶**(   )입니다.

▶ 특정 분야의 전문 지식과 기술을 공신력 있는 기관을 통해 입증받았음을 보여 주는 영역으로, 자격증 이름과 발급 기관, 취득 날짜 등을 기록하는 곳은 **❷**(   ) 영역입니다.

정답 ① 스페셜 ② 자격증/수료증

전문성과 가치관을 어필하는 추가 영역 작성법

링크드인 프로필 추가 영역은 전문성과 인간적인 면모를 더욱 풍부하게 보여줄 수 있는 부분입니다. 봉사 경험, 출판물, 특허, 수상 경력, 시험 성적, 언어 능력, 소속 단체, 그리고 관심 분야의 사회 활동을 추가해서 자신의 역량, 경험, 가치관을 효과적으로 전달할 수 있습니다.

이 영역들을 꼼꼼하게 작성해 프로필의 완성도를 높이고, 링크드인에서 더 많은 기회를 얻을 수 있도록 해보세요. 자신의 과거 경험과 활동을 돌아보며 추가할 수 있는 항목이 있는지 검토하고, 각 항목별로 구체적이고 명확한 정보를 제공하는 것이 중요합니다.

이 영역은 프로필 언어가 지원되지 않으므로 한국어와 영어를 함께 사용해서 더 넓은 독자층에게 다가갈 수 있도록 하고, 미디어 자료를 추가하여 내용을 더욱 풍부하게 만들면 좋습니다. 시간을 투자하여 추가 영역을 잘 관리한다면, 링크드인에서의 네트워킹과 커리어 기회 확장에 큰 도움이 될 것입니다

추가 영역에는 어떤 것이 있나요?

프로필 추가 영역은 **봉사 활동, 논문/저서, 특허, 수상 경력, 시험 성적, 외국어, 단체, 관심분야**로 구성됩니다. 이 8개의 항목 작성은 필수는 아니지만, 프로필의 완성도를 높이는 데 필요합니다. 각 항목을 다음의 설명을 참고해서 작성해 보세요.

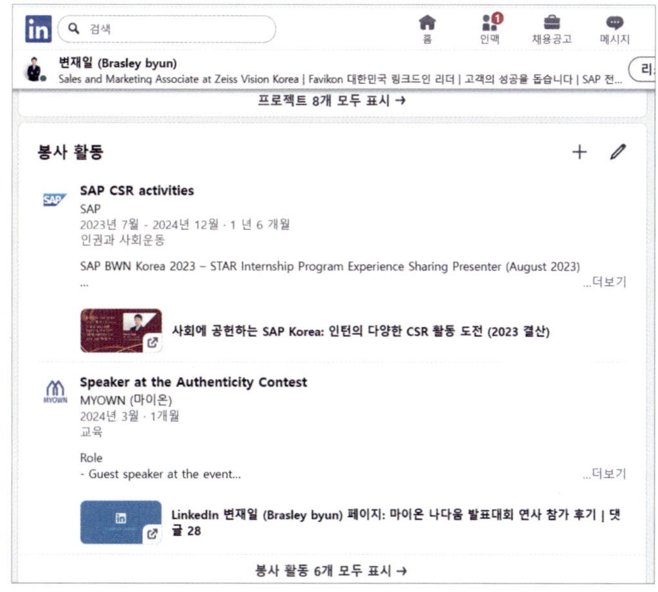

프로필 추가 영역의 구성

1. 봉사 활동

봉사 활동은 사회적 책임감과 긍정적 가치관을 보여 주는 중요한 요소이며, 리더십·팀워크·커뮤니케이션 역량을 강화하는 데도 도움이 됩니다. 크고 작은 모든 활동을 포함해도 되지만, **경력 목표와 연관된 경험을 우선 배치**하는 것이 좋습니다. 이때 최근의 활동을 상위에 정리하고 '모금 캠페인 목표 대비 120% 달성'처럼 구체적 성과를 수치로 제시하면 기여도를 더욱 설득력 있게 표현할 수 있습니다.

봉사 활동 등록

2. 논문/저서

저서나 논문, 잡지 기고, 기사 등을 입력할 수 있는 부분입니다. 전문성을 보여 줄 수 있는 공간이기 때문에 하나라도 뽐낼 수 있는 분야가 있다면 입력해 줍니다.

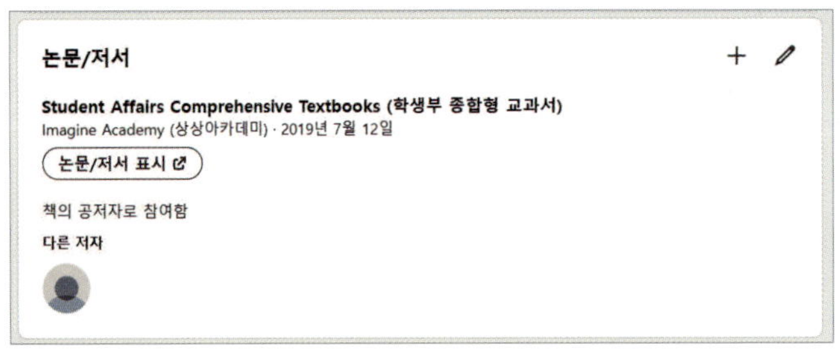

논문/저서 등록

3. 특허

내가 세상에 제공한 특허에 대해 입력하는 부분입니다. 특히 연구자/공학자는 특허가 있다면 등록해 줍니다.

특허 등록

4. 수상 경력

수상 경력은 특정 분야에서의 전문성과 탁월성을 객관적으로 입증하는 자료로, 프로필의 신뢰도와 경쟁력을 크게 높여 줍니다. 학업, 업무, 전문 분야, 사회적 기여 등 다양한 형태의 수상 실적을 포함할 수 있으며, **자신의 목표 분야와 연관된 성과를 중심으로 정리**하는 것이 좋습니다. 수상 경력은 제3자의 평가를 기반으로 자신만의 역량과 성장 가능성을 보여 주는 강력한 근거가 됩니다.

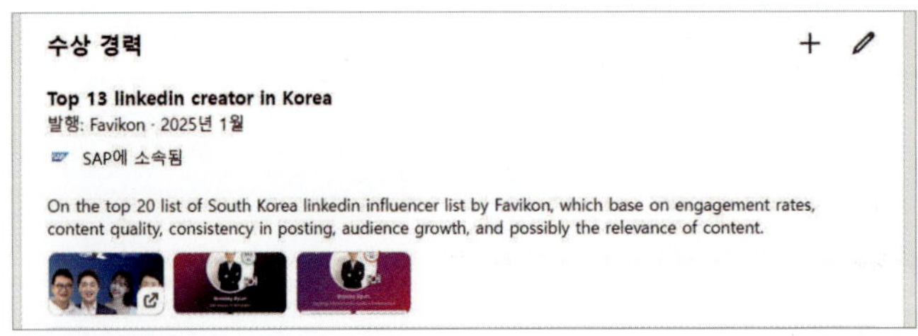

수상 경력 등록

5. 시험 성적

OPIC, TOEIC과 같은 어학 시험 성적뿐만 아니라, 다양한 시험 성적을 효과적으로 제시할 수 있는 공간입니다. SAT, ACT, GRE, GMAT 등 해외 대학 진학을 위한 표준화 시험 성적이나, 변호사 시험, 의사 시험, 공인회계사 시험과 같은 전문 자격증 시험 점수도 기재할 수 있습니다.

핵심은 내 역량을 객관적으로 증명할 수 있는 **모든 정량적 성과를 보여 주는 것**입니다. 시험 성적은 주관적인 평가가 아닌 표준화된 기준으로 측정된 객관적인 지표이기 때문에, 채용 담당자나 비즈니스 파트너들에게 신뢰할 수 있는 역량 증명 자료로 활용됩니다.

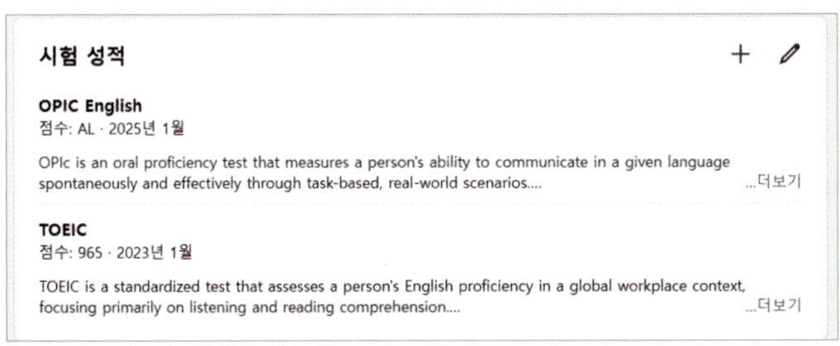

시험 성적 등록

6. 외국어

내가 잘할 수 있는 외국어를 등록하는 영역입니다. 다양한 언어 구사 능력은 글로벌 환경에서 효과적으로 소통하고 협업할 수 있는 인재임을 보여 주어 **글로벌 역량을 어필**하는 데 큰 도움이 됩니다.

국제 업무, 해외 지사 근무, 외국 고객 응대 등의 직무를 희망한다면, 외국어 영역은 매우 중요합니다. 다국어 구사 능력은 자신을 다른 지원자들과 차별화하는 강력한 도구가 될 수 있으며, 더 넓은 영역의 사람들과 소통하고 관계를 맺을 수 있는 네트워킹 기회를 얻을 수 있습니다.

외국어 등록

7. 단체

현재 참여하고 있거나 참여했던 단체, 조직에서의 활동을 소개하는 공간입니다. 이를 통해 관심사, 가치관, 사회성, 리더십, 그리고 특정 분야에 대한 열정을 보여 줄 수 있습니다.

경력과는 달리 급여를 받지 않고 자발적으로 참여하는 활동을 기재하는 곳이라는 점이 중요합니다. 자발적 참여는 **단순한 업무 수행을 넘어 개인의 진정한 관심사와 가치관을 드러내는 강력한 신호**가 되어, 채용 담당자나 비즈니스 파트너들에게 자신의 인격적 면모와 주도성을 어필할 수 있게 해줍니다.

단체 등록

8. 관심분야

관심 있는 분야의 사회 활동을 보여 주는 공간으로, 가치관, 신념, 사회적 책임감을 어필할 수 있습니다. 단순히 개인의 관심사를 드러내는 것을 넘어 비슷한 가치관을 가진 사람들과 연결되고, 사회 공헌 활동에 참여할 기회를 얻을 수 있어 새로운 네트워킹과 협업의 가능성을 열어 줍니다.

또한 관심 있는 사회 활동의 공개는 자신의 성장뿐만 아니라 사회 전체에 긍정적인 영향을 미치고자 하는 의지를 보여 주어, 채용 담당자나 비즈니스 파트너들에게 **인격적인 깊이와 사회적 의식을 어필**할 수 있습니다.

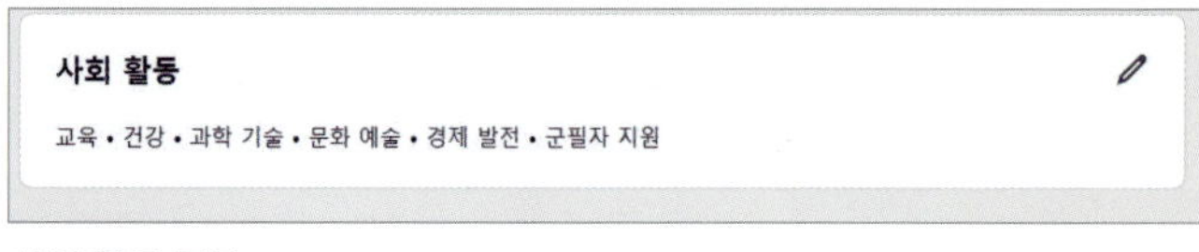

사회 활동 등록

이렇게 추가 영역까지 프로필 작성 요령을 살펴보았습니다. 여기까지만 해도 사실 링크드인의 절반 이상은 해냈다고 볼 수 있습니다. 이제 본격적으로 이 프로필을 기반으로 다른 사람들과 어떻게 관계를 맺어갈 것인지 자세히 살펴보겠습니다.

프로필 설정 완성도 체크리스트

단순히 정보를 나열하는 것을 넘어, 나의 전문성과 성과를 확실하게 증명하는 프로필을 완성하셨나요? 신뢰감을 주는 프로필 사진부터 구체적인 수치로 증명하는 경력 기술, 그리고 나를 더욱 돋보이게 할 자격증과 프로젝트 같은 추천 영역까지 모두 채워졌는지 점검해 볼 시간입니다.

프로필의 완성도가 높을수록 리크루터와 비즈니스 파트너에게 노출될 확률도 비약적으로 상승합니다. 빈틈없는 프로필이 더 많은 기회를 부른다는 사실을 기억하며, 아래 항목들을 하나씩 체크해 보세요.

구분	세부 가이드 및 체크 포인트	체크(V)
프로필 사진	전문적인 인상을 주는 프로필 사진을 업로드했나요?	
	나의 직무나 브랜드를 보여 주는 배경 이미지(배너)를 등록했나요?	
기본 영역(학력)	학교명, 전공, 재학 기간을 국문/영문으로 정확히 입력했나요?	
	학창 시절 활동 내역과 졸업 작품 등 미디어 자료를 추가했나요?	
	전공과 관련된 핵심 기술(Skills)을 태그했나요?	
기본 영역(경력)	회사명, 직함, 근무 기간을 빠짐없이 입력했나요?	
	업무 요약과 주요 성과를 구체적인 수치로 증명했나요?	
	경력별 관련 기술과 포트폴리오 등 미디어 자료를 추가했나요?	

기본 영역(기타)	(해당 시) 제공하는 서비스 분야와 설명을 명확히 작성했나요?	
	(해당 시) 경력 휴식 사유와 그 기간에 배운 점을 솔직하게 기록했나요?	
추천 영역	가장 보여 주고 싶은 콘텐츠(포스트, 링크 등)를 스페셜 영역에 고정했나요?	
	보유한 자격증의 명칭, 발급 기관, 취득 날짜를 정확히 입력했나요?	
	프로젝트에서의 내 역할과 성과를 수치와 함께 기술했나요?	
추가 영역	봉사 활동, 외국어 능력, 수상 경력 등 나를 돋보이게 할 추가 역량을 채웠나요?	

03장 링크드인 인맥 관리, 이렇게 하면 된다!

링크드인 프로필을 만들었다면, 글을 쓰기 전에 먼저 1촌 신청으로 네트워크를 구축하세요. 프로필 사진과 내용이 잘 정리되어 있으면 1촌 수락률이 높습니다.

링크드인 게시물은 처음에 전체 팔로워의 7%에게만 노출되며, 이들의 반응에 따라 확산됩니다. 글은 알림 수신자, 주요 소통 그룹, 신규 1촌, 활성 팔로워 순으로 퍼져 나갑니다. 따라서 꾸준히 소통할 수 있는 1촌 네트워크를 먼저 확보하는 것이 중요합니다.

링크드인, 1촌 신청이 전부다

1촌 신청이 링크드인에서 중요한 이유

1촌 신청은 단순한 클릭 한 번 이상의 의미를 지닙니다. 이는 새로운 관계의 시작이자, 자신의 전문성을 보여 줄 수 있는 첫 번째 기회입니다. 새로운 사람과의 연결은 인적 네트워크를 확장하고, 다양한 기회와 아이디어를 발견하는 발판이 됩니다. 이때 잘 작성한 연결 요청 메시지는 긍정적인 첫인상을 심어 주고, 장기적인 관계로 발전하는 밑거름이 됩니다.

신규 1촌과의 연결은 당신이 알지 못했던 새로운 기회로 이어질 수 있습니다. 협업 제안, 멘토링 기회, 예상치 못한 프로젝트 참여까지 다양한 가능성이 열립니다. 정중하고 사려 깊은 접근은 상대방의 호감을 이끌어 내고, 상호 이익이 되는 관계로 성장할 수 있습니다. 한 번의 연결이 당신의 커리어에 예상치 못한 전환점이 될 수도 있습니다.

링크드인 알고리즘은 네트워크가 '던바의 수'인 150명을 넘어설 때 사용자 프로필을 활성화하여 채용 기회를 증폭시키며, '500+'라는 지표는 업계 내 신뢰도를 보증하는 강력한 사회적 증거로 작용합니다. 특히 1,000명 이상의 네트워크는 2·3촌으로 이어지는 링크드인 특유의 전파 구조를 통해 콘텐츠 도달 범위를 급격히 확장시키며, 10,000명에 이르면 독자적인 비즈니스 영향력을 가진 마이크로 인플루언서로 자리 잡게 됩니다.

> 던바의 수는 영국의 인류학자 로빈 던바(Robin Dunbar)가 발표한 개념으로, 한 사람이 안정적으로 사회적 관계를 유지할 수 있는 적정 인원수를 의미합니다. 일반적으로 평균 지인 150명을 던바의 수라고 합니다.

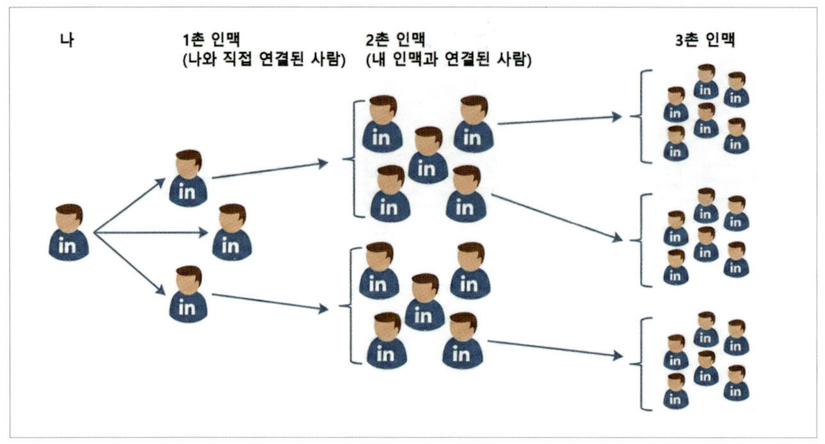

링크드인 1촌이 확산되는 과정

링크드인과 같은 전문 소셜 네트워킹 플랫폼에서 새로운 사람과 연결을 맺는 것은, 마치 잘 가꾸어진 정원에 새로운 씨앗을 뿌리는 것과 같습니다. 이 씨앗이 싹을 틔우고 튼튼한 나무로 자라 든든한 인맥이 될지, 아니면 시들어 사라질지는 첫 단추, 즉 '신규 1촌 신청'을 어떻게 하느냐에 달려 있습니다.

1촌과 팔로워의 차이점

1촌은 서로의 수락을 통해 맺는 쌍방향 관계입니다. 직접 DM을 주고받고 게시물이 서로의 피드에 잘 노출되며, 추천이나 추천서를 주고받는 등 강력한 네트워킹을 할 수 있습니다. 반면 팔로워는 버튼만 누르면 성립되는 단방향 관계입니다. 상대방이 올리는 소식과 콘텐츠를 일방적으로 받아보는 구독 중심의 관계이지요. 1촌이 아니면 직접 쪽지를 보낼 수 없으므로, 주로 멘토나 업계 전문가의 소식을 받기 위한 목적으로 활용됩니다.

1촌 표시 예시

팔로우 표시 예시

강력한 상호작용과 기회를 만들고 싶다면 1촌을, 특정 인물의 소식을 꾸준히 받고 싶다면 팔로우 기능을 사용하면 됩니다. 1촌 신청 시 자동으로 팔로우가 되지만, 팔로우만 한 상태에서는 별도로 1촌 신청을 해야 합니다. 연결하고 싶은 사람이 있다면 1촌을 먼저 신청하고, 피드에서 가리고 싶다면, 언팔로우하면 됩니다.

구분	1촌(Connection)	팔로워(Follower)
관계의 방향	쌍방향(서로 연결됨)	단방향(상대방 소식을 일방적으로 받음)
DM 가능 여부	가능	불가능(1촌이 아닐 경우)
목적	상호 교류, 네트워킹, 추천서	정보 습득, 소식 구독

알아 두면 좋아요 👍   **2촌과 3촌도 있던데, 이건 뭔가요?**

2촌은 '내 1촌의 1촌'인 사람들, 즉 친구의 친구 관계를 의미합니다. 나는 2촌에게 직접 쪽지를 보낼 수 없지만(유료 기능 이용 시 가능), 내 1촌을 통해 소개받아 연결될 수 있는 잠재적인 네트워킹 대상입니다.

마지막으로 3촌은 '내 2촌의 1촌'인 사람들, 즉 친구의 친구의 친구 관계이거나 그보다 더 먼 연결고리에 있는 사람들을 의미합니다. 3촌은 나에게는 거의 모르는 사람이나 마찬가지지만, 내가 속한 네트워크 연결망의 바깥 경계를 보여 주며, 이들을 통해 얼마나 넓은 범위의 전문가와 연결될 수 있는지 가늠하게 해주는 지표로 활용됩니다. 이 '촌수'는 링크드인 검색 시 해당 인물이 나와 얼마나 가까운 네트워킹 위치에 있는지 알려 주는 중요한 기준이 됩니다.

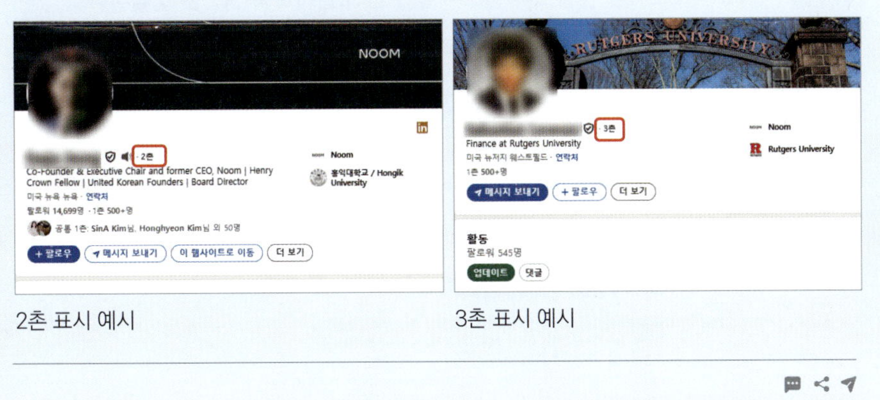

2촌 표시 예시   3촌 표시 예시

링크드인의 1촌 맺기, 6가지 방법

링크드인에서 1촌을 맺는 방법이 6가지나 있을 정도로, 1촌 형성은 링크드인 네트워킹에서 가장 중요한 핵심 요소입니다. 각 방법은 서로 다른 상황과 목적에 맞게 설계되어 있어, 전략적으로 활용하면 네트워크를 효과적으로 확장할 수 있습니다.

방법 1　홈에서 바로 1촌 맺기

홈에서 추천 게시글을 보다가 마음에 드는 사람이 나오면 바로 1촌 신청을 할 수 있습니다. [1촌 맺기] 버튼을 클릭하면 자동으로 1촌 신청이 되지만, 1촌 신청 인사를 보낼 수 없으므로 1촌 신청이 필요하다면 다른 전략이 필요합니다.

홈에서 다이렉트로 1촌 신청

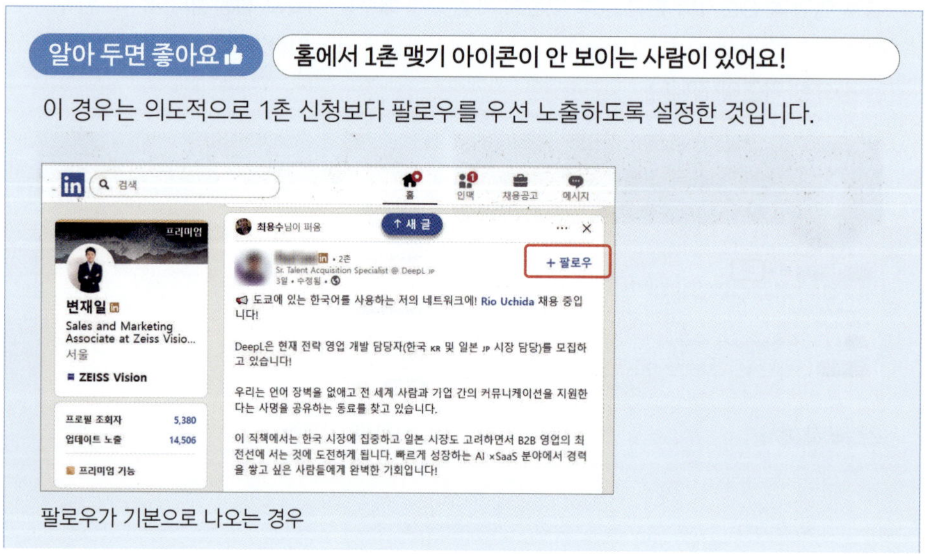

알아 두면 좋아요 👍　**홈에서 1촌 맺기 아이콘이 안 보이는 사람이 있어요!**

이 경우는 의도적으로 1촌 신청보다 팔로우를 우선 노출하도록 설정한 것입니다.

팔로우가 기본으로 나오는 경우

이 문제를 해결하기 위해서는 프로필의 사진을 클릭하여 프로필 페이지로 접속하고 [❶ 더 보기 → ❷ 1촌 맺기]를 클릭하면 됩니다.

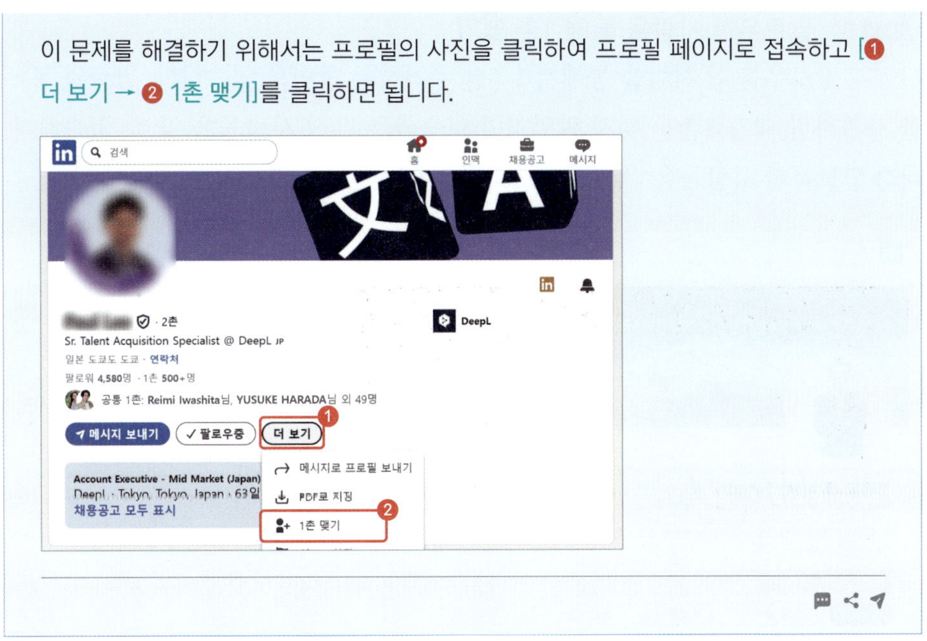

방법 2   인맥 탭에서 1촌 맺기

메인 화면 위에 있는 [인맥] 탭을 이용해 1촌을 추가할 수도 있습니다. 이 방법은 링크드인을 시작한 지 얼마 안 되어 1촌이 없을 때 추천합니다. 출신 학교, 이전 직장, 지역을 입력할수록 더 많은 사람을 추천해 줍니다. [1촌 맺기] 버튼을 클릭하면 바로 1촌 신청이 가기 때문에 인맥을 늘릴 때 편리합니다.

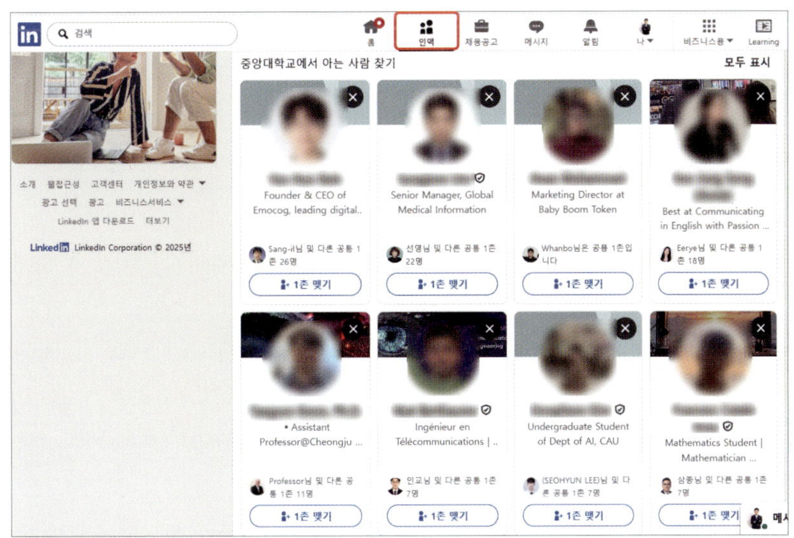

인맥 탭을 통한 1촌 맺기

나에게 팔로우를 한 사람을 통해서 1촌을 추가하는 방법도 있습니다. 팔로워 목록을 추가하면 내가 1촌을 맺지 않았지만 나를 팔로우한 사람들을 알 수 있습니다. 나를 팔로우한 사람들은 다른 사람들보다 1촌을 맺어줄 가능성이 더 높습니다.

팔로우를 통한 1촌 추가

여기서 팔로우라고 파란색으로 표시된 부분이 내가 1촌을 추가하지 않은 사람입니다. 해당 사람의 사진을 눌러 계정으로 이동한 후, 앞서 살펴본 것처럼 [더보기] 버튼을 클릭하고 [1촌 맺기]를 클릭하면 1촌이 신청됩니다.

팔로우를 통한 1촌 추가

방법 4 프로필 조회자 1촌 맺기

프로필 페이지 아래에 있는 분석에서 [프로필 조회] 버튼을 클릭합니다. 이곳에서 내 프로필이 얼마나 많이 조회되었는지 추적할 수 있으며, 무료는 최대 5명, 유료는 대부분의 조회자를 추적할 수 있습니다.

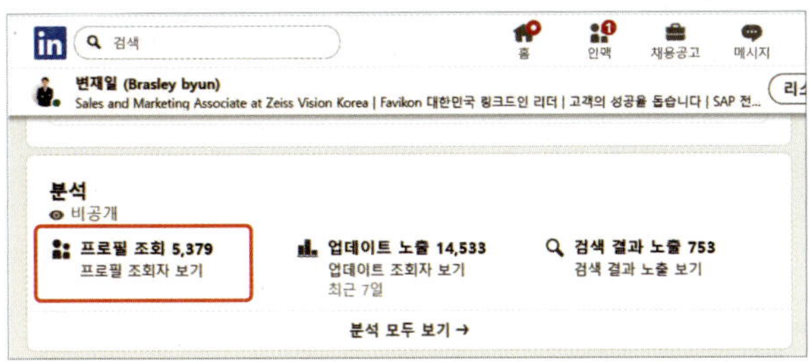

프로필 조회를 통한 1촌 추가

옆에 팔로우 버튼이 있다면 앞서 설명한 대로 해당 사람의 계정으로 들어가서 [더 보기]를 클릭한 다음 1촌 신청을 하면 됩니다. 만약 [1촌 맺기] 버튼이 있으면 바로 1촌을 신청합니다.

프로필 조회자를 통한 1촌 추가

방법 5 뉴스레터 구독자 중에서 1촌 맺기

뉴스레터 구독자가 있다면, 뉴스레터 구독자 중에서 1촌을 맺는 방법도 있습니다. 분석에서 [❶ 분석 모두 보기 → ❷ 신규 뉴스레터 구독자] 버튼을 클릭해 구독자를 확인합니다. ➡ 뉴스레터에 대한 자세한 내용은 04장에서 자세히 다룹니다.

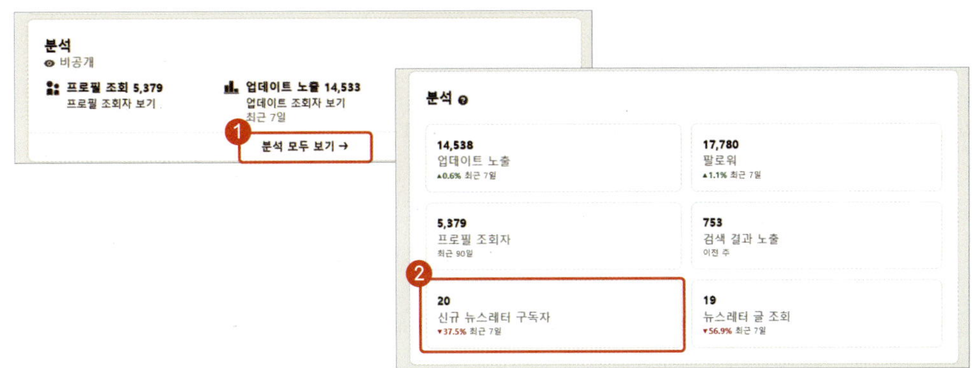

[1촌 맺기] 버튼이 있으면 바로 1촌을 신청하고, 버튼이 보이지 않는다면 해당 사진을 클릭해 프로필 페이지에서 [더 보기]를 클릭한 후 [1촌 맺기]를 클릭해서 진행합니다.

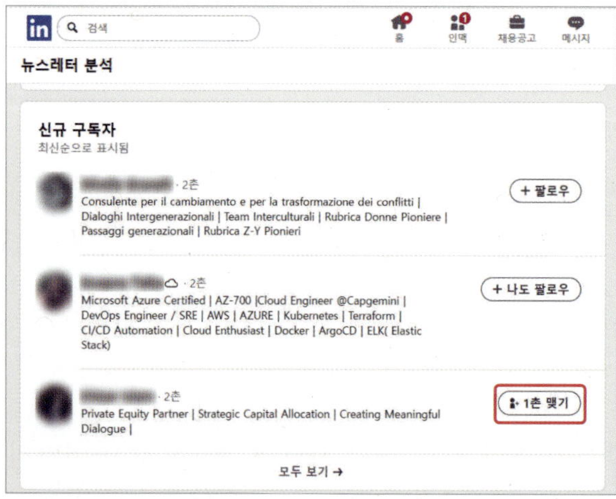

뉴스레터 구독자로 1촌 만들기

방법 6 인기 많은 게시글에서 1촌 찾기

인기 많은 게시글이란 나의 평소 게시글 대비 더 많은 사람들이 반응한 글을 의미합니다. 초기에는 20~30개, 나중에는 90~100개 정도의 반응이 있다면 인기가 많은 게시글입니다. 게시글 아래에 [회원님 외 60명]이라고 되어 있는 버튼이 보입니다. 이 부분이 내 게시글에 대한 사람들의 반응을 보는 부분입니다.

인기 많은 게시글에서 1촌 찾기

여기서 2촌이나 3촌이라고 되어 있는 사람들의 사진을 눌러 계정에 들어가서 1촌 신청을 하면 수락률이 높습니다. 사람들이 잘 모르는 꿀팁이니 꼭 참고하세요.

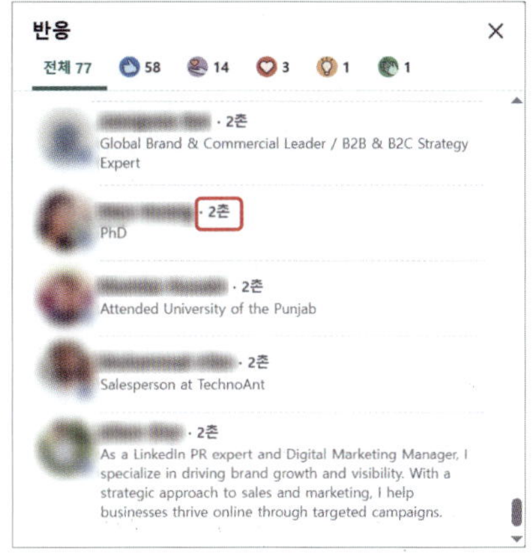

인기 많은 게시글에서 1촌 찾기

신규 1촌 신청에 성공하는 4단계 전략

링크드인 1촌 맺기 한도는 주당 100~150명입니다. 월요일 아침 9시가 되면 링크드인 1촌 신청 한도가 리셋됩니다. 필자는 매일 월요일 아침 9시에, 1촌 신청이 한도에 도달했다는 안내가 뜰 때까지 1촌 신청을 했습니다. 아무리 본인이 매력적인 사람이라고 해도 1촌 신청이 먼저 오는 일은 거의 없습니다. 그러므로 링크드인 운영 초반에는 내가 먼저 다가가는 것이 중요합니다.

1단계 타깃 설정 — 누구와 연결될 것인가?

경력, 목표, 관심 분야 등을 고려하여 당신에게 도움이 될 만한 사람들을 선정해야 합니다. 잠재적 협력 파트너를 염두에 두고 전략적으로 네트워킹을 하는 것이 중요합니다. 함께 프로젝트를 진행하거나, 협력이 가능한 사람과의 연결은 새로운 기회를 창출할 수 있습니다. 예를 들어 제휴 마케팅에 관심이 있다면, 도움이 되는 계정을 찾아보고 팔로우를 하거나 1촌을 신청할 수 있겠죠.

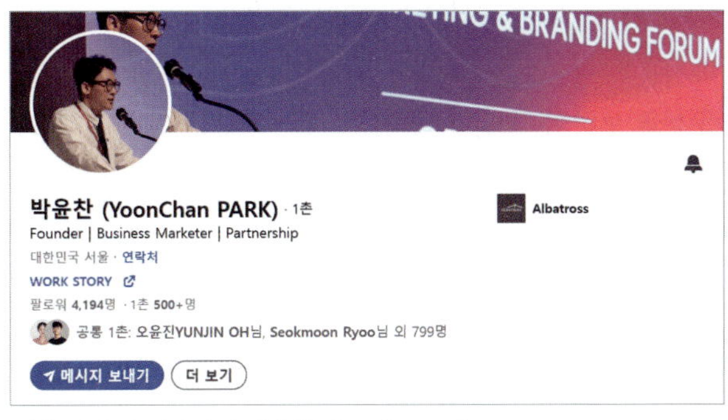

제휴 마케팅 전문가인 박윤찬 대표님 프로필

 프로필 탐색 — 상대방에 대한 이해

꼼꼼한 프로필 확인은 성공적인 1촌 맺기의 기초가 됩니다. 연결 요청을 보내기 전에, 먼저 상대방의 프로필을 살펴보고 어떤 사람인지 파악해야 합니다. 특히 **상대방의 한줄소개, 경력 사항 등을 읽어 보고 상대방을 이해하려고 노력**하는 것이 중요합니다.

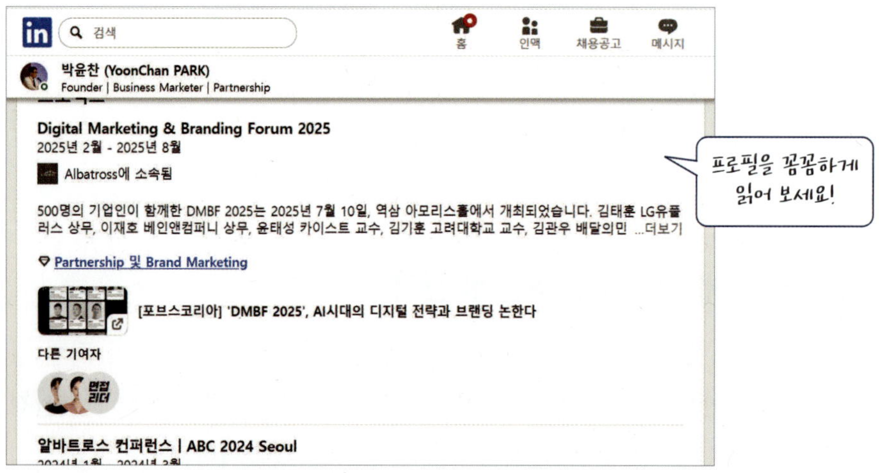

 맞춤형 메시지 작성과 전송 — 진심을 담아 긍정적인 첫인상 남기기

1촌 신청 시 메시지를 보내면 수락률을 크게 높일 수 있습니다. 이는 당신이 누구이며 왜 연결하고 싶은지를 진정성 있게 전달하기 때문이죠. 메시지에는 크게 2가지 핵심 요소를 적용해야 합니다.

> **❶ 개인화된 메시지 작성하기**
> 일반 템플릿 대신 상대방의 프로필, 최근 활동, 게시글을 참고해 그 사람만을 위한 메시지를 작성하세요. 콘퍼런스나 세미나에서 만났다면 만남의 맥락을 언급하고, 연결 이유와 관심사를 명확히 설명하며, 당신이 제공할 수 있는 가치를 간단히 어필하세요.
>
> **❷ 정중한 표현 사용하기**
> 예의 바르고 정중한 표현으로 전문성을 보여 주세요. 바쁜 전문가를 배려해 간결하고 명확하게 작성하고, 맞춤법과 문법을 꼼꼼히 검토하세요. 오자나 문법의 오류는 부정적인 인상을 줄 수 있습니다.
>
> ➡ 1촌을 신청할 때 보내면 좋은 메시지 작성법은 146쪽에서 자세히 다룹니다.

[내용 쓰기]를 클릭하면 상대에게 300자 정도의 간단한 인사를 보낼 수 있습니다. 한국인이라면 한국어로, 어느 나라 사람인지 애매하다면 영어로 메시지를 쓰는 것을 권장합니다.

1촌 신청을 클릭하면 나오는 화면

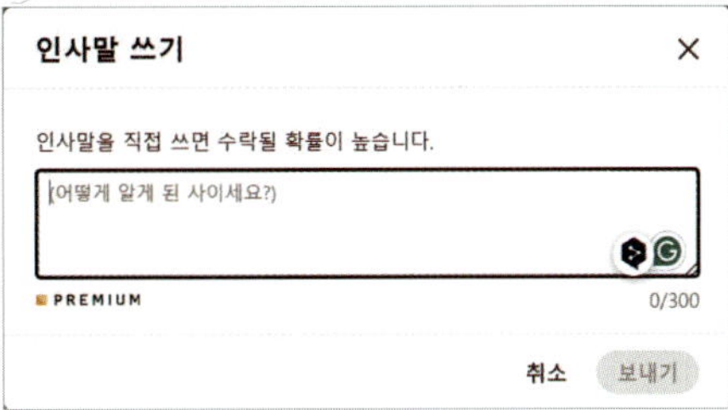

메시지 쓰기

4단계 **후속 조치 — 지속적인 관심 표현**

연결 수락 후 감사 인사는 좋은 관계의 시작을 알리는 신호입니다. 상대방이 연결 요청을 수락하면, 감사 인사를 전하고 간단한 자기소개를 덧붙여 보세요. 단순한 안부 인사보다는, 상대방의 게시글에 댓글을 달거나 메시지를 보내는 의미 있는 소통이야말로 진정한 관계 구축의 핵심입니다.

또한 관련 콘텐츠 공유는 가치를 제공하는 구체적인 방법입니다. 상대방의 관심사와 관련된 유용한 정보나 기사를 공유하며 지속해서 관심을 표현하는 것이 좋습니다.

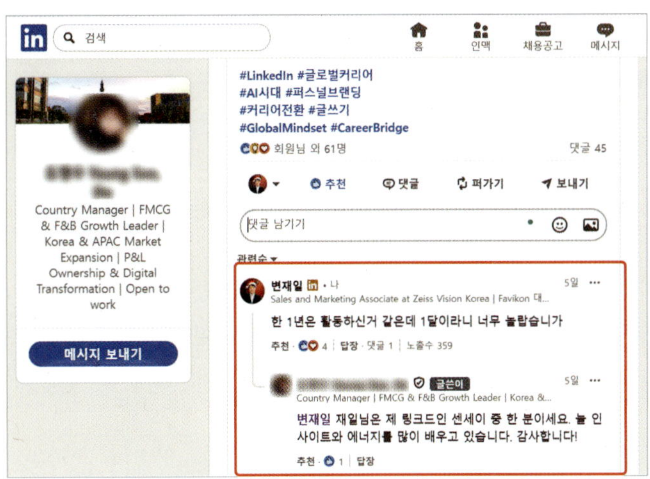

1촌 수락 후 댓글로 교류하는 장면

1촌 신청 메시지, 이렇게 써보세요!

1촌 신청 메시지는 첫인상을 결정하는 중요한 순간입니다. 템플릿을 그대로 복사하기보다는, 상대방의 프로필과 상황에 맞게 개인화하는 것이 핵심입니다. 만약 1촌 신청 메시지를 어떻게 쓰면 좋을지 고민이 된다면, 다음 예시 글을 참고해서 여러분만의 진정성 있는 메시지로 만들어 보세요.

각 예시는 다양한 상황(콘퍼런스 만남, 공통 관심사, 업계 전문가 등)을 반영하고 있으니, 여러분의 상황에 가장 적합한 것을 선택하고 구체적인 내용을 추가하면 됩니다.

만남의 맥락을 활용한 메시지 예시

안녕하세요 [이름] 님.

지난 [이벤트/상황]에서 [주제]에 대해 이야기를 나누었던 [본인 이름]입니다. [주제]에 대한 [이름] 님의 인사이트가 인상 깊었고, [이름] 님의 [경력/전문 분야]에 대한 경험을 더 자세히 들어 보고 싶어 이렇게 연결 요청합니다.

앞으로도 [주제]와 관련하여 좋은 정보와 의견 나눌 수 있기를 기대합니다.

감사합니다. [본인 이름] 드림

공통 관심사를 기반으로 한 메시지는 다음과 같이 작성할 수 있습니다.

공통 관심사를 기반으로 한 메시지 예시

안녕하세요 [이름] 님.

[이름] 님의 프로필을 보고 [공통 관심사/기술]에 대한 관심이 비슷하다는 것을 알게 되어 연결 요청합니다.

저도 [공통 관심사/기술]에 대해 관심이 많아 [관련 경험/활동]을 하고 있습니다. [공통 관심사/기술]에 대해 [이름] 님과 다양한 이야기를 나누며 함께 성장하고 싶습니다.

감사합니다. [본인 이름] 드림

업계 전문가에게 보내는 메시지는 더욱 정중하게 작성해야 합니다.

안녕하세요 [이름] 님.

평소 [이름] 님의 [저서/강연/활동]을 통해 [전문 분야]에 대한 깊은 통찰력을 배우고 있는 [본인 이름]입니다.
[이름] 님의 [최근 기사/저서/강연]을 감명 깊게 보았고, [내용]에 대해 더 자세히 알아보고 싶어 연결 요청합니다.
[이름] 님의 경험과 지혜를 통해 [전문 분야]에 대한 이해를 넓히고, 저 또한 [전문 분야] 발전에 기여하고 싶습니다.

감시합니다. [본인 이름] 드림

하면 된다! } 1촌 맺기 기본 설정하기

가끔 다른 사람의 프로필에서 [1촌 맺기] 버튼이 보이지 않고 [팔로우]만 표시되는 경우가 있는데, 이는 해당 사용자가 팔로우를 기본으로 설정했기 때문입니다. 이처럼 설정을 통해 버튼 노출 여부를 결정할 수 있습니다.
기본적으로 '1촌 맺기'가 설정되어 있습니다. 만약 인적 네트워크 구축보다 콘텐츠 중심의 영향력을 키우고 싶다면, '팔로우'를 기본으로 설정하는 것이 좋습니다. 실습을 통해 설정 방법을 알아보겠습니다.

1 상단 메뉴의 **1** [나]를 선택하고 **2** [개인정보 설정]을 클릭합니다.

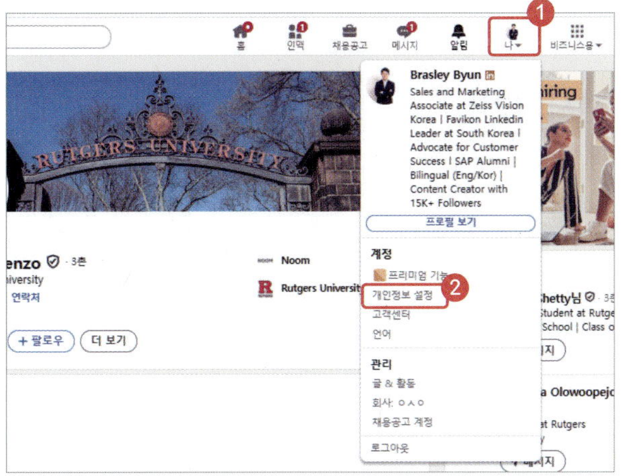

2 설정 창에서 [① 공개범위 → ② 팔로워]를 클릭합니다.

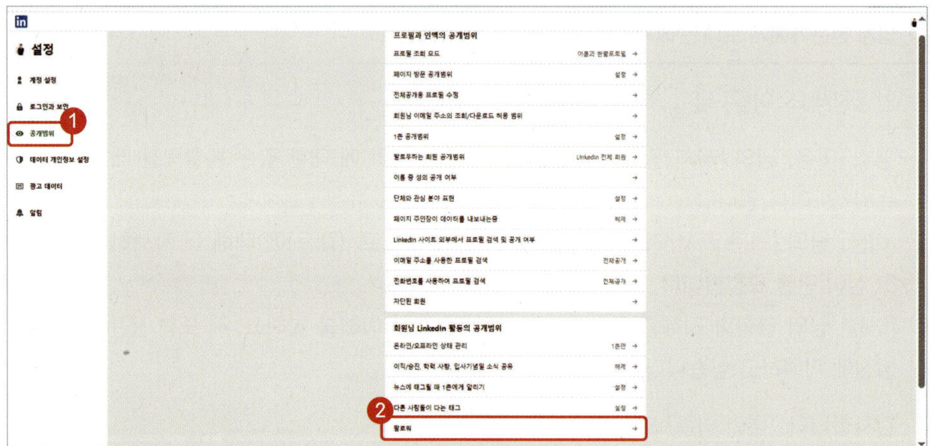

3 [팔로우를 기본으로 설정]을 해제하면 1촌 맺기가 기본으로 설정됩니다.

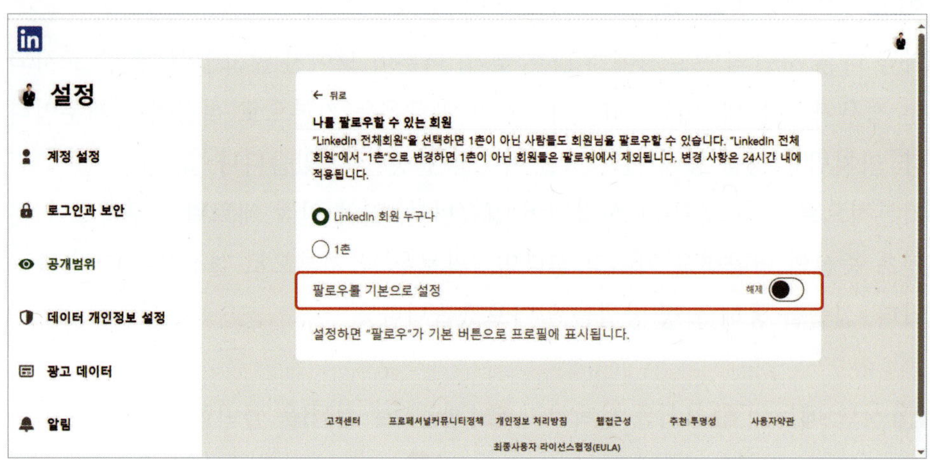

신규 1촌 이후는 관계 발전시키기!

신규 1촌 신청은 시작에 불과합니다. 연결을 수락받은 후, 지속적인 소통과 관계 관리로 든든한 인맥으로 발전시켜 나가는 것이 중요합니다. 꾸준한 소통이야말로 온라인 관계를 실질적인 네트워크로 만드는 핵심입니다. 정기적으로 상대방의 게시글에 댓글을 달거나 메시지를 보내며 소통을 이어가야 합니다. 상대방에게 도움이 될 만한 정보나 기사를 공유하고, 상대방의 질문에 성실히 답변하며 가치를 제공해야 합니다.

상호 존중은 장기적이고 지속 가능한 네트워킹의 핵심 원칙입니다. 서로의 시간과 의견을 존중하며, 긍정적이고 발전적인 관계를 유지해야 합니다. 신규 1촌 신청은 전문 네트워크를 확장하고, 새로운 기회를 발견할 수 있는 중요한 첫걸음입니다. 지금까지 제시한 전략과 팁을 활용하여 진정성 있는 연결을 맺고, 든든한 인맥을 구축해 보세요.

알아 두면 좋아요 👍   **링크드인 스팸 계정, 어떻게 구분하고 대처할까요?**

링크드인이 비즈니스 네트워크로 성장하면서, 이를 악용하려는 스팸 계정도 늘어나고 있습니다. 무분별한 1촌 맺기는 내 소중한 개인정보를 노출시킬 뿐만 아니라 전문적인 네트워크의 질을 떨어뜨릴 수 있습니다.

1. 이런 계정들은 되도록 피하세요!

- **프로필 도용형**: 주로 화려한 경력을 가진 외국계 기업 임원이나 매력적인 외모의 인물 사진을 도용합니다. 프로필 정보가 지나치게 완벽하거나 반대로 경력 설명이 거의 없는 경우가 많습니다.
- **투자 및 코인 권유형**: 1촌을 맺자마자 인사도 없이 암호화폐 투자, 고수익 재테크 정보를 공유하겠다며 왓츠앱(WhatsApp) 등 외부 메신저로 유도합니다.
- **허위 채용 제안형**: 유명 글로벌 기업의 리크루터인 척하며 높은 연봉의 일자리를 제안한 뒤, 개인정보를 요구하거나 악성 링크가 포함된 파일을 보냅니다.

2. 스팸 계정과 1촌을 맺으면 안 되는 이유

- **개인정보 노출**: 링크드인 설정에 따라 1촌에게는 내 이메일 주소나 전화번호가 공개될 수 있습니다. 스팸 계정은 이 정보를 수집해 광고 스팸이나 피싱 공격에 활용합니다.
- **신뢰도 하락**: 링크드인은 '신뢰' 기반의 네트워크입니다. 내 네트워크에 스팸 계정이 가득하다면, 나를 새로 알게 된 다른 전문가들이 나의 프로필을 신뢰하기 어려워집니다.
- **피드 오염**: 스팸 계정이 올리는 부적절한 콘텐츠나 광고성 게시물이 내 뉴스피드를 장악하여, 정작 중요한 업계 소식이나 유익한 인사이트를 놓치게 만듭니다.

3. 똑똑하게 대처하는 방법

- **프로필 검토 습관**: 1촌 신청을 받으면 수락 전 상대방의 활동 내역(프로필, 게시물, 댓글)을 확인하세요. 활동이 전혀 없거나 내용이 부자연스럽다면 의심해 봐야 합니다. 특히 상대방의 회사와 소개가 맞는지 확인해 보세요.
- **'무시'와 '신고하기'**: 의심스러운 계정의 요청은 과감히 [무시]를 누르세요. 명백한 가짜 계정이라면 프로필 페이지의 ❶ [더 보기] 버튼을 클릭하고 ❷ [신고/차단] 기능을 활용해 링크드인 팀에 알리는 것이 좋습니다.

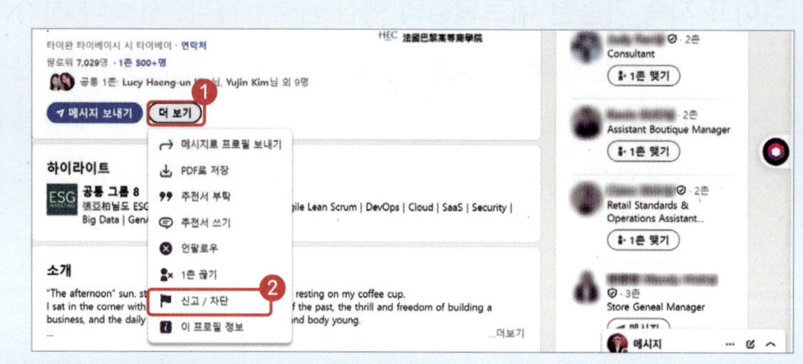

계정 신고/차단하기

이처럼 링크드인에서의 '촌수'는 단순한 숫자가 아니라 나의 전문성을 증명하는 지표입니다. 양보다 질에 집중하는 네트워킹을 통해 안전하고 강력한 커리어 자산을 만들어 보세요.

🕮 복습해 볼까요?

▶ 서로 수락을 해야 맺어지는 쌍방향 관계이며, DM 발송과 게시물 노출 등 강력한 네트워킹이 가능한 관계를 ❶ (   )이라고 합니다.

▶ 1촌 신청을 할 때 수락률을 높이기 위해, 상대방에게 나를 소개하고 연결 이유를 밝히는 짧은 글을 함께 보내는 기능을 ❷ (   ) 작성이라고 합니다.

답 ① 1촌(Connection) ② 메시지(또는 개인화된 메시지)

고민은 나누고, 인연은 얻는 커피챗

커피챗의 특별한 가치

링크드인에서 관계를 구축하는 방법 중 가장 효과적이면서도 도전적인 것이 바로 '커피챗'입니다. 온라인상의 관계를 실제 대화로 발전시키는 이 과정은 프로필 구축이나 포스팅만큼이나 중요한 링크드인 활용 전략입니다. 특히 경력 개발과 네트워크 확장을 원하는 모든 직장인에게 커피챗은 핵심적인 도구가 될 수 있습니다.

이유진 작가, 이준혁 작가, 한성희 작가님과 진행했던 커피챗.
이날은 술을 마셔서 별칭이 술로챗이었습니다.

아직 경험이 적은 분들에게 다양한 분야의 전문가들과 나누는 대화는 책이나 온라인 콘텐츠로는 얻을 수 없는 생생한 통찰을 제공합니다. 취업 준비나 경력 전환을 고민하고 있다면, 관심 분야 종사자로부터 "이 분야에 입문하려면 어떤 준비가 필요한가요?", "실제 업무는 어떤 식으로 진행되나요?"와 같은 현실적인 조언을 얻을 수 있습니다. 자신보다 더 많은 경험과 지식을 가진 사람들과의 대화는 성장의 가속 페달을 밟는 것과 같아, 지속적으로 노출되면 자연스럽게 더 높은 수준의 사고와 목표를 갖게 됩니다.

대부분 커피챗은 내가 먼저 상대방에게 요청하는 형태로 이루어집니다. 처음에는 거절에 대한 두려움을 극복하고 적극적으로 요청하는 용기가 필요하지만, 시간이 지나고 네트워크가 확장되면서 점차 인바운드 요청도 증가하게 됩니다.

커피챗 수락률을 100%로 만드는 4단계 전략

커피챗을 '일단 그냥 한번 만나요!'라고 가볍게 생각할 수도 있습니다. 물론 편안한 분위기의 가벼운 커피챗도 분명 가치가 있습니다. 하지만 상대방의 소중한 시간을 존중하고, 나에게도 의미 있고 깊이 있는 인사이트를 얻고 싶다면 **전략적으로 접근**하는 것을 강력히 추천합니다.

준비 없이 만난 커피챗은 어색한 침묵이나 표면적인 대화로 끝나기 쉽습니다. **반면 명확한 목표와 준비된 질문을 가지고 만나면, 한 시간 안에도 몇 년치 고민을 해결할 수 있는 통찰**을 얻을 수 있습니다.

다음은 필자가 200명이 넘는 전문가들과 커피챗을 진행하며 체득한 노하우를 4단계로 정리한 내용입니다. 이 순서를 따라가면 커피챗 초보자도 성공적인 네트워킹을 경험할 수 있습니다.

1단계 목표 설정과 동기 명확화

커피챗을 시작하기 전에 **"왜 이 사람과 대화하고 싶은가?"**라는 질문에 답할 수 있어야 합니다. 목표가 명확할수록 대화의 질과 효과가 높아집니다. 처음에는 '다양한 사람들을 만나 세상에 대한 시각 넓히기'와 같은 넓은 목표로 시작해도 좋습니다. 점차 '특정 산업의 트렌드 파악'이나 '이직 준비를 위한 조언 구하기'처럼 구체적인 목표로 발전시켜 나가면 됩니다. 그리고 목표를 노트에 명확히 적어 두면 대화의 흐름을 일관되게 유지할 수 있습니다.

필자의 첫 커피챗 목표는 단순히 '링크드인에서 활발히 활동하는 사람들은 어떤 생각을 갖고 있는지 알고 싶다'였습니다. 이후 '글로벌 기업 문화 이해하기', '테크 업계의 최신 트렌드 파악하기' 등으로 점차 구체화되었습니다. 여기서는 예시로 '출판 작가의 꿈을 가지고 편집자/작가들을 만나 보고 싶다'는 목표를 정했습니다.

2단계 인물 탐색과 리서치

무작정 아무에게나 커피챗을 요청하는 것보다, 전략적으로 인물을 탐색하고 충분한 사전 리서치를 하는 것이 중요합니다.

처음에는 링크드인에서 **관심있는 회사나 사람을 검색하면서 찾는 것**이 유리합니다. 대상자의 최근 포스팅 3~5개를 꼼꼼히 읽어보고, 프로필의 경력 히스토리와 학력을 체크해 보세요. 공통점이나 특별히 관심이 가는 경험이 있는지 찾아보고, 리서치 내용을 간단히 메모하여 대화할 때 참고할 수 있게 준비하는 것이 좋습니다. 이미 알고 있는 사람의 네트워크를 탐색하거나 특정 주제에 대한 통찰력 있는 댓글을 남긴 사람을 확인하는 것도 좋은 방법입니다.

이렇게 발견한 인물은 엑셀 시트나 노트 앱에 정리합니다. '커피챗 위시리스트'라는 스프레드시트를 만들어 이름, 현 직장/직무, 관심 주제, 연락 상태 등을 기록하는 것을 추천합니다.

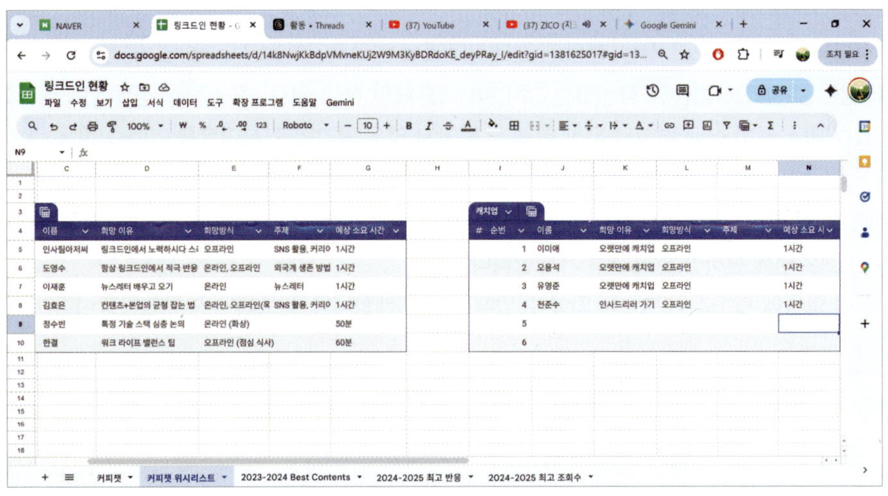

커피챗 위시리스트

첫 요청은 성패를 좌우하는 중요한 단계입니다. 거절에 대한 두려움을 극복하고, 상대방의 관심을 끌 수 있는 요청을 보내는 것이 중요합니다. 바로 커피챗 요청을 보내기보다는 먼저 **1촌 연결부터 하고, 상대방의 포스팅에 의미 있는 댓글을 2~3회 남겨**보세요. 공감이나 질문을 통해 상대방과의 소통 경험을 쌓는 것이 좋은 출발점이 됩니다.

이후 상대방의 프로필에서 메시지 보내기 버튼을 눌러서 메시지를 보내세요. 메시지는 1촌 사이에서만 보낼 수 있다는 점을 참고하세요. 효과적인 요청 메시지는 다음과 같은 구조로 작성합니다.

효과적인 요청 메시지의 구조

1. 정중한 인사로 시작
2. 간략한 자기소개(2~3줄 내외)
3. 상대방의 포스팅이나 경험 중 인상 깊었던 부분을 연결점으로 언급
4. 구체적인 목적과 질문 제시
5. 15~30분 정도의 짧은 시간을 요청한다는 시간 존중 표현
6. 진심 어린 감사 인사로 마무리

커피챗 요청 메시지 예시

안녕하세요, 김○○ 님! 저는 현재 □□대학교에서 컴퓨터공학을 전공 중인 이△△입니다. 김○○ 님께서 최근에 작성하신 '주니어 개발자의 성장 경로' 포스팅이 정말 인상적이었습니다. 특히 실패 경험을 통한 학습 부분에서 많은 공감과 인사이트를 얻었습니다.

혹시 시간이 되신다면, 15~30분 정도 커피챗을 통해 김○○ 님의 경력 개발 경험과 현업에서 바라보는 효과적인 성장 방법에 대해 조언을 듣고 싶습니다. 온라인이든 오프라인이든 김○○ 님께 편하신 방식으로 가능합니다.

바쁘신 와중에 제 요청이 부담이 되실 수 있다는 점 이해합니다. 검토해 주셔서 감사합니다!

이△△ 드림

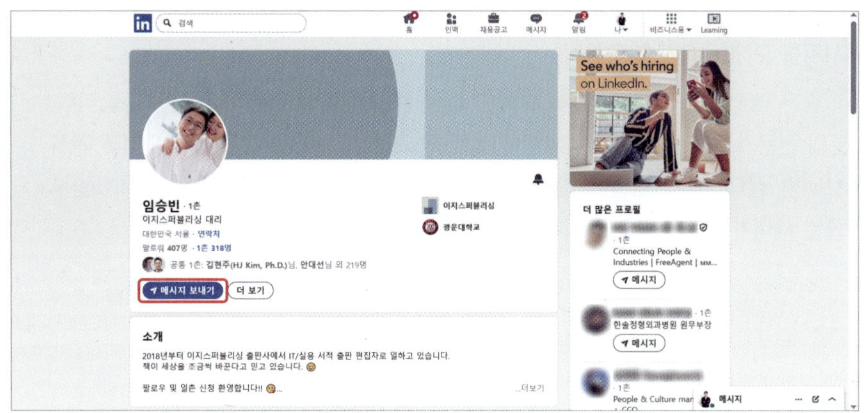

대상자를 발견했다면 [메시지 보내기]를 누릅니다.

커피챗 수락률을 높이려면 다음 팁들을 사용해 보세요.

① 최근 작성 포스팅 언급하기

막연하게 "항상 좋은 글 잘 보고 있습니다"라고 말하는 것보다, 상대방이 최근 작성한 특정 포스팅을 언급하는 것이 훨씬 효과적입니다. 예를 들어 "지난주 올리신 '스타트업 초기 채용의 함정' 포스팅에서 언급하신 '문화 적합성보다 역량 우선' 관점이 정말 인상 깊었습니다"처럼 구체적으로 인용하면, 상대방은 당신이 진짜로 자신의 글을 읽고 공감 했다는 것을 알게 됩니다.

② 질문으로 대화 이어가기

단순히 연결 요청만 하는 것이 아니라, 상대방에게 가벼운 질문을 던지면 자연스럽게 대화가 시작됩니다. "최근 리브랜딩 프로젝트에서 어떤 점이 좋았는지 커피챗을 통해 알 수 있을까요?" 또는 "AI 도구를 마케팅에 어떻게 활용하시는지 궁금합니다"처럼 구체적 이면서도 대답하기 어렵지 않은 질문이 좋습니다. 다만 질문은 1~2개로 제한하여 상대 방에게 부담을 주지 않는 것이 중요합니다.

③ 핵심만 간결하게 전달하기

바쁜 전문가들은 긴 메시지를 읽을 시간이 없습니다. 3~5문장, 최대 200자 이내로 핵심만 간결하게 전달하세요. '안녕하세요 → 연결 이유 → 공통점/관심사 → 질문 또는 기대'의 구조로 작성하면 상대방이 5초 안에 메시지의 의도를 파악할 수 있습니다.

④ 메시지를 보내는 시간 체크하기

아무리 좋은 메시지라도 새벽 2시에 보내면 다른 알림에 묻혀 버릴 가능성이 높습니다. 대부분의 전문가들이 링크드인을 확인하는 **주중 오전 10시에서 오후 4시 사이**에 메시지를 보내면, 상대방이 알림을 확인하고 바로 응답할 확률이 높아집니다. 특히 화요일부터 목요일 사이가 가장 효과적입니다.

4단계 일정 조율의 예술

커피챗 요청이 수락되면, 효율적인 일정 조율이 필요합니다. 이 과정에서 상대방의 시간을 존중하는 태도가 중요합니다.

① 플랫폼 선택 — 온라인/오프라인 결정하기

먼저 온라인과 오프라인 중 어느 쪽을 더 선호하는지 확인하세요. 거리가 멀다면 온라인을 기본으로 제안하고, "○○님께서 편하신 방식으로 진행하면 좋을 것 같습니다. 온라인/오프라인 중 선호하시는 방식이 있으신가요?"라고 질문하면 됩니다.

② 시간 제안 — 커피챗 요청하는 사람이 2~3개 옵션 제공하기

시간을 제안할 때는 2~3개의 구체적인 날짜와 시간 옵션을 제시하고, 상대방의 업무 시간을 고려한 시간대를 선택합니다. 예를 들어 "다음 주 화요일 오후 3시, 목요일 오후 4시, 금요일 오전 11시 중 편하신 시간이 있을까요?"라고 제안할 수 있습니다.

③ 장소 선정 — 접근성이 좋은 곳으로 제안하기

오프라인 미팅은 상대방의 위치를 고려하여 접근성 좋은 장소를 제안합니다. 조용하고 대화하기 적합한 카페를 선택하고, "○○님 회사 근처의 편하신 카페가 있으시면 맞춰도 좋고, 제가 몇 가지 추천드릴 수도 있습니다"라고 제안하면 됩니다. 또는 약속 장소를 추천하는 **위밋플레이스**^{wemeetplace} 서비스를 이용해 중간 지점을 선택해 보세요.

온라인 미팅은 줌^{Zoom}, 구글 미트^{Google Meet}, 팀즈^{Teams} 등 상대방이 선호하는 플랫폼을 확인하고, 링크 생성 및 공유를 미리 준비해야 합니다.

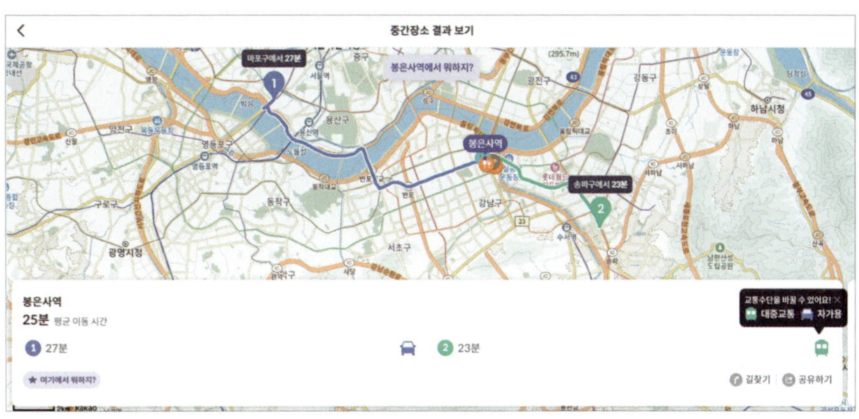

위밋플레이스 서비스 화면

커피챗 날짜가 잡혔어요!

커피챗 수락까지 이끌어 낸 당신! 수고하셨습니다. 완벽한 커피챗 마무리까지 진행하기 위해서 조금만 더 힘내 봅시다. 어렵게 잡은 약속을 의미 있는 관계로 발전시키기 위한 3단계 프로세스를 알아보겠습니다.

1단계 만남 전 철저한 사전 준비

성공적인 커피챗을 위해서는 커피챗 수락을 위해 노력했던 것처럼 철저한 준비가 필요합니다.

① 질문 준비 — 커피챗을 제안한 사람이 준비하기

2~3개의 핵심 질문을 준비하되, 상대방의 경험과 전문성에 맞춘 질문을 구성해야 합니다. 너무 많은 질문을 준비하지 말고 대화의 자연스러운 흐름을 중시하세요.

② 자기소개 준비 — 첫인상이 가장 중요하다

30초에서 1분 내외의 간결한 자기소개를 준비하고, 현재 상황, 관심사, 목표를 명확히 전달할 수 있도록 연습해 봅니다.

③ 사전 조사 — 상대방을 배려하는 마음으로 준비해 보세요

그 사람의 링크드인 프로필과 최신 게시글 3개 정도를 읽어 보면서 미리 조사를 합니다. 대화가 전혀 예상치 못한 방향으로 흐를 수도 있기 때문에 사전 질문은 2~3개 정도만 준비하는 것이 좋습니다.

2단계 미팅 당일에 호감을 주는 기술들

오프라인 미팅은 도착 시간을 고려해 미리 출발하고, 약속 시간 10~15분 전 도착을 목표로 합니다. 온라인 미팅은 5분 전에 접속하여 기술 문제를 확인하는 것이 좋습니다. 커피챗은 다음과 같은 흐름으로 진행되는데, 경청하는 자세가 무엇보다 중요합니다.

> **커피챗 대화의 흐름**
> 인사와 감사 표현으로 시작
> 가벼운 주제로 대화 시작(날씨, 최근 소식 등 워밍업)
> 준비한 질문과 주제로 본론 진행
> 상대방의 이야기에 집중하고 적절한 후속 질문
> 시간을 확인하며 자연스럽게 마무리
> 시간을 내준 것에 대한 진심 어린 감사 표현

3단계 일회성 만남을 인맥으로 만들기

커피챗은 일회성 이벤트가 아닌, 장기적인 관계 구축의 시작점이 되어야 합니다. 커피챗 후 상대방의 연락처와 만남의 맥락을 함께 기록하여 체계적으로 저장합니다.

① 연락처 관리

리멤버 앱을 이용해서 명함을 저장하고, 추가 연락처 저장이 필요할 때는 '(만나게 된 계기) ○○○' 형식으로 저장하는 것을 추천합니다. 예를 들어 링크드인에서 연락처를 알게 된 사람이라면, '(링크드인) ○○○ 님'과 같이 저장하면 됩니다.

② 기록과 문서화

대화 내용, 주요 인사이트, 후속 조치 등을 간략히 기록하는 것이 중요합니다. 이는 향후 관계 유지와 지식 관리에 큰 도움이 됩니다. 메모 앱이나 노션 등을 활용하여 체계적으로 관리해 보세요.

③ 콘텐츠 활용 시 주의사항

커피챗 내용을 바탕으로 포스팅을 작성할 때는 반드시 상대방의 동의를 구해야 합니다. 작성한 콘텐츠를 공유하기 전에 상대방에게 검토 기회를 제공하고, 상대방의 삭제 요청이 있다면 즉시 응해야 합니다.

④ 지속적인 관계 유지

커피챗 이후 24시간 내에 감사 메시지를 보내고, 정기적(3~6개월 주기)으로 관심 있는 콘텐츠나 근황을 공유하며 관계를 유지합니다. 상대방의 포스팅에 꾸준히 의미 있는 댓글을 남기되, 진정성 있는 관계를 유지하는 범위 내에서 네트워크를 관리하는 것이 중요합니다.

마음이 잘 맞는 사람들과는 주기적으로 만남을 가지며 교류를 이어갈 수 있습니다. 온라인에서는 관계가 지속되기 어려운 면이 있으므로, 사람을 만나는 지금 이 순간에 최선을 다해야 합니다.

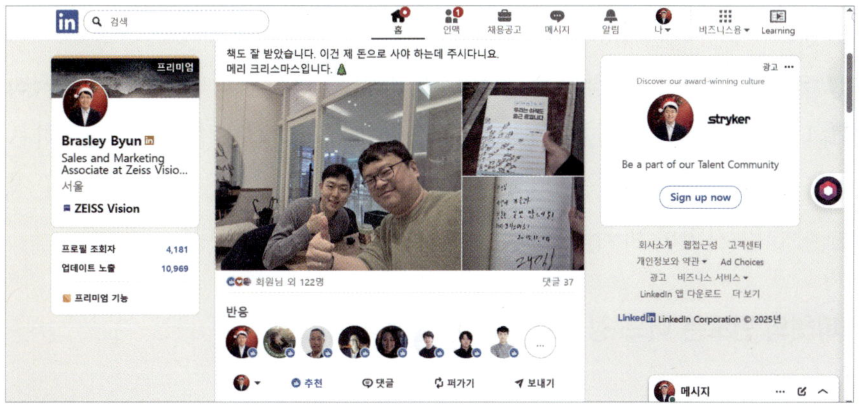

커피챗 후기 사례

커피챗과 관련해 자주 하는 질문 4가지

Q 커피챗을 거절하면 어떡하죠?

A **거절은 자연스러운 과정**입니다. 바쁜 일정, 개인적인 이유 등과 같은 다양한 이유로 거절할 수 있으며, 이는 개인적인 거부가 아니라는 점을 이해해야 합니다. 일반적으로 10명 중 3~4명 정도가 응답하고, 그중 1~2명이 실제 커피챗으로 이어지는 것이 보통입니다. 긍정적인 마인드셋으로 꾸준히 시도하면 점차 성공률이 높아집니다.

Q 만나면 어떤 질문을 해야 할까요?

A 가장 효과적인 질문은 **상대방의 경험과 통찰을 끌어낼 수 있는 개방형 질문**입니다. '예/아니요'로 대답할 수 있는 폐쇄형 질문보다, '어떻게', '왜', '무엇을' 등으로 시작하는 질문이 대화를 풍부하게 만듭니다. 또한 상대방만이 답할 수 있는 고유한 경험에 대한 질문, 예를 들어 "○○ 프로젝트에서 가장 큰 도전은 무엇이었나요?"와 같은 질문이 일반적인 조언을 구하는 질문보다 더 가치 있는 대화로 이어집니다.

Q 첫 만남이 너무 떨려요. 긴장감을 줄이는 방법이 있을까요?

A 커피챗 초반에 긴장하는 것은 자연스러운 현상입니다. **준비를 철저히 하고, 대화 전에 심호흡을 하며, 자신을 응원하는 긍정적 자기 대화를 활용**하는 것이 도움이 됩니다. 처음부터 완벽할 필요는 없다는 점을 인정하고, 각 경험을 학습의 기회로 바라보면 점차 자신감이 생길 것입니다.

Q 커피챗의 빈도는 어느 정도로 잡는 게 좋을까요?

A 커피챗의 빈도는 개인의 시간, 에너지, 목표에 따라 달라질 수 있습니다. 너무 잦은 커피챗은 피로도를 높이고 대화의 가치를 충분히 소화하지 못하게 만들 수 있습니다. **주 1회 또는 격주 1회 정도**의 빈도가 적절합니다. 이는 각 대화의 인사이트를 정리하고 실행에 옮길 시간을 확보하면서, 꾸준히 네트워크를 확장할 수 있는 균형 잡힌 빈도입니다.

커피챗도 하다 보면 익숙하게 됩니다. 커피챗에 도전하는 모든 분들을 응원합니다!

> **🕐 복습해 볼까요?**
>
> ▶ 관심 있는 분야의 현직자나 전문가에게 정중하게 요청하여 15~30분 정도 짧게 대화를 나누며 인사이트를 얻는 문화를 ❶(   )이라고 합니다.
>
> ▶ 커피챗을 성공적으로 이끌기 위해서는 요청 메시지에 인사, 자기소개, 연결 이유 외에도 ❷(   )을/를 명확히 포함해야 합니다.
>
> 답 ① 커피챗 ② 목적(대화 목적)

소통의 핵심은 댓글 관리

댓글은 또 다른 기회입니다!

링크드인을 시작한 대부분의 사람들이 하는 실수는 포스팅에만 집중한다는 것입니다. 하루에 한 번 글을 올리고, 좋아요와 조회수를 기다리는 방식으로 활동합니다. 그러나 14개월 만에 1만 팔로워를 달성할 수 있었던 필자만의 핵심 전략은 바로 '댓글'이었습니다.

링크드인에는 내 계정이 어디에서 검색되었는지 알려 주는 검색 결과 노출이라는 기능이 있습니다. 이 글을 작성하고 있는 1월 13일 기준으로 링크드인은 12월 30일~ 1월 6일의 노출 결과를 확인할 수 있습니다. 저는 83,072회 노출이 되었는데 검색으로는 474회, 즉 1% 미만으로 노출되었습니다. 반면 댓글은 전체 노출수의 65.1%를 차지하는 것을 확인할 수 있습니다.

프로필 외형
12월 30일~1월 6일 동안 회원님의 프로필이 LinkedIn에 표시되는 빈도입니다. 자세히 보기
83,072
전체 노출
▼41% 최근 7일
474
검색 결과 노출
●0% 최근 7일
노출 위치 ▼
댓글 · 65.1%
게시물 · 32%
인맥 제안 · 2.4%
검색 · 1% 미만

현재 노출 수의 65.1%가 댓글로 나오는 모습

즉, 타인의 게시글에 적극 공감하며 댓글로 인사이트를 제공한 사람이 그만큼 더 많은 노출을 가져오게 되는 것입니다. 이는 최근 링크드인의 알고리즘 변화와도 관계가 있습니다. 이제는 팔로워가 많다고 조회수로 이어지는 것이 아니라, 자신의 브랜드를 만들어 함께 소통하는 사람이 조회수가 높고, 노출이 더 많아져 더 빠르게 성장하는 것입니다.

간단한 댓글로 대부분의 업데이트를 능가하는 노출을 거둔 사례

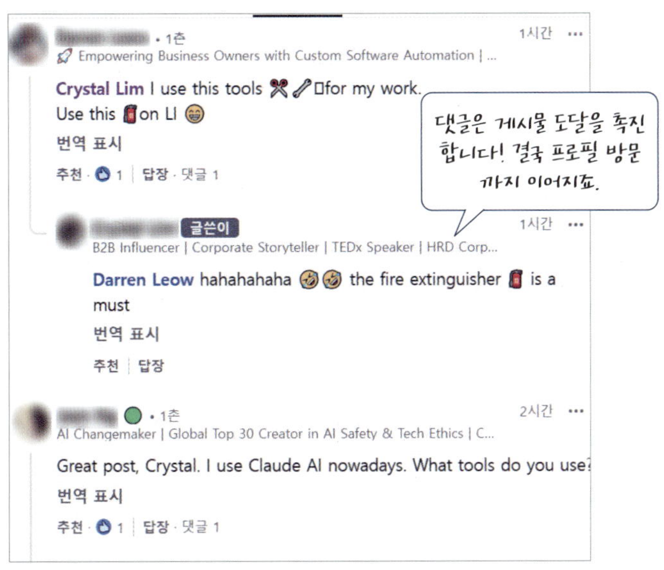

대댓글이 활발한 외국 인플루언서 예시

많은 사람들이 "좋은 글 감사합니다" 정도의 형식적인 댓글만 남기는데, 이는 엄청난 기회의 낭비입니다. 댓글은 단순한 반응이 아니라 노출이 보장된 '무료 전광판'이자 자신의 전문성을 드러낼 수 있는 강력한 콘텐츠 플랫폼입니다. 왜 그런지 자세히 알아볼까요?

팔로워를 사로잡는 2단계 댓글 전략

댓글을 작성할 때 알아 두면 좋은 전략이 있습니다. 다음 2가지를 참고하여 여러분만의 댓글 작성 전략을 세워 보세요.

1단계 댓글을 남길 대상 선정하기

무작정 모든 게시물에 댓글을 남기는 것은 효율적이지 않습니다. 다음 대상들을 우선순위로 삼아서 댓글을 작성해야 합니다.

> **❶ 보이스 리더(업계 리더)**
> 업계에서 영향력 있는 인물들의 게시물은 당신의 잠재 고객, 파트너, 심지어는 경쟁자들까지 모두 모여 있는 채널입니다.
>
> **❷ 피어 집단(동료 전문가)**
> 비슷한 분야의 전문가 게시물은 서로의 네트워크를 공유할 가능성이 높습니다.
>
> **❸ ICP(이상적인 고객 프로필)**
> 당신의 타깃 고객이 작성한 게시물입니다.

필자는 SAP 인턴십 기간 동안 주로 SAP 관련 업계 리더들의 게시물에 전문적인 댓글을 남겼습니다. 이를 통해 SAP 커뮤니티 내에서 빠르게 인지도를 높일 수 있었고, 결과적으로 관련 네트워크가 크게 확장되었습니다.

2단계 효과적인 댓글 작성 공식

형식적인 댓글이 아닌, 가치를 더하는 댓글을 작성하기 위한 2가지 공식을 소개합니다. 이대로 링크드인 댓글을 쓸 경우, 알고리즘이 선호하여 이 댓글을 우선적으로 보여 줍니다.

① AASA(Appreciate, Acknowledge, Sequence, Ask) 공식

단순한 칭찬이 아니라 전문성을 보여 주면서 추가 대화를 이끌어 냅니다.

> - Appreciate(감사): 글쓴이의 노력과 통찰에 감사를 표합니다.
> - Acknowledge(인정): 글의 핵심 메시지를 이해했음을 보여 주고, 공감하거나 다른 관점을 제시합니다.
> - Sequence(연결): 개인 경험이나 관련 사례를 공유하여 논의를 확장합니다.
> - Ask(질문): 대화를 이어갈 수 있는 질문을 던집니다.

김○○님, SAP HANA 클라우드 마이그레이션에 대한 심도 있는 글 감사합니다. 특히 레거시 시스템에서 클라우드로 전환 시 데이터 무결성 유지 방법이 인상적이었습니다.
저도 최근 SAP 인턴십 중 비슷한 프로젝트에 참여했는데, 기존 ERP와의 통합 과정에서 예상치 못한 문제들이 많았습니다. 특히 커스텀 개발된 모듈의 호환성 이슈가 가장 큰 도전이었죠.
혹시 레거시 시스템의 커스텀 개발 부분을 클라우드로 마이그레이션할 때 어떤 접근법이 가장 효과적이었는지 추가 조언 부탁드립니다.

② AAR(Appreciate, Acknowledge, Reframe) 공식

원 게시물의 주제를 확장하면서 자신의 전문성과 독창적 관점을 보여 주는 데 효과적입니다.

- Appreciate(감사): 글쓴이의 가치 있는 통찰에 감사를 표합니다.
- Acknowledge(인정): 글의 핵심 메시지에 대한 이해를 보여 줍니다.
- Reframe(재구성): 이 주제를 자신의 관점으로 재해석하여 새로운 시각을 제시합니다.

홍○○님, 직장에서의 세대 갈등 해소 방안에 대한 통찰력 있는 글 감사합니다. MZ세대와 기성세대 간의 소통 방식 차이를 구체적 사례로 설명해 주신 부분이 특히 도움이 되었습니다.
이 주제를 기술 도입 관점에서 바라보면 또 다른 차원이 보입니다. 제가 SAP에서 인턴으로 일하면서 관찰한 바로는, 디지털 협업 도구(Slack, Teams 등)를 도입하면서 세대 간 소통 방식이 자연스럽게 통합되는 경우가 많았습니다. 특히 비대면 커뮤니케이션에서는 세대 차이보다 개인의 의사소통 스타일이 더 중요한 변수로 작용했죠.
결국 세대 갈등 해소는 소통 방식의 차이를 인정하는 것뿐만 아니라, 모두가 적응할 수 있는 공통의 협업 환경을 구축하는 것도 중요한 요소가 아닐까 생각합니다.

하면 된다! } 링크드인 댓글 작성하기

지금부터는 링크드인 댓글을 잘 작성하려면 어떻게 해야 하는지 알아보겠습니다. 댓글 다는 방법을 함께 따라가 볼까요?

■ 댓글 달기 전 내용 읽기

댓글을 달기 전에, 최소 2분 정도는 글을 읽으면서 내용을 훑어보길 권합니다. 너무 짧고 단답식으로 댓글을 달면 티가 날뿐더러, 본문의 의도를 오독하고 글을 쓸 확률이 높아지기 때문입니다. 필자도 많이 신경 쓰는 부분이니, 꼭 명심하길 바랍니다.

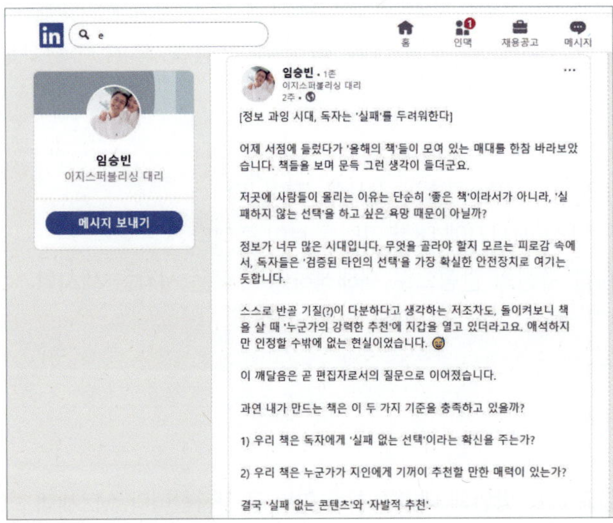

② [댓글 남기기]를 클릭하고 댓글을 답니다.

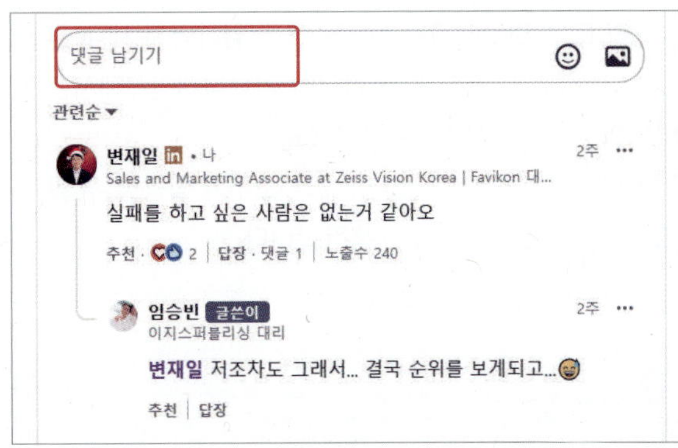

3️⃣ 상대방이 단 댓글에 이어서 댓글을 달 수 있습니다. [답장]을 클릭해서 답글을 달 수 있고, 상대방의 답글을 추천할 수도 있습니다. 일단 여기서는 답장을 먼저 해볼게요. 답장을 작성하게 되면 상대 계정이 자동으로 태그되어 알림이 갑니다.

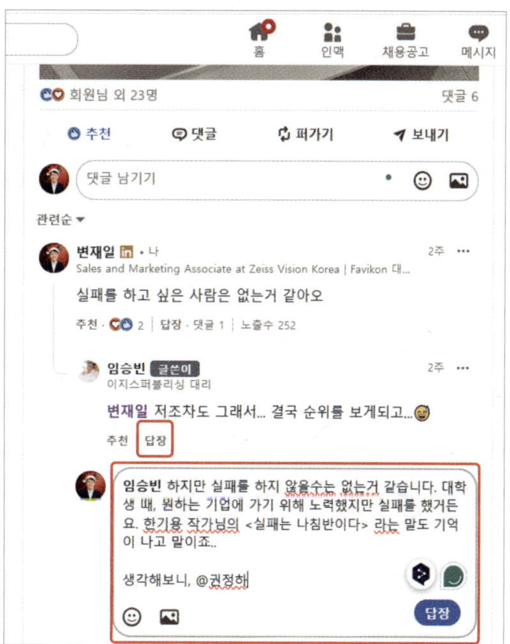

4️⃣ 답장을 입력하여 상대방에게 댓글을 달 때 @를 입력하고 이름을 입력하면 이 댓글을 봤으면 좋겠다는 사람을 추가로 태그할 수 있습니다. 댓글을 적고 그 사람이 빨리 회신할수록 내 댓글이 노출될 확률이 높아지므로 평소 자신과 상호 작용이 있는 사람이나 많은 사람을 태그하는 것이 좋습니다.

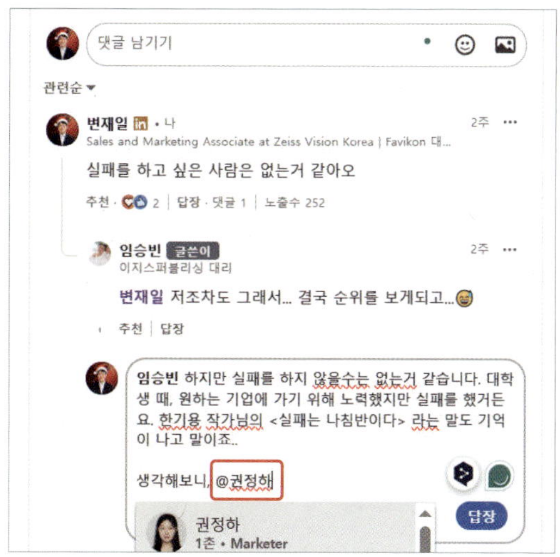

5 댓글 작성을 마쳤으면 [추천] 버튼을 누릅니다. **추천 버튼을 나중에 누르는 이유는 링크드인의 알고리즘 때문**입니다. 링크드인의 알고리즘은 글이 발행된 후 1시간 동안의 반응을 보고 이 글을 더 확산할지 아닐지를 결정합니다. 사용자가 글을 보고 제일 먼저 한 활동을 중심으로 평가하는데, 좋아요를 누르는 것보다 댓글 다는 것에 더 큰 가중치를 둡니다.

6 내가 열심히 작성한 글에 누가 좋아요로 반응했는지 확인하려면, 좋아요 아이콘이 있는 버튼을 클릭합니다. 한 가지 꿀팁은, 내 글에 좋아요를 누른 2촌은 내 팔로우나 1촌 신청을 받아줄 확률이 높다는 것이니 이런 분들을 먼저 공략해 보세요.

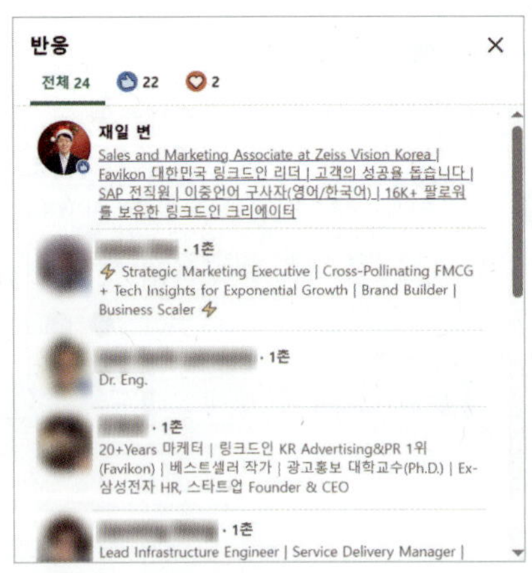

다음은 링크드인 포스팅에 달린 좋은 댓글 예시입니다.

> 상대방의 글을 자세히 읽고 자신만의 인사이트를 남겼으며, 태그를 통해 노출 확률을 높였습니다.

댓글 활동의 성과 측정하기

필자가 전략적인 댓글 활동을 시작한 후 약 2~3주부터 뚜렷한 변화를 볼 수 있었습니다. 또한 댓글을 통한 연결이 단순 팔로워보다 더 강한 관계로 발전하는 경우가 많았습니다. 커피챗을 나눈 사람들의 80% 이상이 처음에는 댓글 교류에서 시작되었습니다.

다시 한번 살펴보면, 링크드인에서 성공적인 성장의 두 축은 다음과 같습니다.

❶ 꾸준한 콘텐츠 발행
정기적이고·가치 있는 포스팅으로 전문성 구축

❷ 전략적인 댓글 활동
타깃 청중들이 모인 공간에서 의미 있는 상호 작용

이 두 요소가 균형을 이룰 때 링크드인에서의 영향력은 기하급수적으로 성장합니다. 특히 댓글 활동은 노출을 즉각적으로 확대할 수 있는 가장 효율적인 방법입니다. 링크드인에서 올바른 대상의 게시물에 올바른 타이밍에 올바르게 작성된 댓글은 유료 소셜 광고만큼 효과가 있습니다.

이제 "좋은 글 감사합니다"라는 형식적인 댓글을 넘어, 자신의 전문성과 통찰을 보여 주는 가치 있는 댓글로 링크드인 여정에 속도를 더해 보세요.

댓글 활동과 관련해 자주 하는 질문 5가지

Q 댓글 활동은 얼마나 해야 하나요?

A 매일 적어도 3~5개의 의미 있는 댓글을 남기는 습관을 들여보세요. 예를 들어 매일 아침 30분, 저녁 30분 정도를 댓글 활동에 할애합니다. 이는 포스팅 작성만큼이나 중요한 활동입니다.

Q 댓글의 분량은 어느 정도로 해야 하나요? 적정 분량이 궁금해요!

A 효과적인 댓글은 보통 1~2개 문단으로, 각 문단은 2~3문장 정도가 적당합니다. 너무 짧으면 깊이가 부족하고, 너무 길면 읽기가 부담스러워집니다. 자신의 포인트를 간결하면서도 명확하게 전달하는 것이 핵심입니다.

Q 답글은 어느 타이밍에 다는 게 좋을까요?

A 가급적 게시물이 올라온 지 1시간 이내에 댓글을 남기는 것이 효과적입니다. 초기에 달린 댓글일수록 노출 기회가 더 많습니다. 관심 있는 계정의 알림을 켜두고 빠르게 반응해 보세요.

Q 다른 사람의 질문 댓글에 대신 글을 달아도 되나요?

A 다른 사람의 게시물에서 질문이 있을 때, 아는 것이 있다면 자신의 관점과 경험에서 조언을 주는 댓글을 작성해 보세요. 이는 **당신의 전문성을 보여 줄 수 있는 좋은 기회**이며, 댓글이 많아질수록 링크드인 게시글의 반응도 올라갑니다.

Q 제 생각과 다른 의견에도 댓글을 남겨야 할까요?

A 웬만하면 논쟁을 만들지 말고 **건설적인 대화에 집중**해 보세요. 동의하지 않는 내용이라도 비판적인 댓글보다는 대안적 관점을 정중하게 제시하는 것이 더 효과적입니다. 링크드인은 전문가 네트워크이므로 건설적인 논의가 더 가치 있게 평가됩니다.

🔎 **복습해 볼까요?**

▶ 링크드인 노출의 60% 이상을 차지하며, 다른 사람의 글에 자신의 전문성과 의견을 더해 소통하는 가장 효과적인 방법은 ❶ (   ) 활동입니다.

▶ 효과적인 댓글 작성을 위해 감사(Appreciate), 인정(Acknowledge), 연결(Sequence), 질문(Ask)의 흐름을 따르는 공식을 ❷ (   ) 공식이라고 합니다.

답 ① 댓글 ② AASA

다양한 링크드인 기능으로 소통하기

메시지를 보내서 직접 소통해 보세요!

관심 있는 상대가 있다면 실제로 메시지를 보내서 소통하는 것이 중요합니다. 물론 댓글을 다는 것도 좋지만, 댓글로 말할 수 없는 부분을 메시지를 보내 소통하면서 상대와 깊은 관계를 만드는 것도 중요합니다. 그럼 링크드인 메시지를 보내는 방법을 알아볼까요?

메시지 보내기는 1촌 간에만 가능합니다. 내가 상대방과 1촌이 되어 있는지 확인한 후, 메시지 보내기를 클릭합니다. 프리미엄에 가입하면 한 달에 최대 5통까지는 1촌 관계가 아니어도 메시지를 보낼 수 있지만, 이 기능 때문에 프리미엄에 가입하는 것은 추천하지 않습니다.

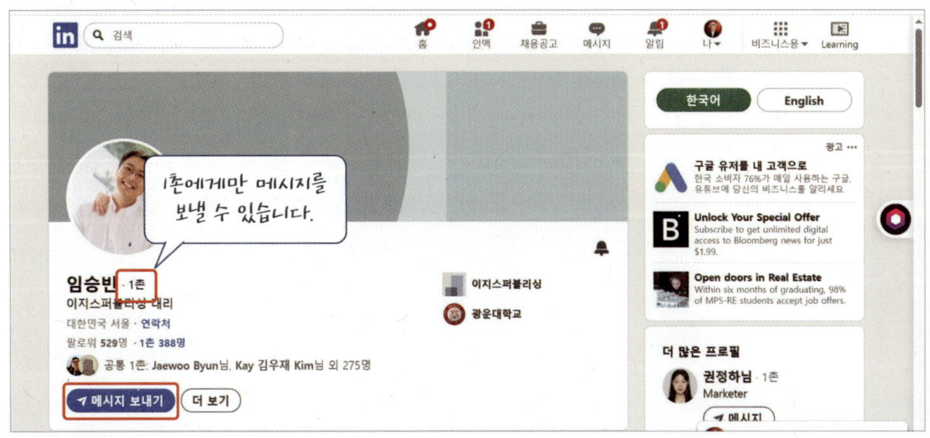

메시지 보내기

메시지 쓰기에서 메시지를 쓸 수 있습니다. 텍스트만 보낼 수도 있고, 사진, 문서, GIF 파일, 이모티콘을 이용해서 메시지를 보낼 수도 있습니다.

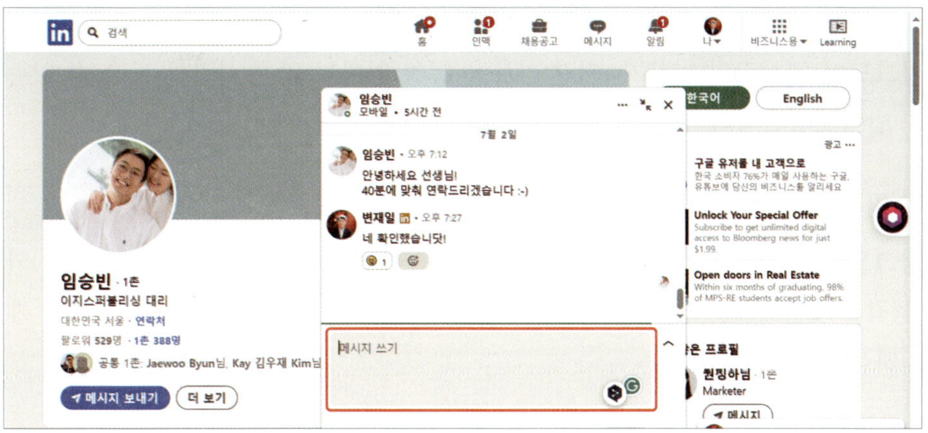

메시지 보내기

링크드인 B2B 콘텐츠 전문가 Sara Jang 님은 메시지를 보낼 때의 팁을 다음과 같이 알려 줍니다.

❶ 상대방이 업데이트에 쓴 구체적인 상황이나 말을 언급하세요. 이는 상대의 경계를 누그러뜨립니다.

❷ 친구에게 이야기를 하듯 써보세요. 사람은 자연스럽게 다가오는 사람을 좋아합니다.

❸ 2줄 정도로 핵심을 써보고, 궁금한 것은 1가지만 물어보세요. 길면 읽지 않습니다.

❹ 오프라인에서도 동일한 질문을 할 수 있는지 생각해 역지사지를 실천하세요.

링크드인 B2B 콘텐츠 전문가 Sara Jang 님

퍼가기와 저장으로 응원해 보세요!

링크드인 게시글에 창작자를 응원하는 기능이 있다는 것을 알고 있나요? 그리고 링크드인에서 전문성을 공유할 수 있는 기능이 있다는 것은요? 다음에서는 링크드인 게시글의 퍼가기, 저장 기능을 통해 얼마나 많은 사람을 도울 수 있는지 알아보겠습니다.

① 퍼가기

링크드인은 게시글마다 퍼가기 기능이 있습니다. 퍼가기 기능에는 [퍼가기]와 [생각을 덧붙여 퍼가기]가 있는데, 내가 좋아하는 팔로워들의 글을 내 피드에 게시하는 것이 목적입니다.

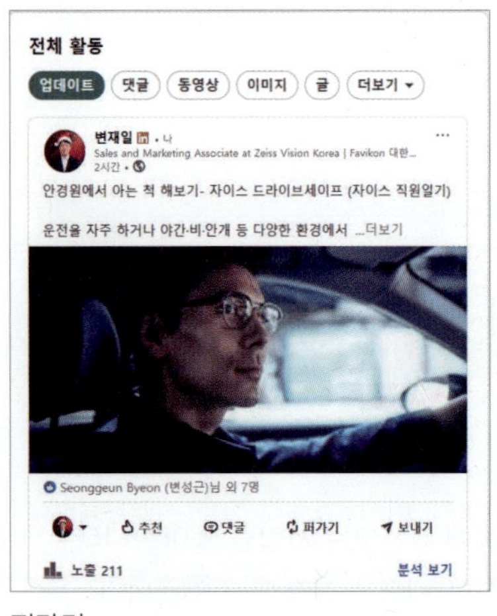

퍼가기

알아 두면 좋아요 👍　　**퍼가기만 하지 말고 재생산해 보세요!**

퍼가기는 직접 만든 인사이트가 아니므로, 링크드인 알고리즘이 좋아하지 않습니다. 그러므로 내용을 공유하면서 내 조회수와 반응까지 챙기고 싶다면, [퍼가기] 기능을 사용하기보다는 그 글을 재구성하여 새로운 글을 작성해 보세요.

❶ 캡처: 원본 글의 핵심 부분을 캡처합니다. 링크드인 글은 링크를 복사해도 됩니다. 외부 글이라면 캡처를 하고 원문은 댓글로 첨부하는 것을 권장합니다.

❷ 새 글 작성: '글쓰기' 버튼을 눌러 새로운 이미지를 첨부하고, 본문에 원작자를 태그(@이름)합니다.

❸ 내용 작성: "○○○님이 작성하신 이 글을 보고 깊은 영감을 받았다. 특히 ~부분이 인상적이다"라는 식으로 내 생각을 주도적으로 적습니다.

② 저장

링크드인 게시글의 오른쪽 위 [더 보기 …]를 클릭하면 여러 메뉴가 나타나는데, 그중 [저장]을 선택하면 나중에 저장한 글만 모아서 따로 볼 수 있습니다. 또한 저장이 많이 될수록 링크드인이 좋은 글이라고 인식하기 때문에 그 글의 도달 범위를 늘려 주는 효과가 생겨, 내 마음에 드는 글을 쓰는 사람을 응원할 수 있습니다.

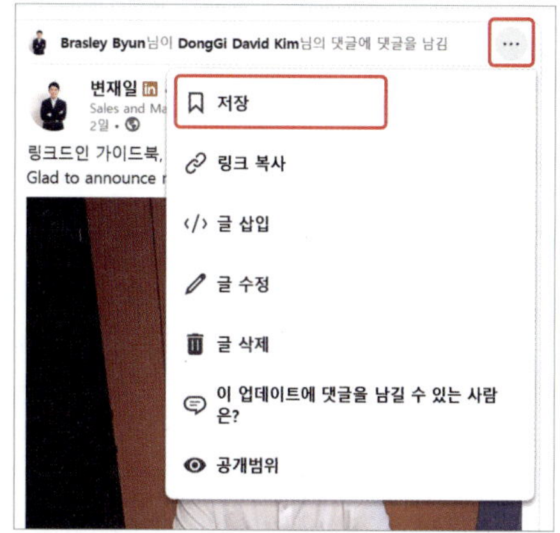

저장 기능

글을 저장해 놓으면 나중에 쉽게 찾을 수 있으므로 꼭 사용하는 것을 추천합니다. 링크드인의 홈 화면에서 [❶ 저장한 항목 → ❷ 저장한 업데이트와 글]로 들어가면 저장했던 글을 볼 수 있습니다.

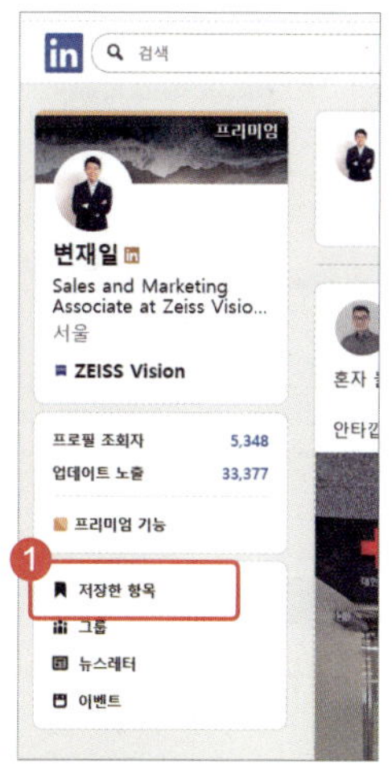

저장한 항목 찾기

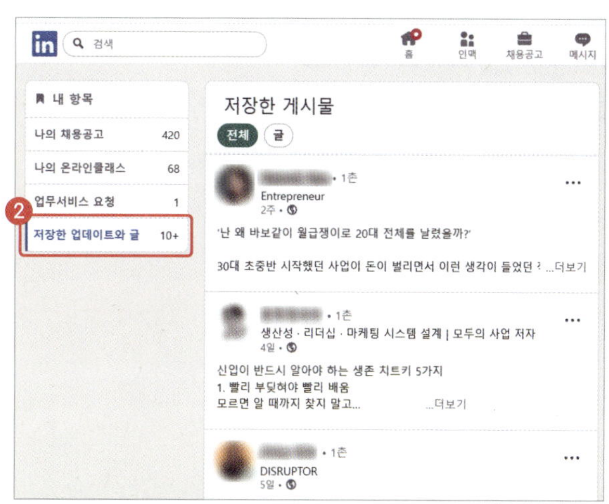

저장한 업데이트와 글

관심사가 비슷한 사람들을 묶는 그룹

사람들 중에는 커피챗을 좋아하는 사람이 있는 반면, 나와 관심사가 비슷한 사람들과 만나는 것을 더 좋아하는 사람들도 있습니다. 그런 사람들을 위해서, 비슷한 관심사를 가진 사람들끼리 하나로 묶어 주는 **링크드인 그룹**을 소개합니다.

외국에서는 실제로 사람들이 그룹에서 자주 활동하고, 행사를 진행할 때도 그룹에 있는 회원들을 대상으로 진행하기도 합니다. 내가 관심을 가지고 있는 해외 그룹 1~2개 정도만 가입해도 매우 효율적입니다.

링크드인 그룹 소개

대부분은 그룹 창 오른쪽에 있는 **[관심을 가지실 만한 그룹]**에서 그룹 내용을 확인한 후, **[가입]** 버튼을 눌러 가입하고 그룹 메뉴로 돌아와 활동을 하면 됩니다.

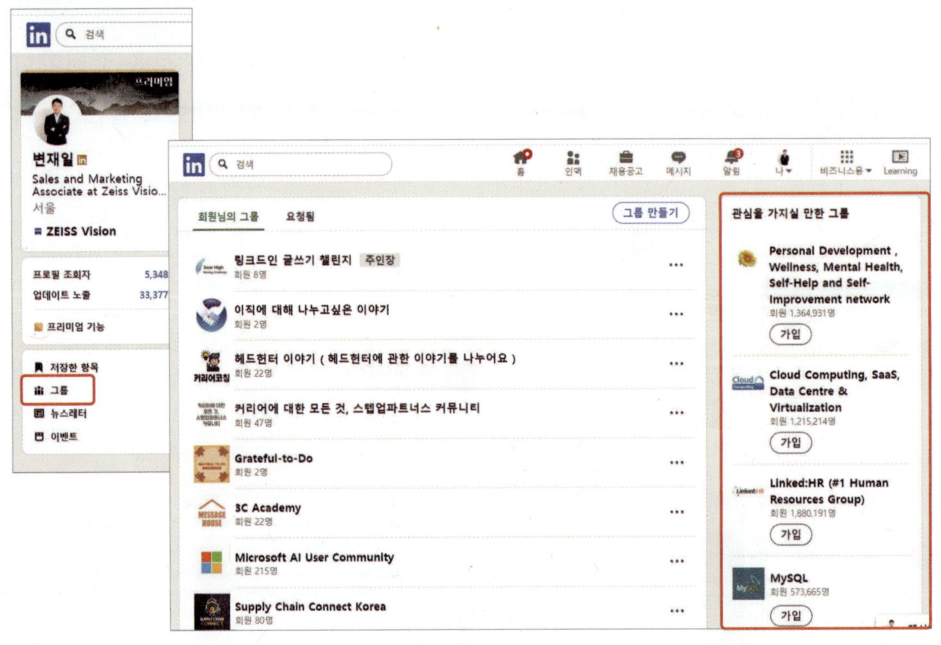

그룹 찾기

하면 된다! } 링크드인 그룹 만들기

1 링크드인 첫 화면의 왼쪽에서 ❶ [그룹]을 선택한 후, ❷ [그룹 만들기]를 클릭합니다.

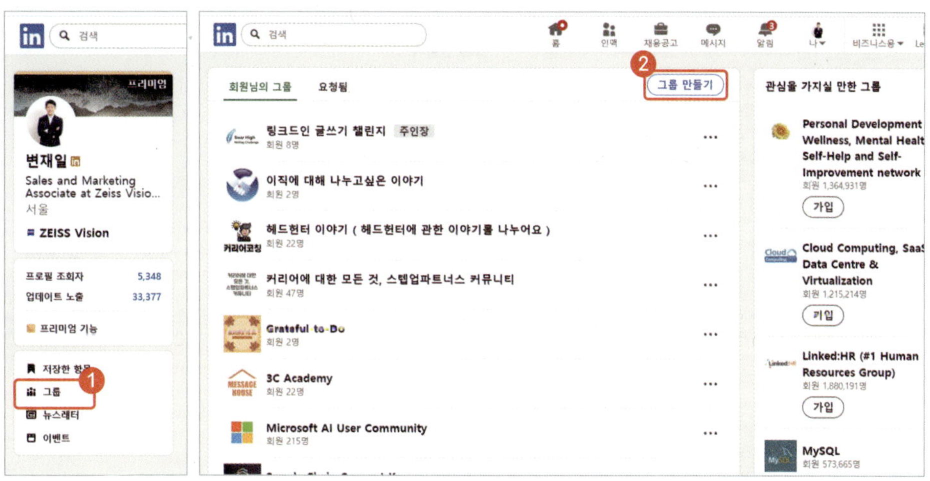

2 그룹 만들기 창에서 그룹의 섬네일과 커버 이미지, 이름, 설명을 입력합니다. 섬네일은 그룹의 아이콘을 만들기 때문에 중요하고, 커버도 사진이 있으면 넣어주는 것이 깔끔합니다.

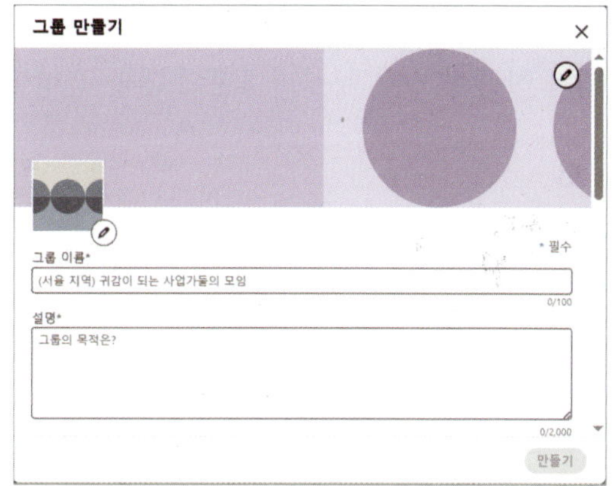

3 그룹의 업계는 입력하지 않아도 되며, 규칙은 그룹이 어떻게 운영될 것인지에 대한 설명이므로 자세히 적어야 합니다. 그룹 유형은 전체공개와 비공개가 있는데, 전체공개는 내가 그룹에 글을

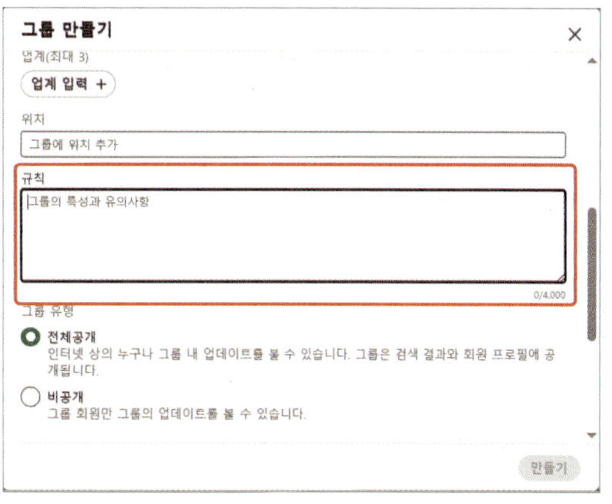

쓰더라도 전체에 공개되므로 그룹의 내용을 공개하기 어려울 때는 꼭 **비공개로 설정**해야 합니다. 그룹의 유형을 설정한 후에는 바꿀 수 없으니 유의하세요!

4 ① 그룹 **권한**에서는 '회원들이 자기 1촌을 초대할 수 있습니다'와 '운영자가 새 글을 검토함'에 체크하여 설정할 수 있습니다. 이 부분은 나중에 설정을 변경할 수 있습니다. 그룹 만들기 작성을 마쳤으면 ② [**만들기**]를 누릅니다.

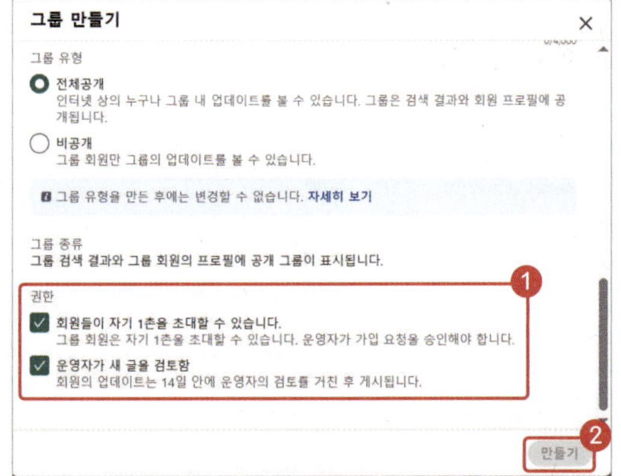

5 다음과 같이 그룹이 생성된 것을 확인할 수 있습니다. 누구나 ① **그룹에 업데이트 올리기**를 눌러 자유롭게 글을 쓰고 의견을 주고받을 수 있으며, ② 1촌 초대가 허락된 경우 누구나 **1촌 초대**를 진행할 수 있습니다.

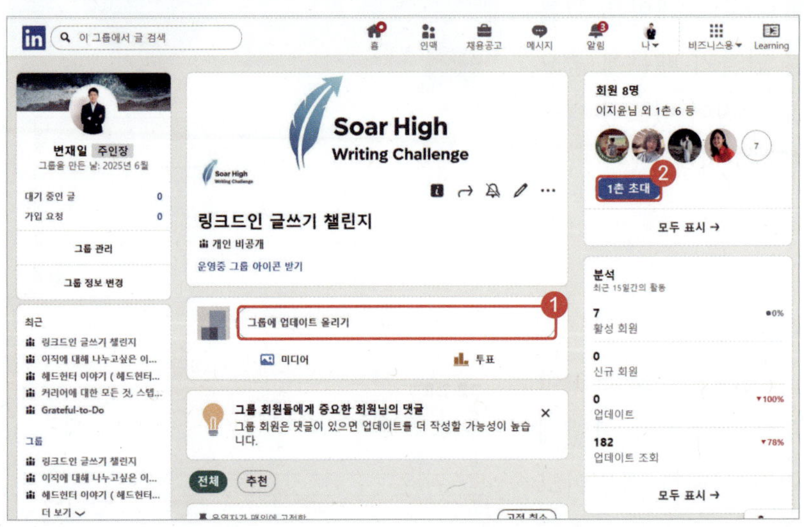

6 그룹을 만든 사람은 [그룹 관리] 버튼을 클릭해 그룹 활동을 확인할 수 있습니다.

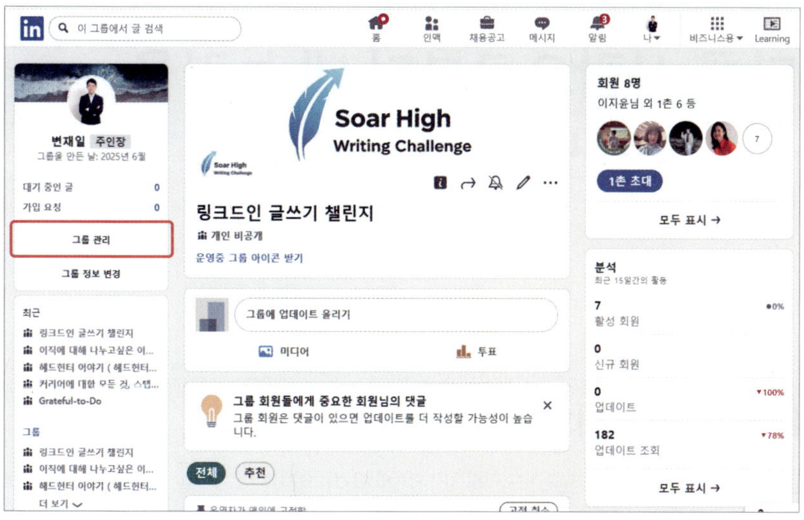

7 그룹 관리에서 회원들을 클릭해 회원 정보를 확인하고, 분석에서 우리 그룹의 성장 현황을 관리할 수 있는 데이터를 확인할 수 있습니다.

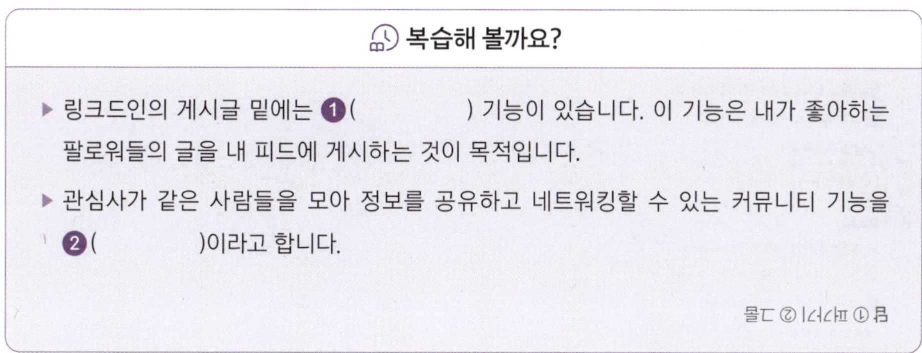

▶ 링크드인의 게시글 밑에는 ❶(   ) 기능이 있습니다. 이 기능은 내가 좋아하는 팔로워들의 글을 내 피드에 게시하는 것이 목적입니다.

▶ 관심사가 같은 사람들을 모아 정보를 공유하고 네트워킹할 수 있는 커뮤니티 기능을 ❷(   )이라고 합니다.

정답 ❶ 퍼가기 ❷ 그룹

다른 사람으로부터 내 능력을
공증받는 기술 추천

내 능력을 추천받아 보세요!

링크드인에서 계정 신뢰도를 높이는 가장 효과적인 방법은 **기술 추천**Endorsements 을 받는 것입니다. 나에게 서비스를 받은 고객이나 상사, 함께 일한 동료들로부터 받는 추천은 나의 전문성을 사회적으로 증명해 줍니다.

내가 링크드인에 가지고 있는 보유기술을 등록하고, 다른 사람들은 그 보유기술을 확인하고 기술 추천 버튼을 눌러 기술을 추천할 수 있습니다. 추천을 많이 받을수록 해당 분야에 대한 전문성이 더욱 신뢰받게 되며, 특히 전 직장 동료나 상사, 클라이언트와 같은 관련 인물들의 추천은 그 가치를 더 높여 줍니다. 링크드인 알고리즘은 추천을 많이 받은 기술을 프로필 상단에 표시하기 때문에, 방문자들에게 효과적으로 어필할 수 있습니다.

또한 특정 기술에 대한 추천이 많을수록 링크드인 키워드 검색 결과에서도 상위에 노출될 가능성이 높아집니다. 기술 추천을 주고받는 과정은 자연스럽게 네트워크를 강화하는 계기가 되며, 자신이 누군가의 기술을 추천하면 상대방이 알림을 받게 되므로 관계를 유지하는 좋은 촉매제가 됩니다.

보유기술은 전략적으로 입력하자!

기술 추천을 받으려면 먼저 프로필에 '보유기술'이 등록되어 있어야 합니다. 이때 기술을 단순히 나열하기보다 전략적으로 배치하면, 타인이 추천해 주기도 쉽고 내가 요청하기도 수월해집니다. 모든 기술을 다 보여 주려 하기보다, 다음 원칙을 참고해 어떻게 구성하는 것이 가장 효과적일지 고민해 보세요.

❶ 직무 관련성을 고려하기
현재 직무나 목표로 하는 직무와 직접 관련된 기술을 우선 나열합니다. 예를 들어 데이터 분석가 포지션을 원한다면 'Python', 'SQL', 'Data Visualization'과 같은 기술을 먼저 보여 줍니다.

❷ 구체적으로 작성하기
'마케팅'이나 '영업'과 같은 광범위한 기술보다는 '소셜 미디어 마케팅', 'SEO 최적화', 'B2B 영업' 등 구체적인 기술을 나열하는 것이 더 효과적입니다. 이는 당신의 전문성을 더 명확하게 보여 줍니다.

❸ 업계의 최신 트렌드를 반영하는 기술 드러내기
당신이 지속적으로 학습하고 성장하고 있음을 보여 주는 것을 추천합니다. 예를 들어 AI 분야에서는 'Machine Learning'보다 더 구체적인 'Deep Learning', 'Natural Language Processing' 등을 추가하는 것이 좋습니다.

❹ 기술명은 영어로 작성하기
링크드인에서는 영문 기술명을 기준으로 인재를 검색하는 경우가 많습니다. '사업개발'보다는 'Business Development'로 사람을 검색하는 방식입니다. 그러므로 기술은 영어로 입력해야 내 계정이 발견될 가능성이 높아집니다.

이어지는 실습으로 프로필에 보유기술을 등록해 보겠습니다.

하면 된다! } 프로필에 보유기술 등록하기

1 보유기술을 등록할 때는 프로필 아래의 보유기술 영역으로 가서 [추가 +] 를 누릅니다.

2 보유기술이 하나도 없다면 02-2 절에서 했던 것처럼 프로필에 추가에 들어간 뒤, 기본 항목에서 [보유기술 등록]을 클릭합니다.

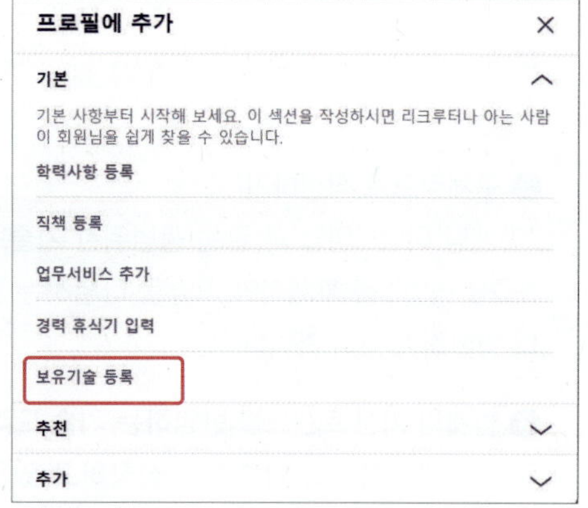

3 보유기술을 입력할 때는 밑에 추천이 한글로 뜨더라도 상관하지 않고 영어로 입력하는 것을 추천합니다. 그래야 외국인들이 내 프로필을 보더라도 나의 기술에 대해 명확하게 이해할 수 있습니다.

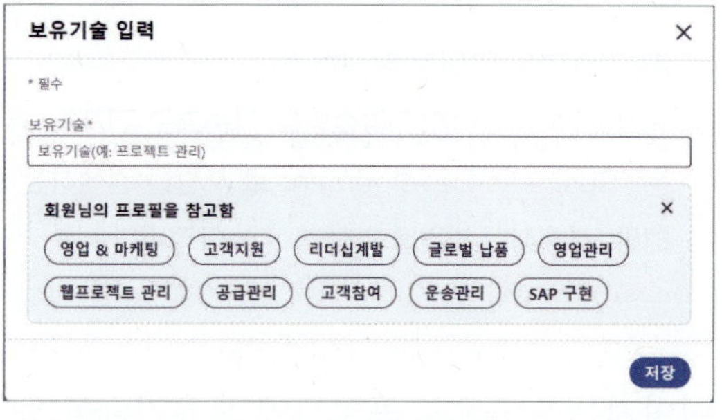

4 보유기술이 등록되고 나면, 그 기술을 어디에서 사용했는지 선택하는 란이 있습니다. 그동안 등록한 항목들을 쭉 내려보면서, **해당되는 란을 모두 체크**해 줍니다. 시간이 많이 걸릴 수 있기 때문에, 이 부분에서는 여유를 가지고 찾아보세요. 다 작성하고 나면 [저장]을 눌러서 기술 등록을 마무리합니다.

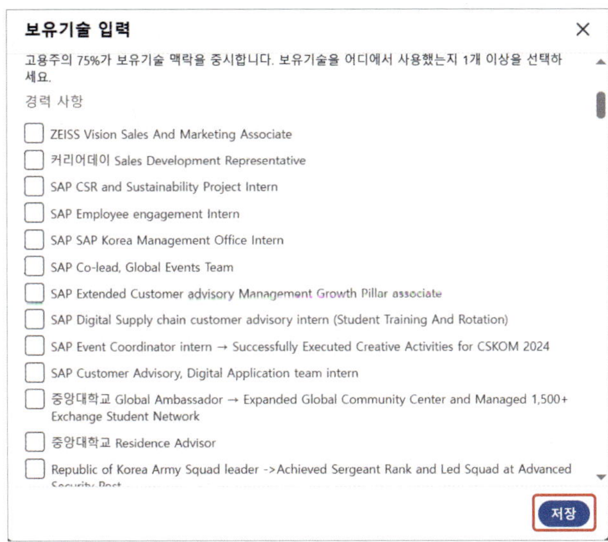

링크드인은 기술 중 상위 2개를 '주요 기술Top Skills'로 프로필 상단에 표시합니다. 이 기능을 활용하여 가장 중요하고 가장 많은 추천을 받은 기술을 상위에 배치해야 합니다.

새로운 기술을 습득하거나 더 이상 사용하지 않는 기술이 있다면, 정기적으로 보유기술을 업데이트해야 합니다. 특히 직무 변경이나 새로운 분야로 전환했을 때는 반드시 업데이트해 주세요.

기술 추천, 이렇게 받아 보세요!

전략적으로 보유기술을 입력하고 선정했다면, 이제 적극적으로 **추천을 요청할 차례**입니다. 모든 연결망에게 무작정 추천을 요청하기보다, 전 직장 동료, 프로젝트 파트너, 상사, 클라이언트 등 당신의 기술을 실제로 알고 있는 사람들을 타깃으로 합니다. 추천을 요청할 때는 다음 2가지 방향으로 접근하는 것이 좋습니다.

① 개인화된 메시지 보내기

추천을 요청할 때는 반드시 개인화된 메시지를 보내는 것이 좋습니다. 단순히 "내 기술을 추천해 주세요"라고 하기보다는, 함께 일했던 특정 프로젝트나 상황을 언급하면 더 효과적입니다.

> **개인화된 메시지 예시**
>
> 지난 ABC 프로젝트에서 제가 Python을 활용해 데이터 처리 자동화 시스템을 구축했던 것을 기억하시나요? 제 Python 기술에 대한 추천을 해주시면 정말 감사하겠습니다.

② 상호 추천 제안하기

추천은 상호적일 때 가장 효과적입니다. 당신이 먼저 상대방의 기술을 추천해 주고, 그 후에 추천을 요청하면 응답률이 훨씬 높아집니다.

> **상호 추천 제안 메시지 예시**
>
> 제가 방금 당신의 'Project Management' 기술을 추천했습니다. 함께 일하면서 탁월한 프로젝트 관리 능력에 항상 감탄했거든요. 혹시 시간이 되신다면, 제 'Data Analysis' 기술에 대해서도 추천해 주시면 감사하겠습니다.

> **알아 두면 좋아요 👍   사람을 찾을 때, 불린 검색을 써보세요!**
>
> 링크드인에서 정보를 찾기가 힘들 때도 많습니다. 이때에는 연산자를 키워드와 결합하여 찾을 수 있는 불린(Boolean) 검색을 쓰면 더 쉽게 사람을 찾을 수 있습니다.
>
> **큰따옴표 명령어 검색**: 원하는 검색어를 있는 그대로 검색하려면, 큰따옴표(" ") 사이에 검색어를 입력하세요(예 "product manager"). 여러 단어로 구성된 직함으로 사람을 검색할 때 유용합니다. 전반적인 사이트 성능 최적화를 위해 검색어에 조사나 전치사는 입력하지 마세요.
>
> **NOT 검색**: 검색어 바로 앞에 NOT(대문자)을 입력해 검색 결과에서 해당 검색어를 제외하세요. 이렇게 하면 일반적으로 검색 결과가 제한됩니다. 예 "개발자 NOT 과장"
>
> **OR 검색**: OR(대문자)를 입력해 목록에 있는 하나 이상의 항목을 포함한 결과를 표시하세요. 이렇게 하면 일반적으로 검색 결과의 범위가 넓어집니다.
> 예 "sales OR marketing OR advertising"

하면 된다! } 다른 사람의 보유기술 추천하기

다른 사람의 기술을 추천하는 것은 네트워킹의 좋은 방법이면서 전문성을 간접적으로 보여 주는 효과적인 전략입니다. 가장 중요한 것은 진정성 유지로, 실제로 해당 기술을 보유하고 있다고 확신하는 사람만 추천해야 합니다. 내가 먼저 추천하면 상대방도 나의 기술을 추천하기 쉬워지며, 정기적으로 연결망을 확인하고 새로운 기술을 추가한 사람들에게 적절한 추천을 제공하면 지속해서 관계를 유지하는 데 도움이 됩니다.

1 기술을 추천할 때는 상대 프로필의 보유기술에 있는 ❶ [보유기술 추천]을 클릭합니다. 만약 더 다양한 보유기술을 보고 싶다면 아래 ❷ [보유기술 00개 모두 표시]를 클릭해도 됩니다.

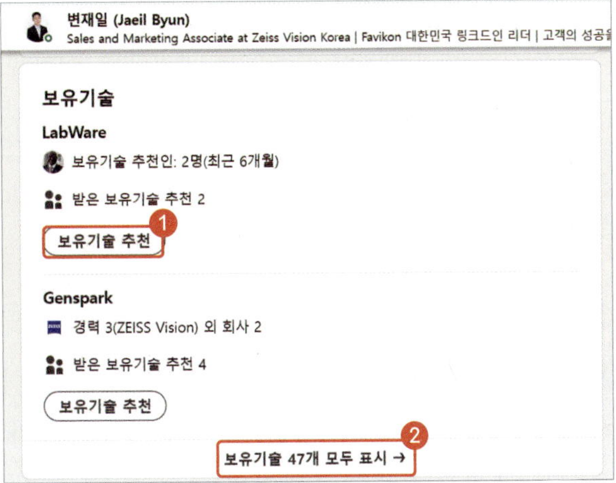

2️⃣ 기술이 추천되면 [추천 받음]으로 바뀝니다. 또한 [받은 보유기술 추천]의 숫자가 늘어나며, 버튼을 누르면 기술을 추천한 다른 사람들도 확인할 수 있습니다.

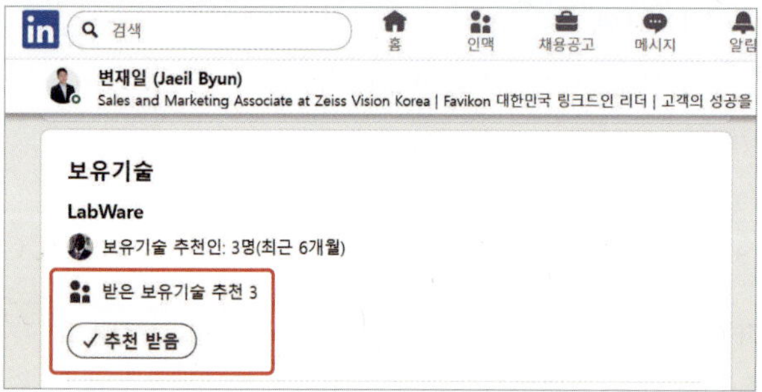

직군별 기술 추천 영역 구성 예시

다양한 직군별로 효과적인 기술 추천 영역의 구성 예시를 살펴보겠습니다.

① 데이터 분석가

기술적 스킬(Python, SQL 등)과 소프트 스킬(Communication, Problem-Solving 등)의 균형이 중요합니다. 또한 구체적인 도구(Tableau, Hadoop 등)와 개념(Machine Learning, Statistical Modeling 등)을 함께 나열하면 폭넓은 전문성을 보여 줄 수 있습니다.

> **데이터 분석가의 예시**
>
> 주요 기술(Top Skills): Python, SQL, Data Visualization
>
> 추가 기술: R, Tableau, Machine Learning, Statistical Modeling, Data Mining, Data Analysis, Predictive Analytics, Communication, Problem-Solving, Teamwork, Microsoft Excel, PowerPoint, AWS, Cloud Computing, Deep Learning, ETL, Data Warehousing, Big Data, Hadoop, Spark, A/B Testing

② 소프트웨어 엔지니어

프로그래밍 언어, 프레임워크, 개발 방법론, 도구 등 다양한 영역의 기술을 포함하고 있습니다. 특히 주요 기술이 현재 가장 수요가 높은 자바^{Java}와 자바스크립트^{JavaScript}, 그리고 스프링 프레임워크^{Spring Framework}로 설정되어 있어 전략적입니다.

주요 기술(Top Skills): Java, JavaScript, Spring Framework

추가 기술: Python, C++, C#, HTML, CSS, SQL, Agile Development, Object-Oriented Programming (OOP), Git, GitHub, Software Development Life Cycle (SDLC), REST APIs, Cloud Computing, AWS, Docker, Kubernetes, Testing, Debugging, Problem-Solving, Communication, Teamwork

③ 마케팅 전문가

마케팅 분야에서는 디지털 마케팅의 다양한 하위 분야와 측정/분석 도구, 그리고 전략적 사고를 요구하는 기술들을 균형 있게 나열하면 좋습니다.

주요 기술(Top Skills): Digital Marketing, Social Media Marketing, Content Marketing

추가 기술: SEO, SEM, Google Analytics, Email Marketing, Marketing Strategy, Market Research, Brand Management, Public Relations, Advertising, Copywriting, Communication, Creativity, Project Management, Lead Generation, Customer Relationship Management (CRM), Salesforce

기술 추천은 일회성 활동이 아닌 지속적인 관리가 필요한 영역입니다. 새로운 기술을 습득하거나 직무가 변경될 때마다 업데이트하고, 관련 추천을 요청하는 것이 좋습니다.

기술 추천과 관련해 자주 하는 질문 3가지

기술 추천에 대한 몇 가지 중요한 팁과 에티켓을 공유합니다.

Q 기술 추천을 받았는데, 꼭 답변해야 할까요?

A 누군가 기술을 추천해 주었다면, 반드시 감사 메시지를 보내는 것이 좋습니다. "추천해 주셔서 감사합니다"라는 간단한 메시지는 관계 유지에 큰 도움이 됩니다.

(예) 김민수 님, 제 파이썬Python 기술에 대해 추천해 주셔서 감사합니다. 특히 김민수 님과 같은 전문가의 인정은 제게 큰 격려가 됩니다. 앞으로도 좋은 관계 이어 나가기를 희망합니다.)

Q 추천 요청은 언제 하는 게 좋을까요?

A 새로운 연결을 맺은 직후 바로 기술 추천을 요청하는 것은 피하는 것이 좋습니다. 어느 정도 관계가 형성된 후, 또는 함께 일한 경험이 있는 경우에 요청하는 것이 더 자연스럽습니다.

Q 많은 사람한테 추천을 받는 게 중요한가요?

A 추천의 수도 중요하지만, 누가 추천했는지도 중요합니다. 같은 분야의 전문가 10명의 추천이 무작위로 모은 50명의 추천보다 더 가치 있을 수 있습니다.

🔖 복습해 볼까요?

▶ 나의 프로필에 등록된 기술(Skills)에 대해 함께 일한 동료나 파트너가 그 실력을 인증해 주는 기능을 ❶(   )이라고 합니다.

▶ 기술 추천을 많이 받으면 해당 기술이 프로필 상단에 노출되고, 채용 담당자가 관련 키워드로 검색할 때 ❷(   )에 유리해집니다.

답 ① 기술 추천(Endorsements) ② 상위 노출(또는 검색 노출)

링크드인 인맥 관리 체크리스트

프로필을 잘 갖췄다면 이제 본격적인 인맥 관리를 시작할 차례입니다. 단순히 1촌 수만 늘리는 것이 아니라, 진정성 있는 소통을 통해 실질적인 기회로 연결되는 네트워킹을 하고 있는지 돌아봐야 합니다.

상대방의 마음을 여는 1촌 신청 메시지부터 오프라인 만남으로 이어지는 커피챗 요청, 그리고 소통의 핵심인 댓글 활동까지 잘 실천하고 계신가요? 꾸준한 소통이 곧 나의 가장 큰 자산이 됩니다. 체크리스트를 통해 나의 네트워킹 활동을 점검하고, 부족한 부분은 다시 한번 채워보세요.

대분류	항목	체크(V)
1촌 신청	매주 월요일, 신청 한도(100~150명)에 맞춰 꾸준히 1촌을 신청하고 있나요?	
	꼭 연결되고 싶은 사람에게는 '개인화된 메시지'를 함께 보냈나요?	
	수락 후 24시간 이내에 감사 메시지를 보내 첫인상을 남겼나요?	
커피챗(요청)	요청 전, 상대방의 글에 댓글을 남겨 내 존재를 먼저 알렸나요?	
	상대의 부담을 줄이기 위해 구체적인 목적과 짧은 시간(15~30분)을 제안했나요?	
	만남 후 감사 메시지를 보내고, 3~6개월 주기로 관계를 이어가고 있나요?	

댓글 관리	매일 2~3개의 글에 형식적인 인사가 아닌 '의견이 담긴 댓글'을 남겼나요?	
	업로드 1시간 이내(골든 타임)에 댓글을 달아 노출 효과를 높였나요?	
	AASA(감사-인정-연결-질문) 공식을 활용해 댓글을 작성해 보았나요?	
기능 활용	나의 핵심 기술(Skills)을 상단에 배치하고 동료에게 추천을 요청했나요?	
	함께 프로젝트를 성공적으로 마친 동료에게 진정성 있는 추천서를 써주었나요?	
	유용한 게시물은 '저장'하고, 퍼가기 할 때는 내 의견을 덧붙였나요?	
성과 점검	월 1회, 1촌 증가 수와 프로필 조회수 등 성장 지표를 확인했나요?	

04장 팔로워 2만 명을 만드는 링크드인 글쓰기 전략

링크드인 프로필을 통해 나를 알리고, 나와 소통하는 팬들을 만들었다면 이제는 글을 쓰기 시작할 시간입니다. 물론 꾸준히 글을 쓰다 보면 링크드인 계정은 자연스럽게 성장합니다. 하지만 어떻게 하면 더 많은 사람들이 내 글을 읽게 할 것인지 고민하는 과정도 분명히 필요합니다. 04장에서는 꾸준한 글쓰기로 사람들에게 다가갈 수 있는 방법을 함께 알아보겠습니다.

첫 글부터 콘텐츠까지!
링크드인 글쓰기의 모든 것

첫 글, 대체 뭐 쓰지?

필자가 링크드인 포스팅을 시작한 것은 대학생 때였습니다. 무엇을 써야 할지 잘 몰랐지만 링크드인에 들어온 계기부터 시작해서, 학교에서 배우는 것에 대해 1~2주에 한 번 정도씩 기록했던 것 같습니다. 링크드인은 예전에 올린 글을 찾기가 어렵기 때문에, 현재 첫 글이 어떤 글이었는지 기억하기 어렵습니다. 하지만 그때로 다시 돌아가서 첫 글을 쓰게 된다면, 분명히 더 나은 방법으로 시작할 수 있을 것 같습니다.

❶ **첫 글은 무엇보다 '인사'가 먼저입니다.**
우리가 새로운 환경에서 만나는 사람에게 내가 누구인지 소개를 하듯이, 링크드인에 글을 쓴다는 것은 소셜 미디어 활동의 시작이므로, 자신을 소개하는 것은 당연한 첫걸음입니다.

❷ **내가 누구인지 소개하세요.**
완벽하지 않아도 괜찮습니다. 다른 사람이 나를 인지할 수 있는 정도로 설명하면 됩니다. 하는 일에 대해서 소개하는 것도 좋지만, 한걸음 더 나아가 내가 좋아하는 것까지 설명한다면 더욱 좋습니다.

❸ **@를 써서 링크드인을 추천한 사람을 태그하세요.**
이렇게 하면 상대방이 댓글을 남길 확률이 높아집니다. 특히 내가 태그한 사람이 글을 올린 지 3시간 이내에 반응을 해준다면 사람들의 반응도 상승하게 될 것입니다.

❹ **해시태그도 넣어 주세요.**
#링크드인첫글, #firstpost 이 2가지를 추천합니다. 링크드인은 게시글 자체에 대한 검색 기능이 활성화되어 있지 않아, 해시태그를 넣어 글을 찾는 것이 일반적입니다. 해시태그를 활용하면 게시글의 검색 노출을 높일 수 있습니다.

링크드인 사용자들은 첫 게시글에 적극적으로 반응해 주는 편입니다. 그림에서 첫 포스팅에 402개의 좋아요와 23개의 댓글이 달린 것을 볼 수 있습니다.

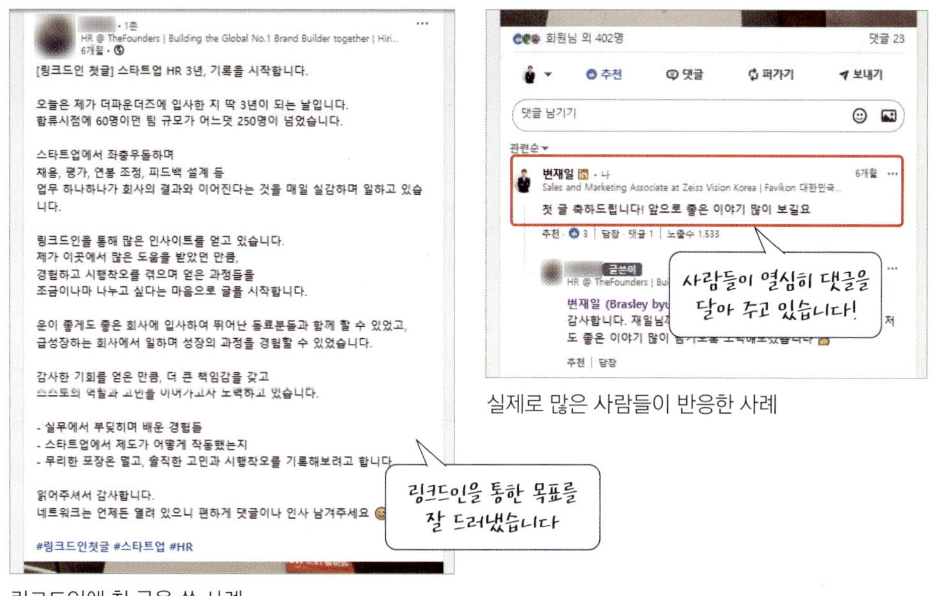

링크드인에 첫 글을 쓴 사례

실제로 많은 사람들이 반응한 사례

첫 글 이후, 꾸준함이 만드는 기적

링크드인 포스팅을 시작하고 나면, 꾸준히 쓰는 것이 중요합니다. 링크드인에 **한 주에 한 번이라도 포스팅**을 하면, 하지 않는 것보다 계정의 **노출이 4배 증가합**니다. 그리고 일주일에 3~4회 게시하는 것이 최적의 효과를 기대할 수 있다고 합니다.

여기서 중요한 것은 **24시간 내에 새 게시물을 올리지 않는 것**인데, 기존 게시물과 서로 간에 도달 범위를 침범할 수 있기 때문입니다. 그래서 링크드인 게시물이 좋은 성과를 얻고 있다면, 24시간 내에는 새로운 게시물을 올리지 않는 것이 좋습니다.

링크드인의 알고리즘을 이해하면 더 전략적으로 접근할 수 있습니다. 보통 링크드인 포스팅은 첫 1시간 동안 좋아요, 댓글, 공유 등 사용자의 참여도를 분석해 이 글을 더 멀리 퍼뜨릴지 아닐지 판단합니다. 링크드인은 글을 올린 지 6시간 동안의 참여도를 분석하여 향후 노출 정도를 결정하며, 24시간 이후에도 상호 작용이 있으면 게시물의 노출이 3일째까지 연장될 수 있습니다.

업데이트/글쓰기/뉴스레터의 차이

링크드인은 글의 유형을 크게 업데이트, 글쓰기, 뉴스레터 3가지로 구분합니다. 굳이 이 3가지를 나누어 설명하는 이유는 각 유형마다 작성 가능한 분량과 활용 목적이 다르기 때문입니다.

① 업데이트

링크드인에서 가장 흔하게 볼 수 있는 콘텐츠 형식입니다. 3,000자 이내로 작성할 수 있으며, 현재의 생각, 흥미로운 기사 링크, 이벤트 참석 인증 사진, 또는 짧은 업무 관련 팁 등을 간결하게 작성해서 올립니다. 이는 페이스북이나 인스타그램의 일반 게시물과 유사합니다.

업데이트의 장점은 작성하기 쉽고, 팔로워들의 피드에 바로 노출되어 빠른 피드백(좋아요, 댓글)을 유도할 수 있다는 점입니다. 하지만 길이가 짧기 때문에 전문적인 지식을 깊이 있게 전달하기에는 한계가 있습니다.

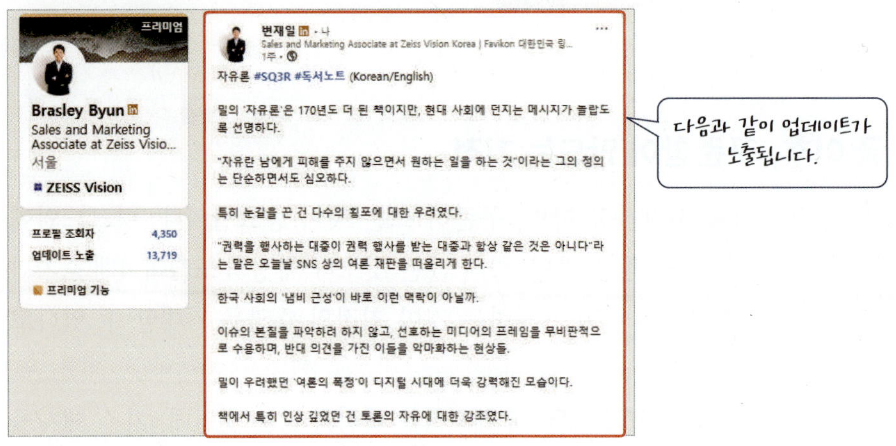

업데이트 예시

② 글쓰기

특정 주제에 대한 깊이 있는 분석, 상세한 경험담, 또는 전문적인 의견을 전달할 때 사용합니다. 제목, 본문, 이미지 등을 자유롭게 구성할 수 있어 글의 길이가 길고, 작성자의 지식과 전문성을 효과적으로 보여 줄 수 있습니다.

업데이트와 달리 글쓰기는 작성자의 프로필에 계속 남아 있고 검색 엔진에서도 잘 검색되므로, 장기적인 전문 브랜드를 구축하는 데 매우 중요한 역할을 합니다. 따라서 취업 경험, 산업 동향 분석, 프로젝트 사례 등 공들여 정리한 콘텐츠를 공유하는 데 적합합니다. 이렇게 쓴 글들은 전체 활동에서 [글]을 눌러 따로 확인할 수 있습니다.

글 목록

③ 뉴스레터

특정 주제에 대해 정기적이고 시리즈 형태로 발행하는 콘텐츠입니다. 글쓰기와 같은 긴 본문 형식을 사용하지만, 발행 시점마다 구독자들에게 이메일 알림이 발송된다는 점에서 강력한 차별점을 가집니다. 이 강력한 도달 방식을 통해 작성자는 자신의 콘텐츠에 대한 충성도 높은 독자 그룹을 형성할 수 있습니다.

예를 들어 '매주 월요일의 IT 트렌드 요약'처럼 약속된 주기에 맞춰 꾸준히 정보를 제공함으로써, 링크드인 네트워크 내에서 해당 분야의 영향력 있는 전문가로 자리매김할 수 있는 가장 효과적인 수단입니다.

뉴스레터 목록

지금까지 링크드인의 글 작성 유형 3가지를 살펴보았습니다. 가장 먼저, 링크드인에서 자주 접하게 될 '업데이트' 작성법부터 배워보겠습니다. 참고로 '글'과 '뉴스레터'는 [글쓰기] 기능에 함께 포함되어 있으므로, 이어지는 04-2절에서 상세히 다루겠습니다.

하면 된다! } 링크드인에 첫 업데이트 쓰기

지금부터 링크드인에 업데이트를 쓰는 법에 대해서 알아보겠습니다.

1 링크드인의 홈 화면에서 [업데이트 쓰기]를 클릭합니다.

2 쓰고 싶은 글을 작성합니다. 이때 유의할 점은, 링크드인에서 업데이트를 쓰다가 나가게 되면 '이 업데이트를 임시저장할까요?'라고 묻는 팝업 창이 뜨고 임시저장을 할 수 있습니다. 그런데 이렇게 임시저장을 하면 전문이 날아가는 경우도 빈번하기 때문에 메모장, 네이버 블로그나 워드, 구글 문서 등에 글을 쓰고, 링크드인에 옮겨 적는 방법을 추천합니다.

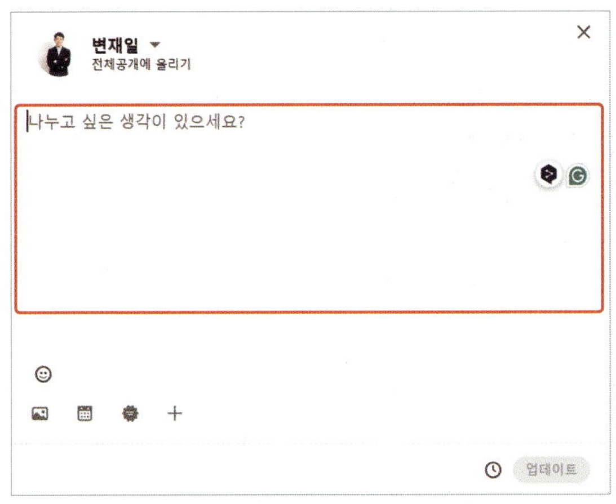

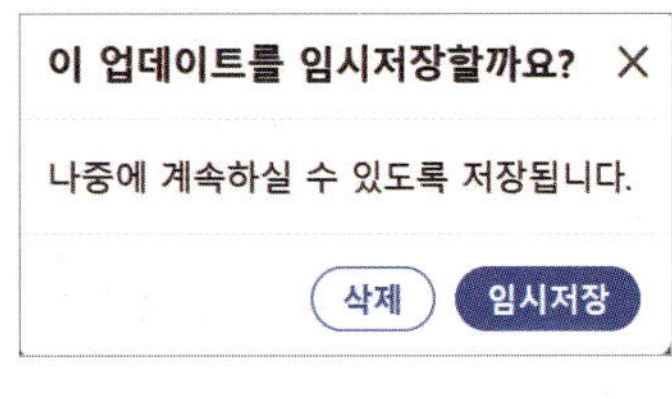

3 업데이트를 쓸 때 왼쪽 아래에 있는 스마일 모양의 ❶ [이모티콘]을 클릭하여, 다양한 이모티콘을 넣을 수 있습니다. 하지만 이모티콘 사용이 과하면 AI가 작성한 글로 오해할 수가 있으므로 사용에 주의해야 합니다. 작성을 마치고 ❷ [업데이트]를 클릭하면 작성한 업데이트가 바로 업로드됩니다.

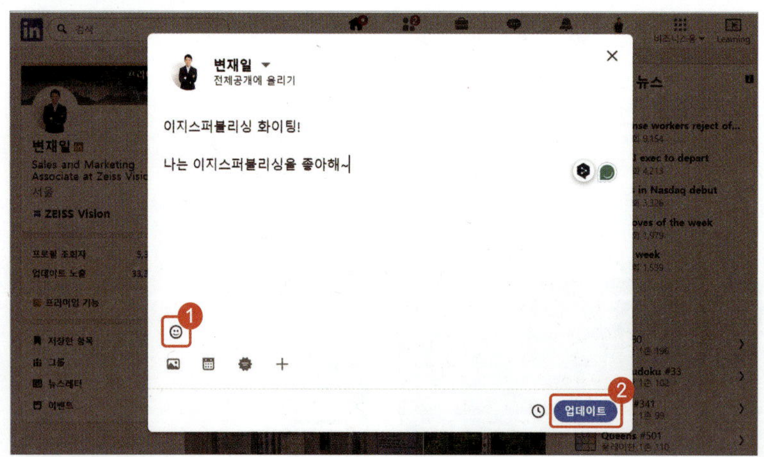

4 업데이트가 업로드되면 2~3줄 정도만 미리 보기로 나오고, [더 보기]를 눌러야 전체를 볼 수 있도록 설정되어 있습니다. 그러므로 첫 두 줄이 사람들의 관심을 끌고 계속 읽을지 결정하게 한다는 점을 생각하면서 작성해 보세요.

5️⃣ 업데이트를 올릴 때 [미디어] 기능을 활용해서 사진과 영상을 첨부할 수 있습니다. 링크드인 전문 솔루션 아서드 업 ^{AuthoredUp}에 따르면 이미지의 경우 텍스트 대비 도달 범위가 1.2배 넓어진다고 합니다. 사진은 최대 10장, 동영상은 1개까지 첨부할 수 있습니다. 사진을 첨부할 때는 처음에 첨부되는 사진이 제일 크게 나오며, 미리 보기에 뜨는 사진은 최대 2~3장이므로 사진 선정이 중요합니다.

6️⃣ 업데이트 아래의 [더 보기]를 눌러 다양한 기능을 사용할 수도 있습니다.

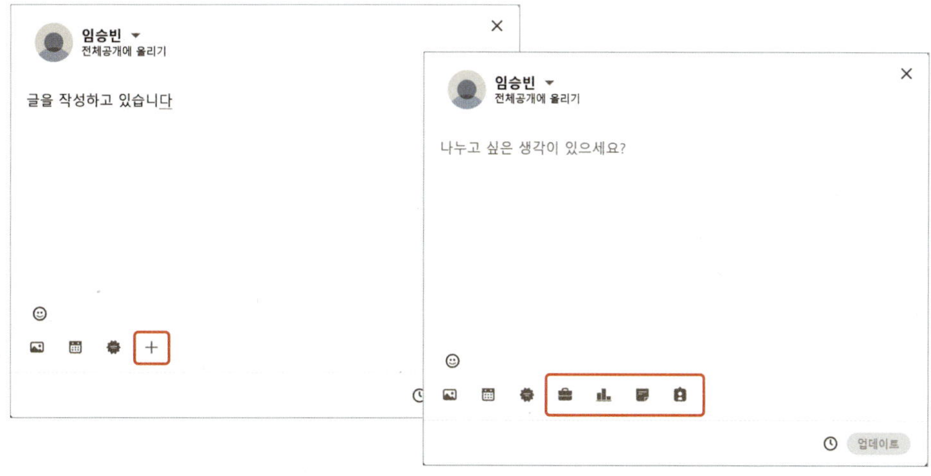

7 [문서 추가] 기능을 이용해 워드, PDF 파일을 등록할 수도 있습니다. 문서 추가 기능은 텍스트 대비 1.6~1.9배의 높은 도달 수치를 나타내는 것으로 확인되었습니다. 일부는 캔바^{Canva} 플랫폼을 통해서 카드뉴스를 만들어 등록하기도 하고, 연구 자료나 논문을 첨부하는 용도로 사용하기도 합니다. 파일 선택을 누르면 첨부할 수 있는 파일 목록이 나타나며, 파일 제목을 입력하면 첨부가 완료됩니다.

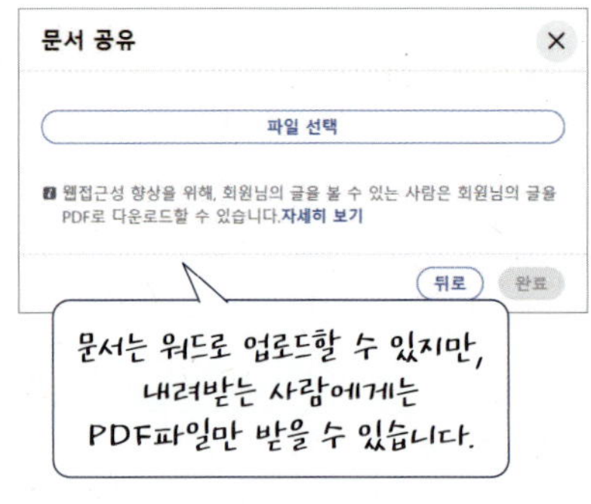

숫자에 흔들리지 않기

링크드인에서 활동할 때 제일 중요한 것은 댓글의 개수나 조회수, 좋아요에 주목하지 않는 것입니다. 물론 필자도 가끔은 흔들릴 때가 있습니다. 하지만 링크드인은 자신의 꿈을 열어 주는 도구로 사용하는 것이 좋습니다. 그것이 창업이건, 취업이건, 어떤 것이건 간에 말입니다.

첫 글을 올리고 나면 다음에는 무엇을 써야 할지 고민이 될 텐데요. 자신의 삶을 돌아보면서 성장 과정을 반추해 보는 글은 어떨까요? 자신에게 정말 중요했던 순간들이 언제였는지, 그때 왜 그런 선택을 했는지, 그 순간은 어떻게 진행됐는지, 그 과정에서 배운 것이 무엇이었는지 써보는 것입니다.

링크드인에서 활동하는 대부분의 작가들보다 짧은 삶을 살아온 필자 또한 처음에는 너무 전문성이 없어 보이지 않을까 하고 걱정이 되었습니다. 이를 해결하기 위해서 저는 20대의 경험에 집중했습니다. 국내에서 링크드인에 꾸준히 글을 쓰는 사람들 대부분이 30~40대라는 것에 착안한 것입니다.

Z세대가 보는 Z세대의 특징, 과학고등학교를 지원했다가 떨어지고 나서 느낀 점, 대학생활에서 배우고 경험한 것들을 콘텐츠화해서 공유했습니다. 사실 큰 기대는 하지 않았는데, 예상보다 많은 반응에 정말 깜짝 놀랐습니다.

링크드인에 있는 많은 사람들이 저의 이야기에 공감하며 뜨거운 반응을 보내주셨고, 덕분에 계정은 빠른 속도로 성장할 수 있었습니다. 젊은 시각으로 바라본 세상, 실패와 도전의 경험, 그리고 성장해 가는 과정 자체가 많은 사람들에게 의미 있는 콘텐츠가 되었던 것입니다. 여러분도 여러분만의 글을 써보기를 추천합니다.

🔖 복습해 볼까요?

▶ 링크드인에 첫 글을 쓸 때는 자기소개와 함께 시작 계기가 된 사람을 태그(@)하고, 검색 노출을 위해 #링크드인첫글과 같은 ❶ (　　　　　　)를 달아주는 것이 좋습니다.

▶ 링크드인 콘텐츠 형식 중 가장 흔하게 볼 수 있는 3,000자 이내의 짧은 게시물 형태를 ❷ (　　　　　)라고 합니다.

답 ① 해시태그 ② 링크드인

링크드인에서 긴 글쓰기
― 글쓰기와 뉴스레터

진짜 팬을 유입하려면 글을 길게 써야 해요!

어느 정도 링크드인 게시글을 써보았다면 이제 글쓰기 기능을 사용해 볼 차례입니다. 일반 포스팅이 짧은 업데이트나 생각을 공유하기에 적합하다면, 글쓰기는 깊이 있는 전문 지식과 통찰력을 보여 줄 수 있는 강력한 도구입니다.

일반 포스팅과 가장 큰 차이는 글자 수 제한인데요, 최대 글자 수가 125,000자로 일반 포스팅의 3,000자에 비해 40배가 길다는 점입니다.

특히 가장 주목할 만한 특징은 링크드인 글쓰기의 독자층입니다. 해외 최대의 PR 회사 에델만Edelman에 따르면, 의사 결정권자의 73%가 링크드인의 긴 글로 인한 사고 리더십에 대해서 신뢰하고 있다고 합니다. 그러므로 이를 통해 업계 내의 신뢰도를 늘리며, 전문가 네트워크를 확장할 수 있다는 뜻이겠지요. 특정 산업이나 기술 트렌드에 대한 심층 분석, 자신의 전문 분야에서의 인사이트 공유, 프로젝트 경험 설명, 독특한 관점이나 방법론 제시, 공통 문제에 대한 해결책 제안 등으로 링크드인 글쓰기 기능을 사용할 수 있습니다.

에델만(Edelman), 링크드인의 공동 조사 자료(2024 B2B Thought Leadership Impact Report)

하면 된다! } 링크드인 글쓰기 기능으로 긴 글 쓰기

지금부터는 글쓰기 기능을 통해 글을 발행하는 과정을 알아보겠습니다.

1 링크드인 홈 화면에서 [글쓰기] 버튼을 클릭합니다.

2 글쓰기 에디터에서 프로필의 이름 밑에 표시된 글 상태가 **개별** 글인지 확인합니다. 만약 뉴스레터가 있다면 뉴스레터를 구분할 수 있는 분류가 따로 생깁니다.

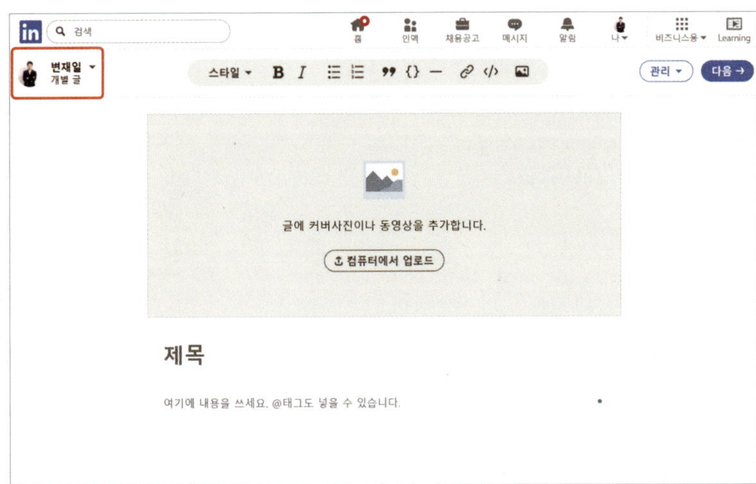

3 글쓰기 에디터의 상단은 블로그의 글쓰기 화면과 같습니다. 먼저 스타일에서는 일반, 제목, 부제목 같이 스타일을 넣을 수 있습니다.

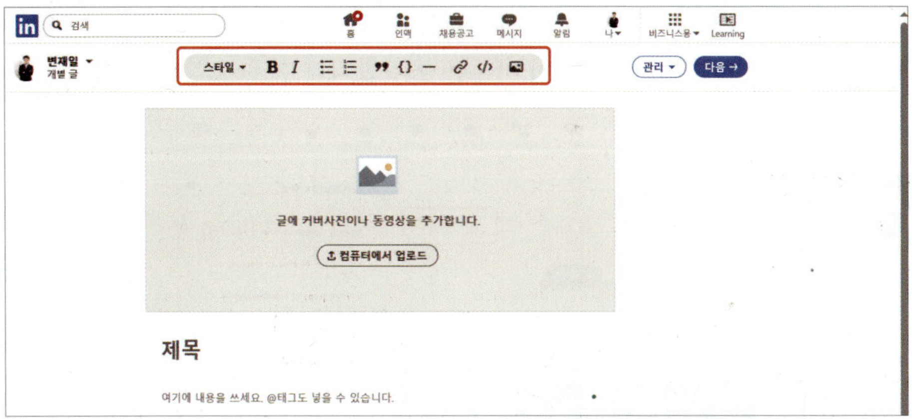

4 하단의 오른쪽 임시저장에서 글이 저장되는지 확인할 수 있으며, 임시저장이 되면 '저장됨'이라는 문구와 함께 초록불이 켜집니다. 저장이 안 되면 쓴 글이 날아가므로 꼭 확인해야 합니다.

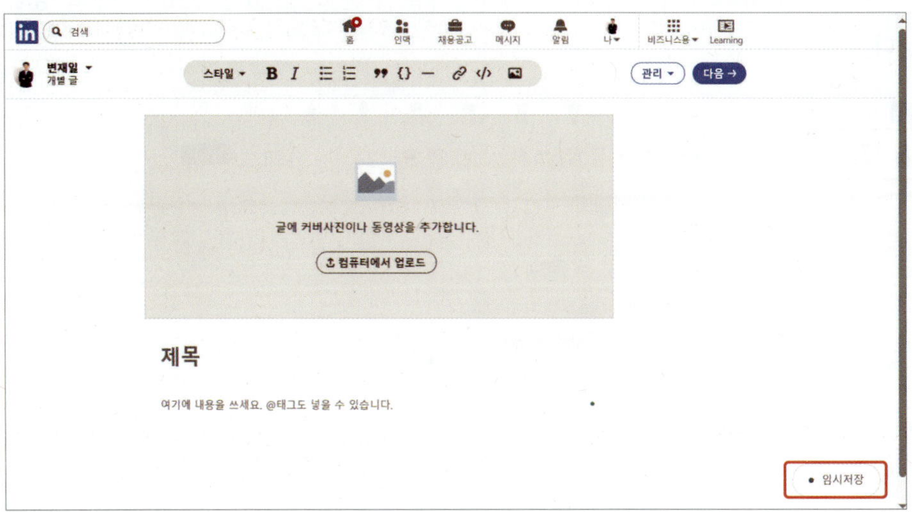

5 글의 얼굴이 되어줄 커버 사진이나 동영상을 추가합니다. 글에 추가하는 이미지의 파일 크기 제한은 10MB 이하여야 합니다. 커버 사진의 권장 이미지는 1,280(가로) × 720(세로) 픽셀로, 파일은 JPG, PNG 형식을 사용할 수 있습니다. 추가할 이미지가 없다면 제미나이 등으로 이미지를 만들어도 됩니다.

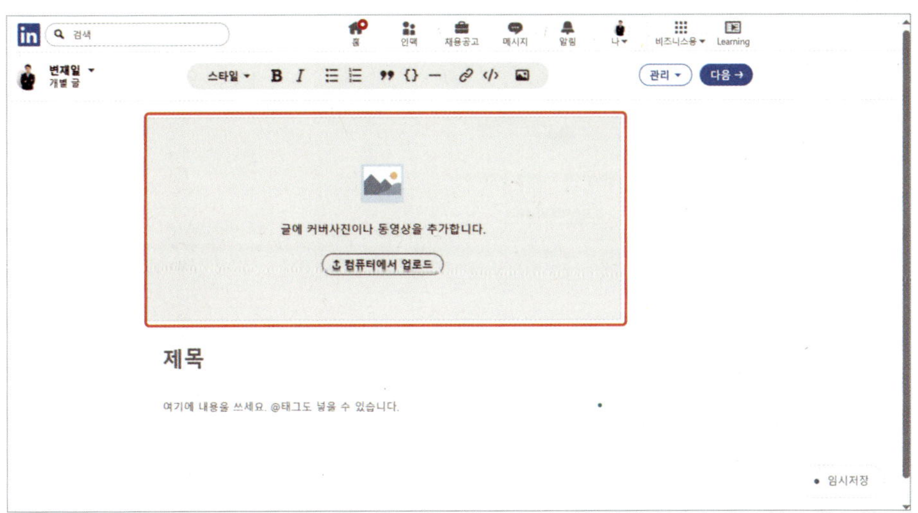

6 제목을 추가합니다. 명확하고 간결하게 50~60자 이내로 작성하며, 글로벌 노출을 위해 영어 작성을 추가합니다.

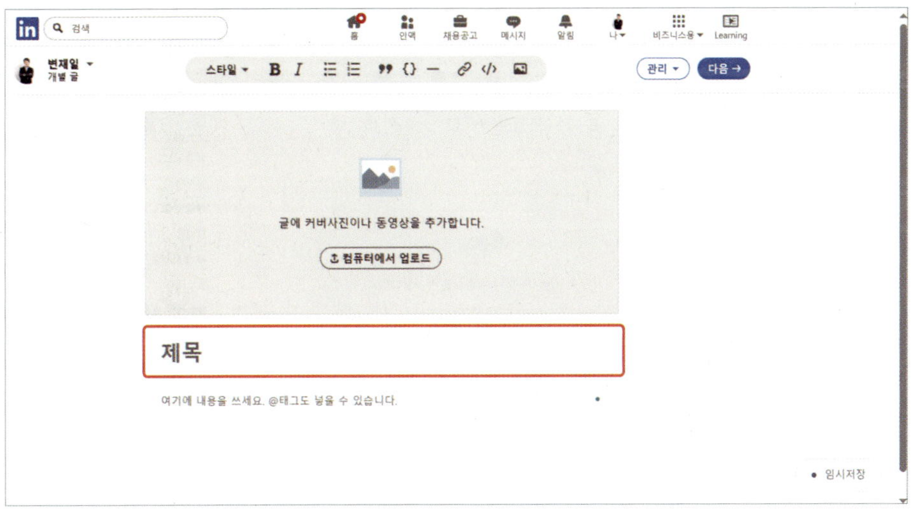

7 본문을 쓸 때는 너무 길지 않도록 하고, 문단 사이를 띄어 주면 가독성을 높일 수 있습니다. 사진이나 이미지도 추가합니다. 글의 마무리는 질문을 통해 독자의 생각을 이끌어 내거나, 경험을 공유하면서 마치면 좋습니다.

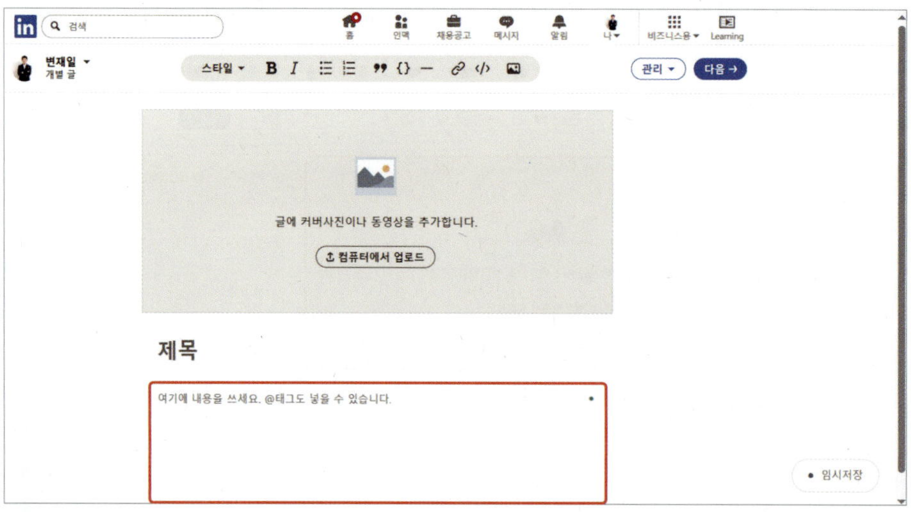

8 [관리]를 클릭합니다. 관리에서 [임시저장]을 눌러서 글을 저장할 수도 있고, [예약 완료]와 [발행함]을 클릭하면 실제로 예약한 글과 발행한 글을 볼 수 있습니다. [새 임시저장]에서 글의 모양을 미리 볼 수도 있습니다. 우리는 이번에는 [설정]으로 이동해 보겠습니다.

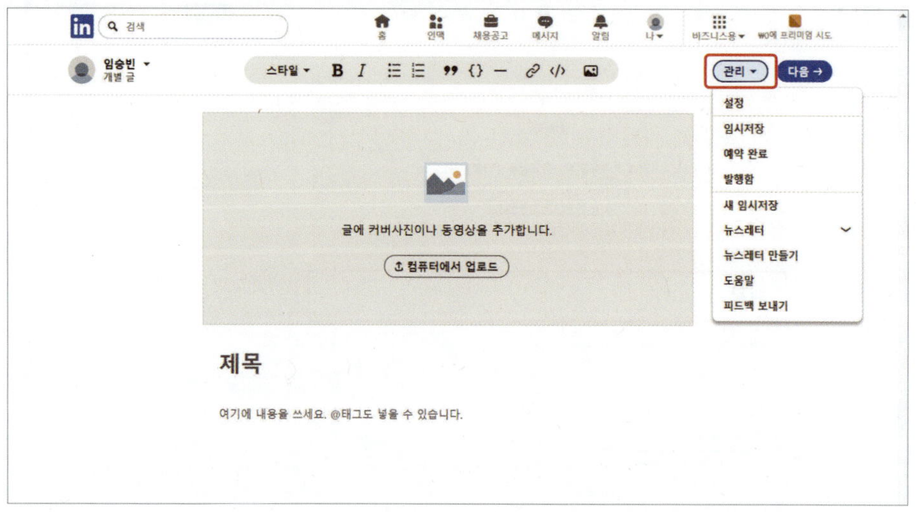

9️⃣ **설정** 창에서 글의 제목에 따라 링크가 설정되는 것을 확인할 수 있습니다. 검색 엔진을 최적화하는 방법인 [SEO 제목]과 [SEO 설명]에서 구글 같은 검색 엔진에서 사용할 내용을 작성합니다.

➡️ SEO란 Search Engine Optimization의 약자로 검색 엔진의 알고리즘이 웹 사이트의 내용을 잘 이해하고 수집할 수 있도록 웹 페이지의 기술적 요소와 콘텐츠를 개선하는 일련의 과정을 뜻합니다.

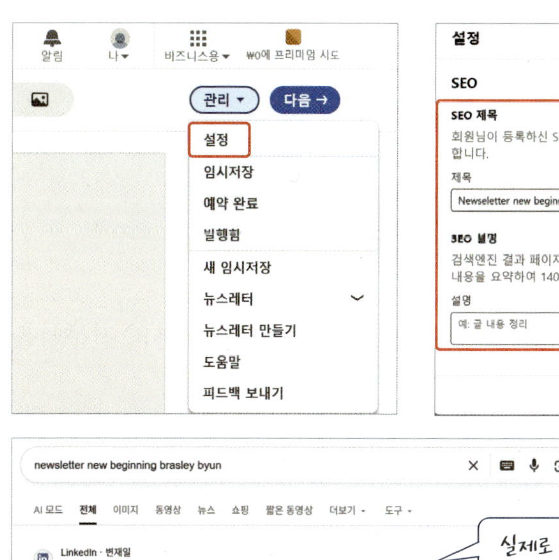

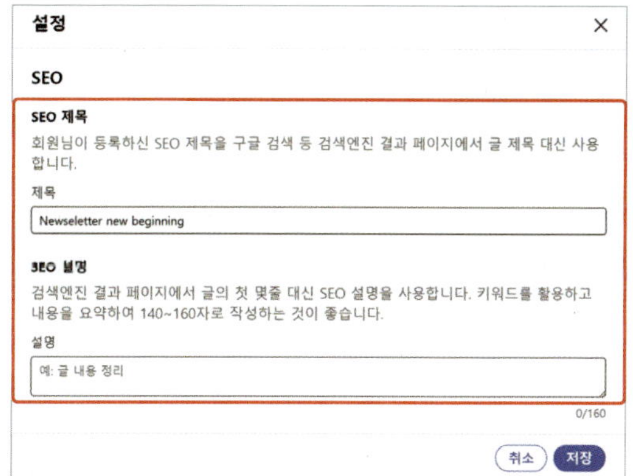

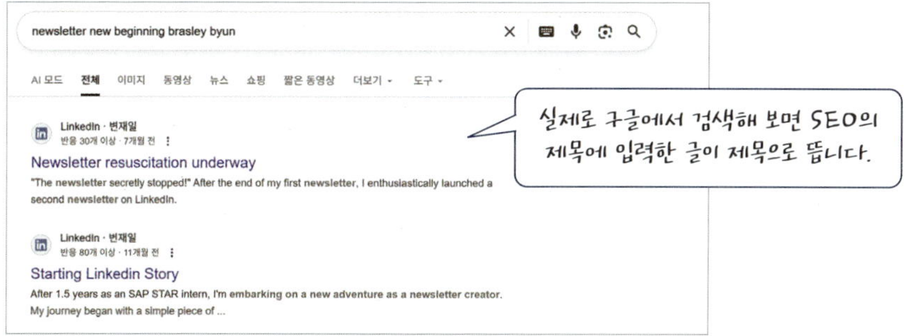

🔟 글을 작성하고 나면 포스팅 창이 뜨는데, 내 글을 홍보할 수 있도록 포스팅을 적어 줍니다. 이때 글은 너무 길지 않게 쓰는 것이 중요합니다. [발행]을 눌러 포스팅 작성 업로드까지 마칩니다.

➡️ [발행] 옆의 시계 아이콘은 [예약] 기능입니다. 예약에 관한 내용은 04-4절에서 자세히 다룹니다.

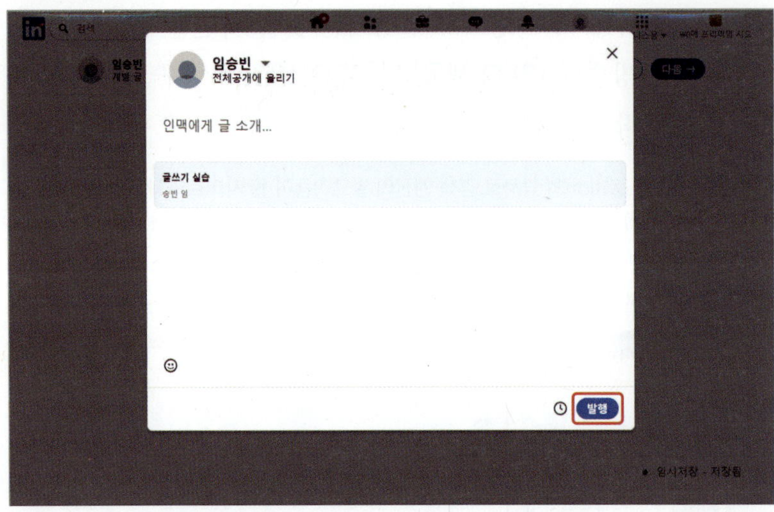

이렇게 지금까지 글쓰기 기능을 알아 보았습니다. 여러분도 여러분의 전문성을 글쓰기를 통해 키우기 바랍니다.

글쓰기는 처음 발행하면 1촌에게 구독하라는 알림이 가기 때문에, 최소 3,000 명 이상의 1촌을 갖춘 후에 하는 것을 권장합니다. 그리고 글쓰기는 PC에서만 할 수 있다는 것도 유념하세요!

글쓰기 체크리스트

글쓰기를 발행하기 전에 다음 체크리스트를 참고하세요.

[ ] 제목이 명확하고 매력적인가?

[ ] 표지 이미지가 주제와 연관성이 있고 시각적으로 매력적인가?

[ ] 도입부가 독자의 관심을 사로잡는가?

[ ] 본문이 논리적으로 구성되어 있는가?

[ ] 적절한 시각적 요소를 포함하고 있는가?

[ ] SEO를 위한 키워드가 자연스럽게 포함되어 있는가?

[ ] 명확한 CTA(Call to Action)가 있는가?

[ ] 맞춤법과 문법이 정확한가?

[ ] 모바일 기기에서도 가독성이 좋은가?

확산이 빠르고 브랜딩 강화에 도움을 주는 '뉴스레터' 만들기

긴 글을 하나씩 발행하는 것도 좋지만 하나의 공통된 주제로 글을 발행한다면, 뉴스레터로 발행해서 묶어 보는 것은 어떨까요? 한 번 글을 발행하면 다시 뉴스레터로 옮길 수 없기 때문에, 나의 브랜딩을 위해 링크드인 뉴스레터를 만들어 보는 것도 좋습니다.

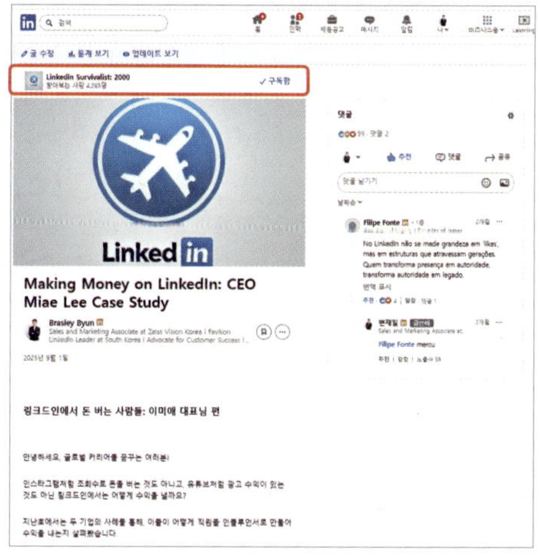

링크드인 뉴스레터 포스팅 예시

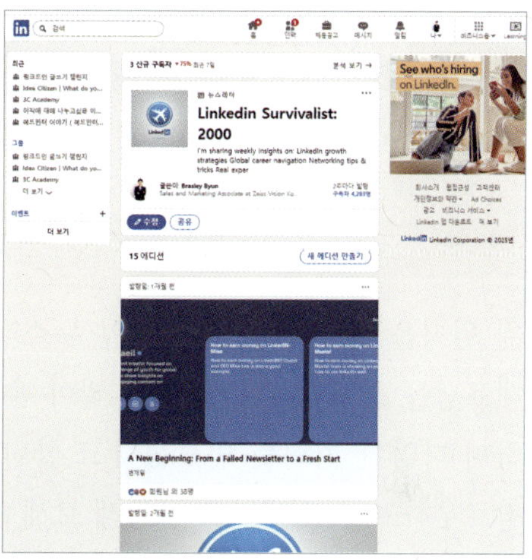

뉴스레터 전용 페이지

링크드인 뉴스레터는 글로벌 비즈니스 플랫폼의 특성상 해외 전문가들과 직접 지식을 교류할 수 있으며, 구독자는 콘텐츠에 진정한 관심을 가진 잠재 고객입니다. 정기 발행을 통해 전문성을 브랜딩하고, 구글 검색 노출로 글로벌 독자층을 확보할 수 있습니다.

또한 무료로 활용할 수 있는 마케팅 채널이라는 점도 뉴스레터의 장점입니다. 게다가 링크드인 알고리즘이 관련 사용자에게 추천해 주므로 초기 구독자 확보가 쉽고 바이럴 확산도 기대할 수 있습니다. 구독자 증감, 조회수, 오픈율, 인게이지먼트 등 상세한 데이터를 분석할 수 있어 콘텐츠 전략 수립에 유용하며, 개인 브랜딩과 비즈니스 확장에 기여합니다.

처음부터 새로운 콘텐츠를 만들어야 한다는 부담감을 가질 필요는 없습니다. 이미 작성한 링크드인 포스트 중 반응이 좋았던 내용을 확장하여 뉴스레터로 재가공하는 것을 추천합니다. 초기에는 가장 관심을 끌 만한 주제로 시작해서 구독자들의 관심을 유지하는 것이 중요하며, 무엇보다 양보다는 질에 집중하여 독자들에게 실질적인 가치를 제공하는 콘텐츠를 만드는 데 집중해야 합니다.

뉴스레터의 지속적인 성공을 위해서는 몇 가지 핵심 원칙을 지켜야 합니다.

> ❶ 약속한 발행 주기를 지켜 발행하세요.
> 이는 독자들의 신뢰를 얻는 데 가장 중요한 요소입니다. 독자들은 예측 가능한 콘텐츠 제공을 기대하므로, 이러한 기대를 충족시키는 것이 장기적인 관계 구축의 기반이 됩니다.
>
> ❷ 구독자와의 소통은 필수!
> 댓글이나 메시지로 받은 독자 피드백을 적극적으로 콘텐츠에 반영하고, 댓글에 성실하게 응답해야 합니다. 이는 단방향 정보 전달을 넘어서 쌍방향 커뮤니케이션으로 독자들과의 관계를 깊게 만들고, 궁극적으로 구독자들의 충성도를 높여 지속 가능한 뉴스레터 생태계를 만들어 갈 수 있습니다.

위 원칙을 잘 지키며 링크드인 뉴스레터를 활발하게 운영하고 계시는 이중대 대표님을 소개합니다. 본인이 쌓아 온 PR 인사이트를 뉴스레터의 형태로 연재하며 다양한 기회를 얻으셨다고 합니다. 관심이 있으시다면 이중대 대표님을 팔로우하고, 뉴스레터도 구독해 보세요.

이중대 대표님 뉴스레터

하면 된다! } 링크드인 뉴스레터 만들기

지금부터는 뉴스레터 쓰는 법을 알아보겠습니다.

① 링크드인 홈 화면에서 [글쓰기]를 클릭합니다.

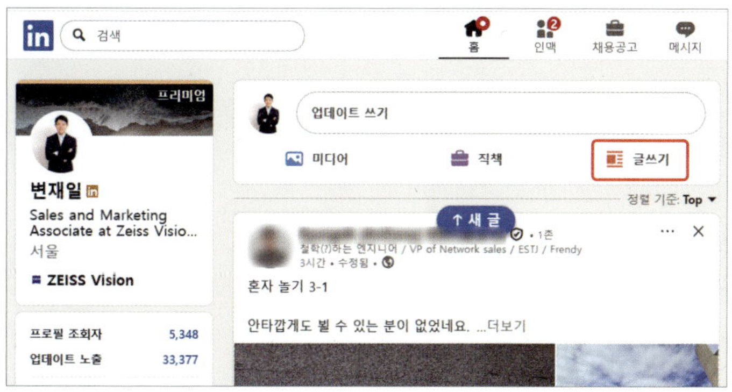

② 글쓰기 에디터에서 ❶ [관리] 버튼을 클릭하고, ❷ [뉴스레터 만들기]를 선택합니다.

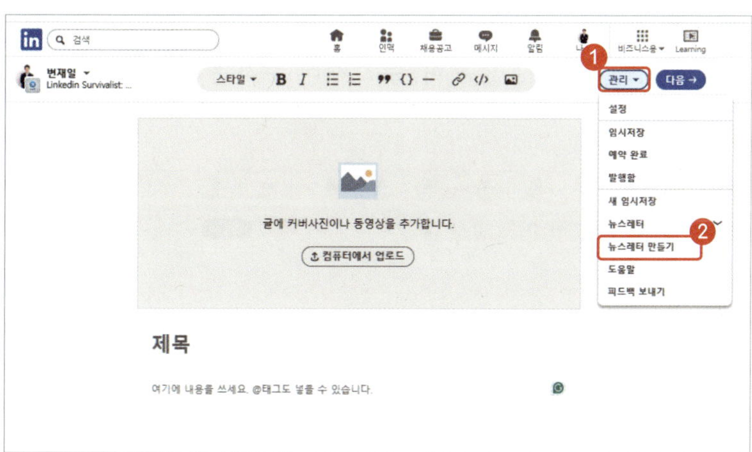

3 뉴스레터 제작을 진행합니다. 뉴스레터 제목을 만들 때는 글로벌 플랫폼임을 고려하여 영어로 정하세요. 저는 SAP STAR Intern diary, 링크드인 Survivalist: Born in 2000 등의 이름으로 지었습니다. 뉴스레터 설명은 한국어든 영어든 편한 이름으로 지어주세요!

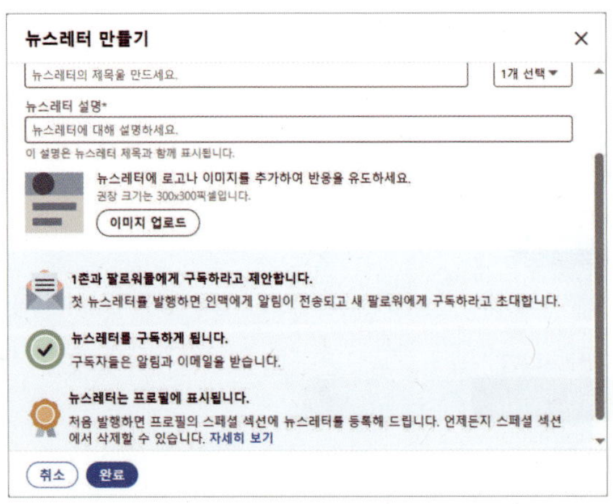

4 뉴스레터가 제작된 것을 확인합니다. 프로필의 이름 옆에 있는 역삼각형 모양의 화살표 ▾를 클릭해 내가 업데이트할 뉴스레터를 선택합니다. 글이 발행되고 난 후에는 뉴스레터를 바꿀 수 없으며, 뉴스레터 추가는 현재 최대 5개까지 가능합니다.

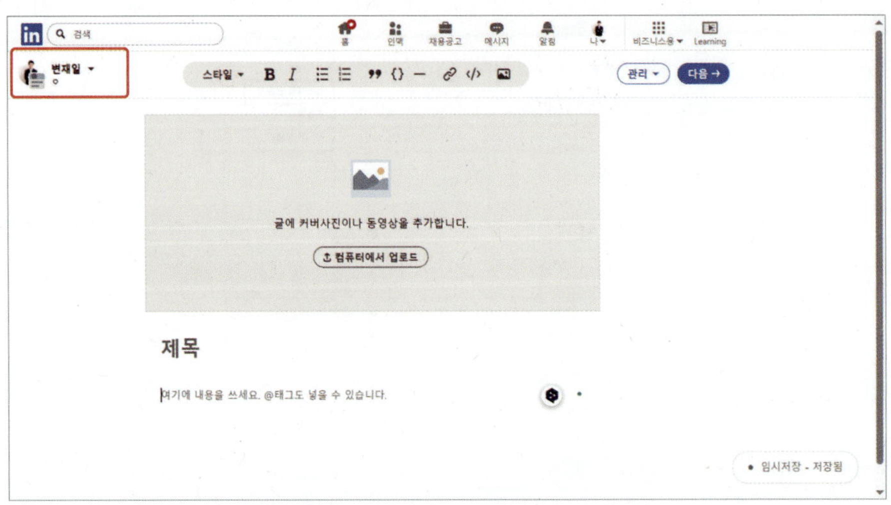

5 뉴스레터 페이지가 별도로 제작되면, 수정, 공유, 새로 만들기, 분석 등을 진행할 수 있습니다.

결론적으로 링크드인 뉴스레터는 자신의 전문성을 브랜딩하고, 네트워크를 확장하며, 새로운 기회를 창출할 수 있는 강력한 도구입니다. 특히 기존 링크드인 활동으로 쌓아온 네트워크가 있다면, 뉴스레터로 더 깊은 관계를 형성할 수 있습니다.

초기에는 완벽함보다 시작하는 것이 중요합니다. 이후 지속적으로 가치 있는 콘텐츠를 제공하며 개선해 나간다면, 시간이 지나면서 전문성을 갖춘 영향력 있는 뉴스레터로 성장할 수 있을 것입니다. 여러분만의 전문성으로 뉴스레터를 시작해 보세요! 그 과정에서 얻는 인사이트와 네트워크는 여러분의 커리어를 한 단계 더 발전시키는 디딤돌이 될 것입니다.

뉴스레터 체크리스트

뉴스레터를 발행하기 전에 다음 체크리스트를 참고하세요.

[　] 전문 분야 명확화: 뉴스레터에서 다룰 주제와 분야를 명확히 정의합니다.

[　] 목표 독자층 정의: 누구를 위한 뉴스레터인지 타깃 독자층을 명확히 설정합니다.

[　] 콘텐츠 캘린더 준비: 최소 처음 몇 개월 동안의 콘텐츠 주제를 미리 계획합니다.

[　] 로고/브랜딩 요소 준비: 전문적인 이미지를 위한 브랜딩 요소를 준비합니다.

[　] 초기 콘텐츠 3~4개 준비: 뉴스레터 론칭 시 이미 몇 개의 글이 준비되어 있으면 좋습니다.

[　] 발행 주기 결정: 지속 가능한 발행 주기를 결정합니다.

[　] 성과 측정 지표 설정: 어떤 기준으로 뉴스레터의 성과를 측정할지 미리 정의합니다.

지금까지 링크드인의 글쓰기와 뉴스레터 기능을 살펴보았습니다. 이제 여러분만의 인사이트가 담긴 멋진 글과 뉴스레터를 만날 수 있기를 진심으로 기대합니다. 연재를 시작하면 필자에게도 꼭 알려 주세요. 기쁜 마음으로 공유하고 힘껏 응원하겠습니다.

이어지는 다음 절에서는 독자의 반응을 확실하게 이끌어 내는 구체적인 콘텐츠 유형과 작성 전략을 알아보겠습니다.

> ### 🔖 복습해 볼까요?
>
> ▶ 링크드인 내부의 블로그 기능으로, 긴 글을 통해 깊이 있는 전문 지식을 보여 줄 수 있는 기능을 ❶(   )라고 합니다.
>
> ▶ 특정 주제에 대해 정기적으로 발행하며, 구독자에게 이메일 알림이 발송되어 충성도 높은 독자층을 형성하기 좋은 콘텐츠 형식을 ❷(   )라고 합니다.
>
> 답 ① 글쓰기 ② 뉴스레터

조회수와 참여도가 높은 6가지 글감

링크드인에서 인기 있는 글

드디어 링크드인에 첫발을 내디뎠습니다. 하지만 기왕 쓰는 글, 더 많은 사람에게 닿고 활발한 토론으로 이어진다면 금상첨화겠죠? 이번 절에서는 조회수와 참여도를 동시에 잡는 '황금 콘텐츠'의 비밀을 알아보겠습니다.

물론 내 공간인 만큼 소재 선택은 전적으로 여러분의 자유입니다. 정해진 정답은 없으니까요. 하지만 수많은 게시물 중에서도 유독 사람들의 공감과 반응이 폭발했던 글에는 분명한 공통점이 존재합니다. 그중 링크드인에서 가장 확실하게 통하는 소재 6가지와 각 소재별 2가지 주제, 총 12가지를 엄선했습니다.

1. 커리어 및 직장생활

① 공감을 부르는 직장 경험담

직장에서의 경험담은 링크드인에서 가장 높은 공감과 참여를 유도하는 콘텐츠 유형입니다. 이 글은 자신의 실제 경험, 배움, 성장 과정을 진솔하게 공유하여 독자에게 실질적인 가치를 제공하는 데 목적이 있습니다. 효과적인 경험담은 단순히 성공 사례를 나열하는 것을 넘어, 실패와 어려움, 그리고 그것을 극복하는 과정에서 얻은 통찰력까지 포함해야 합니다. 이러한 콘텐츠를 작성할 때 가장 강조되어야 할 점은 진정성입니다. 산업과 직무를 초월하는 보편적인 가치와 교훈에 초점을 맞추면 더 넓은 독자층에게 공감을 얻을 수 있습니다.

성공적인 직장 경험담은 명확한 가이드와 교훈을 제시하는 것이 좋습니다. 이를 위해 구체적인 사례와 에피소드를 중심으로 서술하고, 단락 구분과 소제목을 활용해 가독성을 높이는 것이 중요합니다. 마지막에는 자신의 경험에서 도출한 보편적인 교훈이나 팁을 제시해, 독자가 해당 지식을 자신의 상황에 적용할 수 있도록 하여 영향력을 극대화해야 합니다.

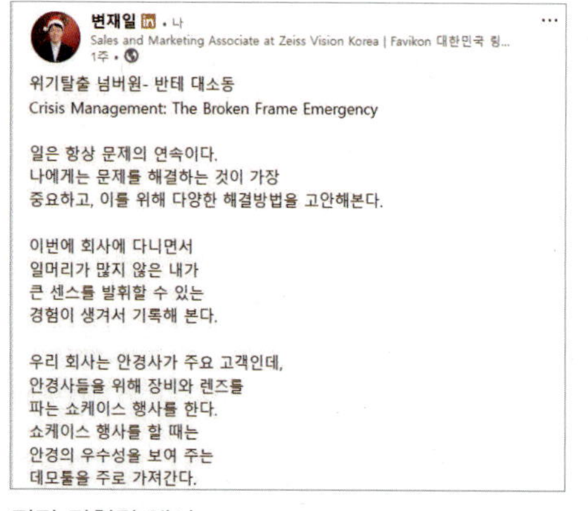

직장 경험담 예시

② 인사이트를 나누는 회사 및 업계 행사 후기

콘퍼런스, 세미나, 워크숍, 웨비나 등 업계 행사에 참여한 경험을 공유하는 콘텐츠는 최신 트렌드와 인사이트를 전달하는 효과적인 방법입니다. 이 글은 직접 참석하지 못한 독자들에게 간접 경험을 제공하며, 글쓴이의 전문 분야에 대한 지속적인 학습 의지를 보여 줍니다. 효과적인 후기를 작성하기 위해서는 단순히 정보를 나열하는 것을 넘어, 행사의 핵심 주제와 인상 깊었던 주요 내용을 자신의 업무나 산업에 어떻게 적용할 수 있을지 실용적인 관점에서 해석하는 것이 중요합니다.

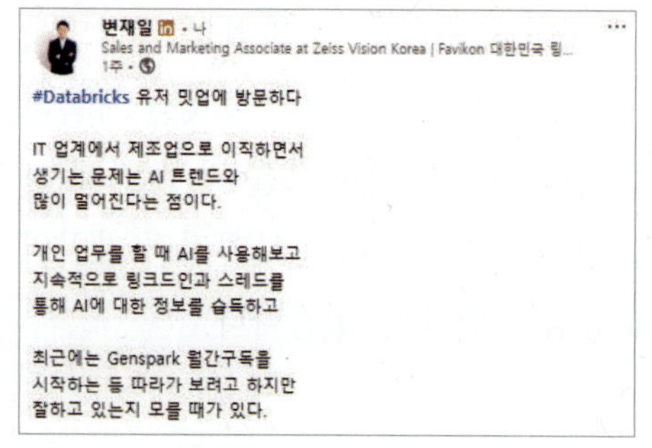

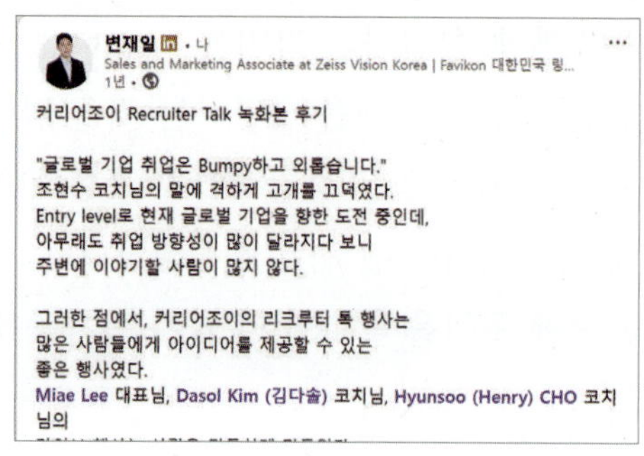

행사 참여 후기 예시

이 콘텐츠의 핵심은 **적용 가능성과 깊이 있는 해석**에 있습니다. 시각적 요소도 중요한데, 행사 현장 사진, 주요 발표자의 인용구, 핵심 통계나 데이터를 시각화하여 포함하면 콘텐츠의 가독성과 매력을 높일 수 있습니다. 후기의 마무리에는 행사의 전반적인 평가와 함께, 다음에 이러한 행사에 참석할 때 유용한 팁이나 조언을 덧붙이는 것도 좋은 방법입니다.

2. 삶의 이야기

① 세대 차이를 좁히는 인사이트

세대 관련 인사이트는 다양한 세대의 특성, 가치관, 행동 패턴, 소비 트렌드 등을 분석하고 해석하는 콘텐츠입니다. 이 주제는 다양한 세대가 함께 일하는 현대 직장 환경에서 세대 간 이해와 소통을 촉진하고, 효과적인 협업 방법을 모색하는 데 큰 도움이 됩니다. 성공적인 세대 관련 콘텐츠를 작성하려면 객관적인 데이터와 연구 결과를 바탕으로 하되, **자신의 실제 경험과 관찰을 통한 통찰력**을 더하는 균형이 중요합니다. 단순히 세대를 일반화하거나 고정 관념을 강화하는 내용보다는 다양한 맥락과 상황을 고려한 깊이 있는 분석을 제공해야 합니다.

예를 들어 'Z세대가 직장에서 중요시하는 가치'라는 주제를 다룰 때, 통계 데이터와 함께 자신이 실제로 Z세대 동료와 함께 일하면서 관찰한 구체적인 사례를 포함하면 더욱 설득력 있는 콘텐츠가 됩니다. 세대 간 차이점뿐만 아니라 공통점도 함께 조명하고, 서로 다른 세대가 어떻게 상호 보완해서 협력할 수 있는지에 대한 실용적인 방안을 제시하면 건설적인 논의를 끌어낼 수 있습니다.

세대의 차이에 대한 이야기를 잘 풀어낸 예시

② 실패를 딛고 일어선 성장 스토리

개인적인 경험과 성장 스토리는 링크드인에서 가장 강력한 공감과 연결을 만들어 내는 콘텐츠입니다. 이 글은 자신의 도전, 어려움, 실패, 극복, 성장 과정을 진솔하게 공유하여 독자들에게 영감을 주고 안도감을 형성합니다. 성공적인 성장 스토리는 단순한 성공담을 넘어, 자신의 취약성과 인간미를 드러내며 실패와 시행착오의 과정을 반드시 포함해야 합니다. 이 콘텐츠에서 가장 강조해야 할 점은 진정성 있는 감정 변화를 솔직하게 표현하되, 이를 **전문적인 맥락과 연결하여 교훈이나 인사이트를 도출**하는 것입니다.

효과적인 성장 스토리는 명확한 스토리텔링 기법을 활용하여 독자의 몰입을 끌어내는 것입니다. 이를 위해 먼저 명확한 맥락과 배경을 설정하고, 구체적인 에피소드와 세부 사항을 통해 이야기에 생동감을 불어넣어야 합니다. 스토리텔링 기법을 활용하여 도입부에서 관심을 사로잡고, 클라이맥스에서 긴장감을 조성하며, 결론에서 명확한 메시지를 전달하는 것이 좋습니다. 최종적으로, 경험에서 도출한 보편적인 교훈이나 인사이트를 제공함으로써 독자에게 실질적인 가치를 주고 콘텐츠를 더욱 의미 있게 승화시킬 수 있습니다.

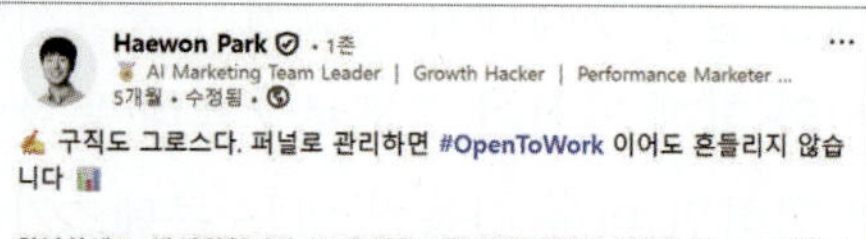

진솔한 고백으로 큰 반향을 얻은 예시

3. 네트워킹

① 네트워크를 확장하는 커피챗 기록

커피챗 후기는 다양한 분야의 전문가와의 만남을 통해 얻은 인사이트와 교훈을 공유하는 콘텐츠입니다. 이 글은 독자에게 간접적인 네트워킹 경험을 제공하고, 다양한 산업과 직무에 대한 통찰력을 얻게 하며, 글쓴이가 **지속적인 배움과 연결을 추구하는 전문가라는 이미지를 구축**하는 데 도움이 됩니다.

효과적인 커피챗 후기의 핵심은 단순한 사실 나열을 넘어, 대화를 통해 어떻게 자신의 관점이 확장되거나 변화했는지, 어떤 새로운 아이디어나 영감을 얻었는지 변화와 성장에 초점을 맞추는 것입니다.

만남의 배경과 목적을 간략히 소개하고, 상대방의 전문 분야에 대한 정보를 제공하며, 대화의 주요 내용을 구체적으로 정리해야 합니다. 이때 신뢰를 높이기 위해 핵심 대화 내용 중에서 인상 깊은 인용구나 조언을 직접 인용해 생생함을 더하는 것이 좋습니다. 또한 후기를 게시하기 전에 만난 사람에게 반드시 동의를 구하고 공개할 수 있는 내용인지 확인하는 것이 중요합니다. 가능하다면 상대방의 동의를 얻어 관련 사진이나 함께 찍은 사진을 포함하면 콘텐츠의 매력을 높일 수 있습니다.

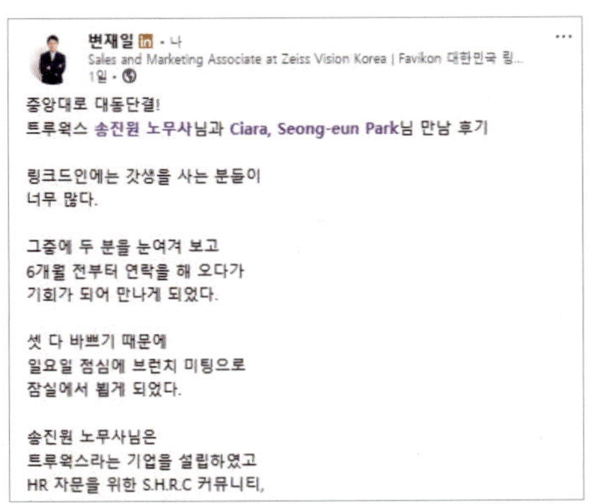

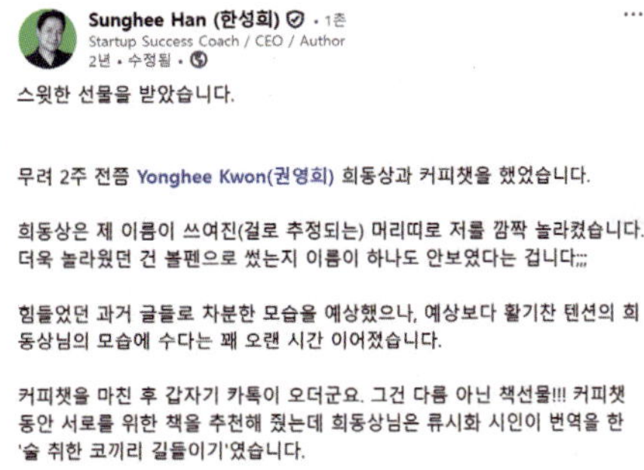

새로 만난 사람과의 커피챗 후기 예시

② 함께 성장하는 네트워킹 현장 스케치

네트워킹 모임 후기는 콘퍼런스, 밋업 등 다양한 행사에 참여한 경험과 배움을 공유하는 콘텐츠입니다. 이 글은 행사의 분위기와 가치를 전달하고, 참석자들의 관심사와 트렌드를 파악할 수 있게 해주며, 나아가 네트워킹 문화 확산에 기여하는 역할을 합니다.

효과적인 후기의 핵심은 단순한 행사 내용 요약을 넘어, 행사 참여를 통해 자신이 배운 점과 깨달은 점, 영감 등 개인적인 소감과 반추를 공유하는 것입니다. 특히 국내 링크드인은 네트워킹이 그리 활발한 편은 아니므로, 네트워킹의 중요성과 가치에 대한 메시지를 함께 전달하는 것이 의미 있는 기여가 될 수 있습니다.

콘텐츠의 생동감과 가치를 높이기 위해 먼저 **행사의 개요를 간략히 소개하고, 주**

요 내용과 프로그램을 정리해야 합니다. 또한 행사 현장의 분위기를 전달하는 사진이나 주요 발표자의 인용구, 핵심 통계 등 시각적 요소를 활용하면 현장감을 더할 수 있습니다. 아울러 네트워킹 경험을 통해 얻은 구체적인 인사이트를 명확하게 제시하여, 독자들이 해당 경험을 간접적으로 체험하고 동기 부여가 되도록 유도하는 것이 좋습니다.

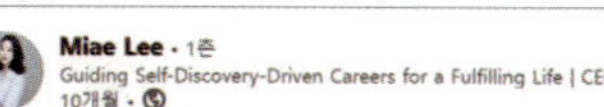

"오프라인 모임이 있었으면…"
링크드인 챌린지 1기를 하고 나서
받았던 피드백입니다.

참가자들이 저처럼 다양한
기회를 링크드인에서 찾게 돕고 싶다
가 이 챌린지의 본질이었습니다.

온라인으로 하는게 효율적이고
편하니까, 그게 정답일 줄만
알았습니다. 하지만 아니었습니다.

AI로 효율이 가속화된 시대,
사람들은 소통과 만남을 더욱 더
원하고 있었습니다.

그래서, 오프라인 모임을 준비했습니다. 삼성역 근처에 있는 언더라인에서
일요일 아침부터 일찍 나오셔서 자리를 내 주셨어요.

사실 시작은 쉽지 않았습니다.
오겠다고 한 사람 2명이 결시하고,

Miae Lee · 1촌
Guiding Self-Discovery-Driven Careers for a Fulfilling Life | CEO at CareerJo…
10개월 · 🌐

단 한 명의 값진 커넥션을 위해

어제 커리어 상담소 오프라인 밋업 행사에서 한 참가자분이 네트워킹을 하는 것에 대한 부담을 나눠주셨어요.

네트워킹 하면 뭔가 극 E 성향인 사람들이 적극적으로 소통하고 자기 어필을 하는 모습이 그려지는데요, 놀랍게도(?) 저는 극 I 인간이라 새로운 사람들과의 만남이 참 어색하기도 하고 조심스럽기도 해요.

13,000명 이상의 커넥션을 가지고 링크드인에서 활발하게 활동하는 유저 중 한 명이지만 저 또한 온/오프로 커피챗을 한 건 15번이 채 안 되는 것 같아요.

저는 정말 감사하게도 그 커피챗을 한 분들 중 정말 귀한 분들과 연결될 수 있었고 정말 많은 인사이트와 도움을 받기도 했어요. 수 십 수 백명과 네트워킹 하고 교류하는 네트워킹만이 의미 있다고 생각하진 않아도 괜찮을 것 같아요.

링크드인 챌린지 오프라인 후기 예시

4. 이슈 분석

① 사회 이슈를 바라보는 나만의 시선

사회적 이슈 관련 콘텐츠는 정치, 경제, 기술, 문화, 환경 등 다양한 영역의 사회 문제와 현상에 대한 분석과 견해를 제시하는 글입니다. 이 주제는 사회 구성원으로서의 책임감과 전문가로서의 통찰을 보여 줄 수 있는 중요한 영역입니다. 성공적인 콘텐츠를 작성하기 위해서는 먼저 자신의 전문 분야와 연결된 이슈를 선택하는 것이 중요합니다. 이 콘텐츠의 핵심은 객관적인 사실과 데이터를 바탕으로 한 분석이며, 신뢰할 수 있는 출처의 정보와 통계, 연구 결과 등을 활용하여 주장의 신뢰성을 높이는 데 주력해야 합니다.

사회적 이슈는 종종 민감한 주제일 수 있으므로 콘텐츠의 가치와 신뢰도를 위해 존중하고 포용하는 어조를 유지하며, 특정 집단이나 개인을 비난하거나 공격하는 내용은 피해야 합니다. 또한 단순한 문제 제기에 그치지 않고 해결 방안이나 개선 방향을 제안하는 것이 콘텐츠의 실질적인 가치를 높이는 전략입니다. 이는 독자들에게 긍정적인 방향을 안내하고, 건설적인 대화가 이어지도록 유도합니다.

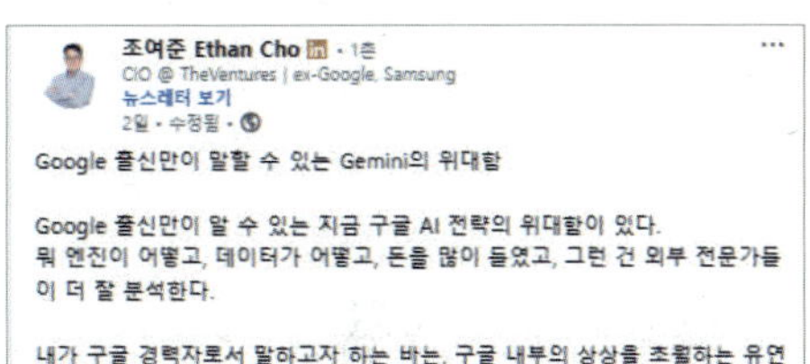

사회적인 이슈를 다룬 글 예시

② 글로벌 성공 사례와 비즈니스 트렌드

현재 링크드인에는 대기업도 많지만, 글로벌을 목표로 하는 스타트업도 많이 포진해 있습니다. 이들의 관심사는 비즈니스입니다. 어떤 기업들이 미국 및 해외 시장에서 성공을 거두었는지, 그 성공을 국내 시장에 적용하려면 어떻게 해야 하는지에 대해서 고민하는 사람들에게 해외 비즈니스 트렌드는 큰 도움이 됩니다.

콘텐츠의 가치를 높이려면 단순한 정보 전달보다 관련 기업의 성공 요인을 자세히 분석하고 이를 사람들이 이해하기 쉽게 풀어내야 합니다. 흔히 미국 실리콘밸리^{Silicon Valley}의 성공 사례를 이야기하지만, 해외 기업의 한국 현지화 전략이나 국내 기업의 해외 시장 진출 정보에도 관심이 뜨겁습니다. 독자가 이러한 정보를 실제 삶에 적용할 수 있도록 명확하고 실행 가능한 팁을 제시하는 것이 중요합니다.

비즈니스성 정보 전달의 예시

5. 자기 홍보 및 브랜딩

① 과정과 함께 나누는 진정성 있는 성과 공유

성과 공유는 전문적인 성취, 프로젝트 완료, 승진 등 커리어의 중요한 이정표를 공유하는 콘텐츠입니다. 이 유형의 글은 자신의 전문성과 역량을 증명하고 커리어 성장을 기록하며, 새로운 기회를 창출하는 데 효과적입니다. 성공적인 성과 공유 콘텐츠는 단순한 과시가 아닌 진정성 있는 접근이 중요합니다. 성과의 결과만 강조하기보다는, 그 과정에서의 도전, 노력, 학습, 협력 등을 함께 공유함으로써 다른 사람들에게 가치 있는 인사이트를 제공하는 것이 핵심입니다.

성과를 공유할 때는 **구체적인 성과 지표와 데이터를 제시**하여 신뢰성을 높이고, 가능하다면 관련 **증빙 자료를 포함**하는 것이 좋습니다. 또한 자신의 성과에 기여한 동료와 멘토, 팀원 등에 대한 감사와 인정을 표현하는 것은 겸손함과 협력의 가치를 보여 주는 중요한 요소입니다. 마무리에는 앞으로의 목표나 도전에 대해 언급하여 지속적인 성장 의지를 표현하고, 독자들이 비슷한 성과를 이루는 데 도움이 될 수 있는 팁이나 조언을 제공하면 콘텐츠의 가치를 높일 수 있습니다.

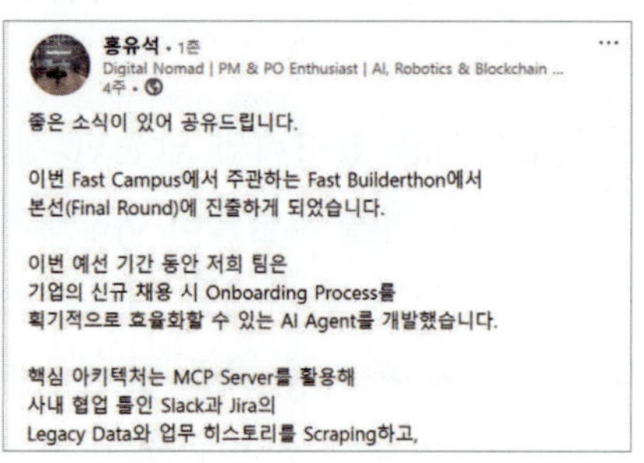

성과 공유 예시

② 정보와 혜택을 먼저 주는 홍보 전략

홍보 콘텐츠는 자신이 제공하는 서비스, 제품, 콘텐츠, 이벤트 등을 알리고 참여나 구매를 유도하는 글입니다. 이 유형의 콘텐츠는 비즈니스 기회 창출, 영향력 확대, 브랜드 인지도 향상 등에 효과적이지만, 링크드인이라는 전문 플랫폼에서는 직접적이고 과도한 판매 메시지보다는 가치를 전달하는 접근 방식이 중요합니다. 성공적인 홍보 콘텐츠는 독자에게 제공할 수 있는 구체적인 가치와 혜택을 중심으로 메시지를 구성해야 합니다. 예를 들어 단순히 '참여하세요'가 아닌, '이 웨비나에서 배울 수 있는 3가지 핵심 인사이트'와 같이 명확한 가치를 명시해야 합니다.

참여율과 신뢰도를 높이려면 **단순한 광고 메시지보다는 유용한 정보와 인사이트를 함께 제공**해야 합니다. 이는 '가치 선행 value first, 판매 후행 sales follow'의 원칙으로, 먼저 가치를 제공함으로써 신뢰와 관심을 형성하는 접근법입니다. 예를 들어 신제품을 홍보하면서 제품이 다루는 주요 개념이나 효과적인 활용 팁을 공유하는 방식입니다. 또한 홍보 콘텐츠는 빈도와 톤에 특히 주의해야 합니다. 지나치게 빈번하거나 과장된 홍보는 신뢰를 떨어뜨릴 수 있으므로, 가치 있는 정보와 인사이트를 중심으로 한 일반 콘텐츠와 적절한 균형을 이루는 것이 중요합니다.

콘퍼런스 및 모임 홍보 예시

6. 독서 및 글쓰기

① 업무에 바로 적용해 보는 독서 후기

독서 후기 및 서평 콘텐츠는 책에서 얻은 인사이트와 배움, 영감 등을 공유하는 글입니다. 이 유형은 필자의 지속적인 학습과 지적 호기심을 보여 주며, 독자에게 가치 있는 아이디어를 소개하고 전문 분야의 지식을 확장하는 데 효과적입니다. 성공적인 독서 후기의 핵심은 단순히 내용을 요약하기보다, 책의 내용을 자신의 관점과 경험으로 해석하고 이를 적용하는 데 초점을 맞추는 것입니다. 가장 효과적인 접근법은 책의 핵심 메시지나 개념을 자신의 직무, 산업, 커리어 맥락과 연결하여 실용적인 가치를 창출하는 것입니다.

독서 후기의 깊이와 차별성을 높이기 위해서는 **가장 인상 깊었거나 유용했던 1~3가지 핵심 아이디어를 선택하여 깊이 있게 다루는 것**이 효과적입니다. 각 핵심 아이디어에 대해 책의 내용을 간략히 소개하고, 이에 대한 자신의 생각과 해석, 실제 적용 방법이나 사례를 공유하는 구조가 좋습니다. 가장 중요한 것은 영감을 받거나 도움이 된 내용을 중심으로 진솔하게 작성하는 것입니다. 피상적인 내용보다는 자신만의 해석이 담긴 콘텐츠로 차별점을 만들 때 독자에게 큰 가치를 제공할 수 있습니다.

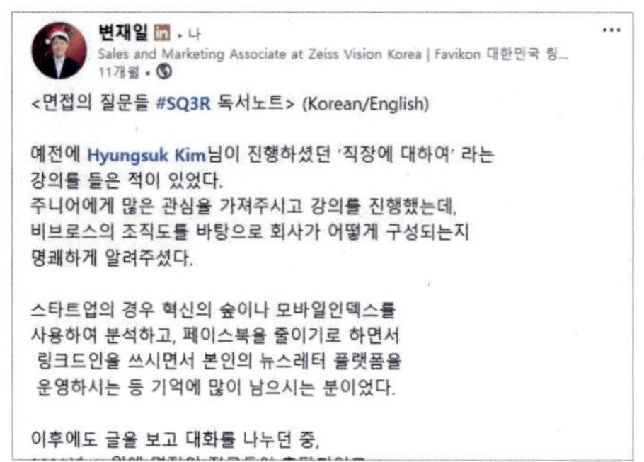
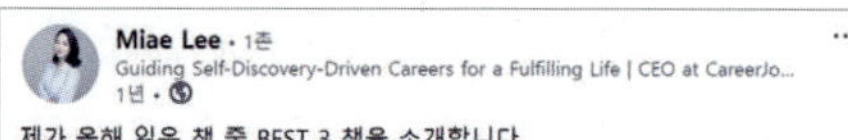

간단한 서평 예시

② 실무에 바로 쓰는 글쓰기 팁

글쓰기 팁 및 노하우 콘텐츠는 효과적인 비즈니스 글쓰기, 커뮤니케이션, 콘텐츠 제작 등에 관한 지식과 경험을 공유하는 글입니다. 이 유형은 글쓰기가 모든 직무와 산업에서 필수 역량이라는 점에서 폭넓은 독자층의 관심을 끌 수 있습니다. 성공적인 콘텐츠의 핵심은 구체적이고 실행 가능한 조언을 포함하는 것입니다. 추상적인 조언보다는 실제 예시를 활용하여 구체적으로 설명함으로써 독자의 이해도를 높여야 합니다.

글쓰기 팁의 가치와 차별성을 높이기 위해서는 자신의 실제 경험과 시행착오 과정에서 발견한 인사이트에 중점을 두는 것이 좋습니다. 책이나 다른 글에서 얻은 일반적인 팁보다는, 실제 업무 현장에서 효과를 검증한 자신만의 독특한 접근법과 노하우가 더 가치 있는 콘텐츠가 됩니다. 결국 독자들이 바로 적용하고 효과를 경험할 수 있는 실용적인 가치를 제공하는 것이 중요합니다. 이론적 설명보다는 실전 노하우와 즉시 활용할 수 있는 팁에 중점을 두어 독자들의 실질적인 글쓰기 역량 향상에 기여해야 합니다.

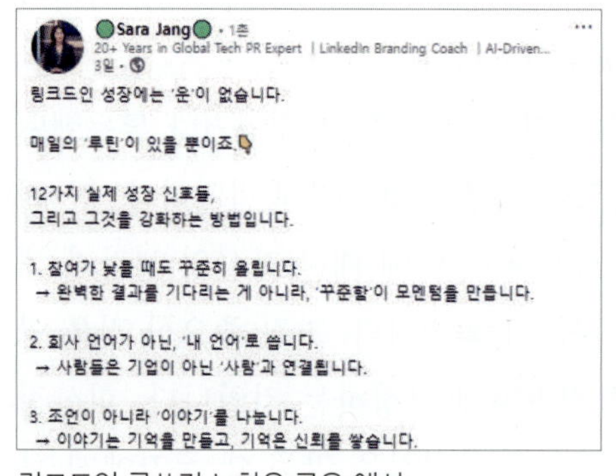
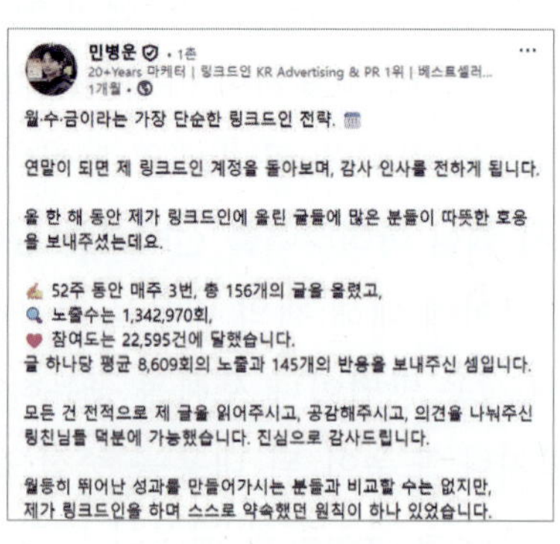

링크드인 글쓰기 노하우 공유 예시

나만의 콘텐츠 스타일을 찾는 것이 중요해요!

지금까지 살펴본 6가지 콘텐츠 유형은 링크드인에서 일반적으로 좋은 반응을 얻은 주제들입니다. 하지만 가장 중요한 것은 이 중에서 자신이 진정으로 관심 있어 하는, 꾸준히 이야기할 수 있는 영역을 찾는 것입니다.

각각의 콘텐츠 유형은 서로 독립적인 것이 아니라 상호 보완하여 활용할 수 있습니다. 예를 들어 직장 경험담을 쓰면서 그 과정에서 읽었던 책의 인사이트를 함께 언급하거나, 네트워킹 후기에 사회적 이슈에 대한 자신의 견해를 녹여 내는 방식으로 여러 유형을 자연스럽게 결합할 수 있습니다.

무엇보다 진정성 있는 자신만의 목소리를 찾는 것이 중요합니다. 유행하는 주제를 좇기보다는 자신의 경험과 전문성, 그리고 관심사에서 우러나오는 콘텐츠가 더 큰 울림을 만들어 낼 것입니다. 링크드인은 결국 사람과 사람을 연결하는 플랫폼이고, 그 연결의 출발점은 진정성 있는 이야기에서 시작됩니다.

> ### 🕐 복습해 볼까요?
>
> ▶ 링크드인에서 조회수가 잘 나오는 콘텐츠 주제 중 하나로, 자신의 실패와 극복 과정을 진솔하게 공유하여 공감을 얻는 유형은 ❶ (　　　　　)입니다.
>
> ▶ 자신이 제공하는 서비스나 제품을 알리는 홍보 콘텐츠를 작성할 때는, 단순한 판매 메시지보다 독자에게 실질적인 ❷ (　　　　　)와/과 혜택을 먼저 제공하는 것이 중요합니다.
>
> 답 ① 성장 스토리(또는 개인적 경험) ② 가치(또는 정보/인사이트)

꾸준한 포스팅을 위한 업로드 일정 세우기

링크드인에 포스팅을 올릴 때 중요한 것은 꾸준함입니다. 실제로 링크드인에서 콘텐츠를 적극적으로 게시하는 사람의 비중은 1%밖에 되지 않습니다. 그리고 링크드인에서도 콘텐츠를 일주일에 1번이라도 올리는 사람은 그렇지 않은 사람에 비해 프로필이 4배 더 많이 노출된다고 공식적으로 밝히고 있습니다. 하지만 우리의 삶은 변화무쌍하므로 매일 글을 써서 콘텐츠를 올리기가 어려울 때도 있습니다. 그럴 때 도움이 되는 것이 바로 시스템입니다. 꾸준한 포스팅을 위한 업로드 일정을 세워봅시다!

> ☀ 일주일에 한 번 올리는 회원은 프로필 조회수가 최대 4배 많아집니다. 다른 게시물을 써서 추진력을 유지 하세요. ✕
>
> (게시물 쓰기)

조회수 높이는 방법을 알려 주는 링크드인 알림

링크드인 글은 얼마나 자주 써야 하나요?

링크드인을 시작한 많은 분들이 가장 궁금해하는 질문 중 하나가 바로 "얼마나 자주 글을 올려야 하나요?"입니다. 이 질문에 대한 대답은 단순하지 않습니다. 개인의 목표, 업무 상황, 콘텐츠 품질 등 다양한 요소를 고려해야 하기 때문입니다. 필자는 최소 주 3회 글이 올라갈 수 있도록 계정을 세팅하고 있습니다. 그 이유에 대해 지금부터 알아보겠습니다.

링크드인 알고리즘에 대한 최신 연구를 살펴보면, **일관성이 가장 중요한 요소로** 나타납니다. 앞서 설명한 대로 매주 포스팅 1개만 올려도 프로필이 4배나 더 많이 노출된다는 것은 링크드인이 꾸준히 활동하는 사용자를 선호한다는 명확한 증거입니다.

소셜 미디어 게시물 예약 서비스 제공 업체인 버퍼^{Buffer}의 2025년 데이터에 따르면, 링크드인에서는 **주 2~5회 포스팅**이 최적의 범위로 나타났습니다. 특히 주목할 점은 링크드인 공식 데이터에서 매주 포스팅하는 사용자가 그렇지 않은 사용자보다 2배 높은 참여율을 기록한다는 사실입니다.

포스팅을 주 1회 게시할 때 참여율이 더 높은 것처럼 보이는 것은, 게시 빈도가 늘어나면 참여가 여러 콘텐츠로 분산되어 개별 포스팅의 참여율이 상대적으로 낮아 보이기 때문입니다.

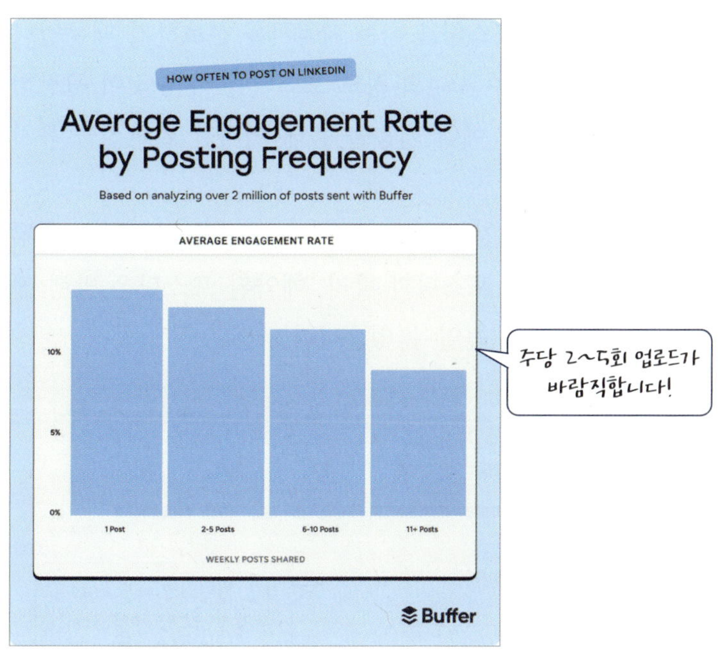

버퍼(Buffer)의 자료(How Often Should You Post on LinkedIn?)

더 많이 게시하는 것은 항상 도움이 되지만, **게시 빈도가 높아질수록 한계 효용은 감소**합니다. 게시물을 1개에서 5개로 늘리면 성과가 크게 달라집니다. 업무량을 감당할 수 있다면 6개에서 11개로 늘리는 것도 여전히 가치가 있지만, 그 효과는 기하급수적이라기보다 점진적입니다.

예약 기능을 무조건 활용해야 하는 이유

링크드인 포스팅에서 사람들이 잘 모르는 기능이 하나 있습니다. 바로 [예약] 기능입니다. 게시글이 정해진 시간에 1개씩 올라가도록 예약을 하는 기능입니다. 2~3개월 분량의 포스팅을 미리 써서 예약을 해놓고, 이보다 먼저 올리고 싶은 글이 있는 때는 예약 일정을 변경해 조정할 수 있습니다.

포스팅 예약을 해야 하는 가장 큰 이유는 링크드인을 하는 사람들은 본업이 있는 경우가 많은데, 본업이 바빠지거나 새로운 프로젝트를 시작하면 포스팅을 놓치기 쉽기 때문입니다. 이에 대한 대비책이 바로 예약 기능입니다. 사용자 콘텐츠와 리뷰를 수집, 전시하는 올인원 플랫폼 임베드 소셜EmbedSocial에 따르면, 콘텐츠를 특정 시간에 일괄 처리하는 배치 콘텐츠 제작Batch Content Creation은 개별 작성 방식보다 30% 이상 시간을 절약해 줍니다.

또 다른 이유는 링크드인은 꾸준히 포스팅을 하는 사용자를 선호하기 때문입니다. 매일 쓰다가 중단하는 것보다는 주 3~4회 정도 포스팅을 하는 것이 굉장히 효과적이라는 연구 결과가 있습니다. 예약 기능을 통해 이러한 일관성을 유지할 수 있습니다.

마지막으로, 예약을 하면 포스팅에 시간 간격을 둠으로써 포스팅을 잘못 쓴 경우 수정이 가능합니다. 즉석에서 올리는 포스팅과 달리, 예약된 포스팅은 발행 전까지 언제든 수정할 수 있어 완성도를 높일 수 있습니다.

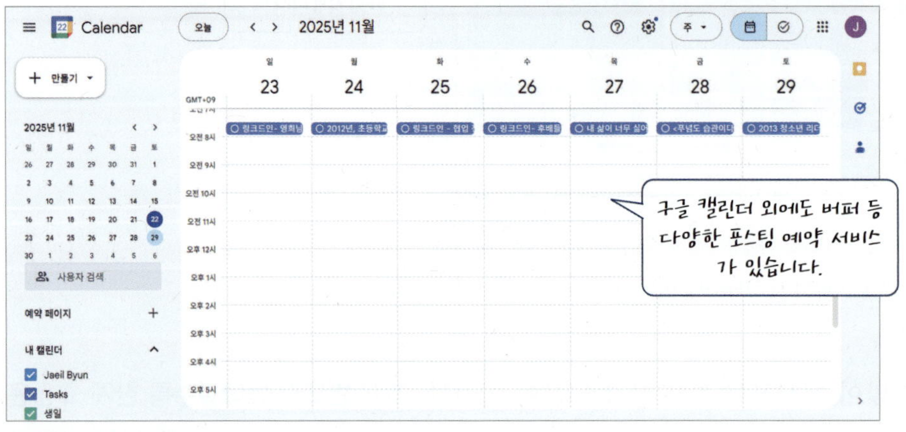

캘린더 일정 관리 예시

하면 된다! } 링크드인 글 예약하기

1 글을 작성한 후, 밑에 있는 [미리 만들기 ⓘ]를 클릭합니다.

2 먼저 위에 있는 시간대를 확인합니다. 현재 저는 서울에 있기 때문에 서울 시간대에 맞춰서 글이 올라가게 되며, 위치가 바뀌면 앱에서 접속 위치를 파악해서 올릴 시간대를 자동으로 추천합니다. 원하는 국가에 맞게 **날짜**와 **시간**을 조정해 줍니다. 완료가 되었으면 [다음]을 클릭합니다.

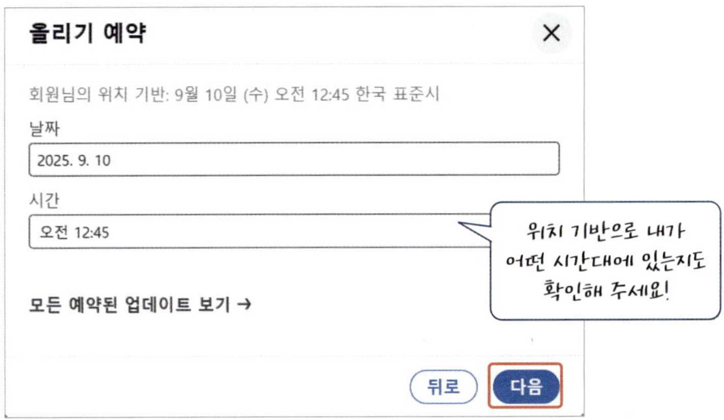

3 오른쪽 아래의 [업데이트]였던 버튼이 [일정]으로 바뀝니다. [일정]을 클릭하면 글이 예약됩니다.

4 예약 글 수정

만약 예약한 글을 수정하고 싶거나, 일정을 수정하려면 ❶ [미리 만들기]를 클릭하고 올리기 예약 화면에서 ❷ [모든 예약된 업데이트 보기]를 눌러야 합니다.

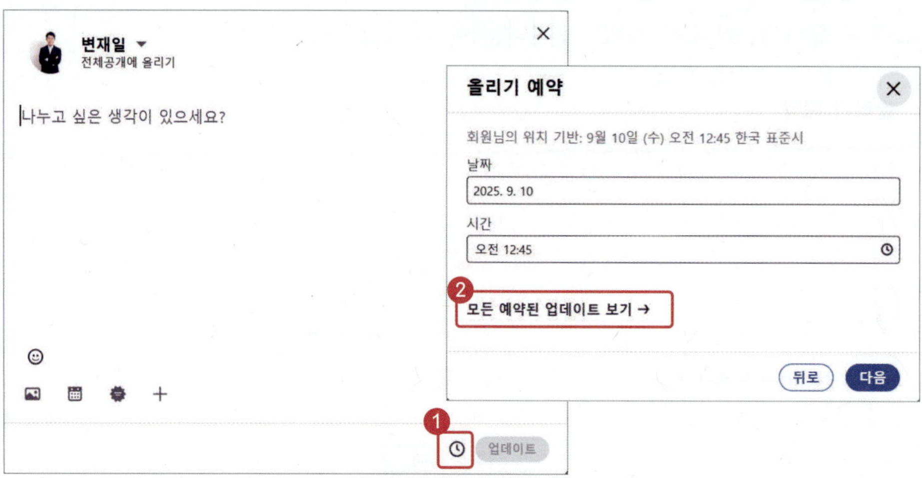

5 예약된 글의 오른쪽 위 [더 보기 ⋯]를 클릭하면 4개의 메뉴가 나타납니다. [지금 올리기]를 선택해 글을 바로 올릴 수 있고, [예약 수정]에서 올리는 시간을 바꿀 수 있습니다. [글 수정]에서 시간은 그대로 둔 채 글만 수정할 수 있고, [글 삭제]에서 예약한 글을 삭제할 수 있습니다.

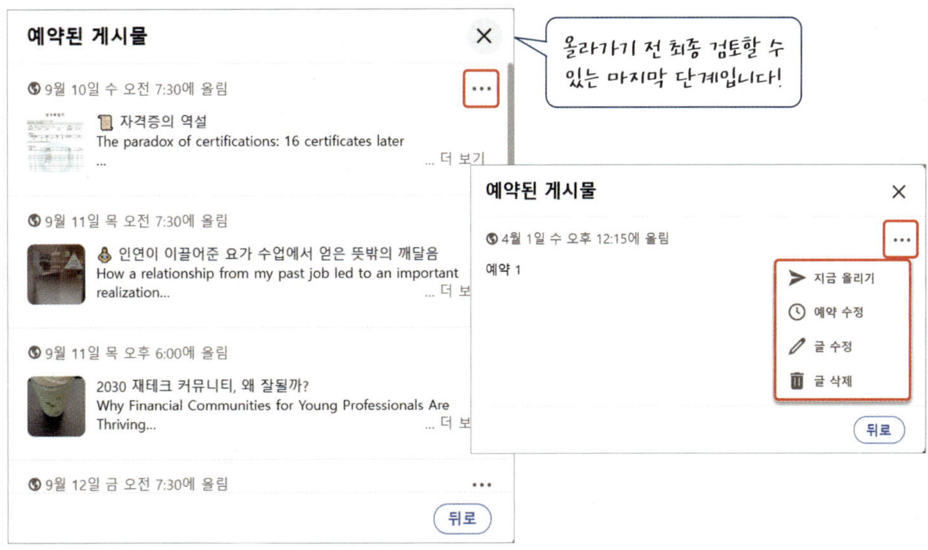

링크드인을 시작하는 많은 이들이 "언제 포스팅해야 가장 좋을까요?"라는 질문을 던집니다. 링크드인의 진정한 가치는 글로벌 네트워킹에 있기 때문에 한국 시간대만 고려해서는 안 됩니다. 글로벌 링크드인 크리에이터 분석툴 파비콘(Favikon)의 데이터에 따르면, 한국 사용자의 포스팅은 주로 출근 시간(오전 8~10시)과 퇴근 전(오후 4~6시)에 집중되며 이 시간이 한국 내 팔로워 참여율을 높이는 데 효과적입니다. 다만 CEO나 임원급을 타깃층으로 한다면 업무 시작 전인 오전 7~8시를, 1인 사업가는 즉각적으로 본인이 반응할 수 있는 시간대에 예약하는 등 타깃 독자의 활동 패턴에 맞춰 세분화하는 것이 좋습니다.

글로벌 시장을 공략하려면 전 세계 사용자의 31%를 차지하는 미국 시장에 주목해야 합니다. 한국 시간 오후 9시부터 새벽 1시 사이가 유럽의 늦은 오후와 미국 동부의 오전이 겹치는 황금 시간이므로, 이때 영어 주도형 콘텐츠나 글로벌 트렌드 분석 포스팅을 집중 발행하면 높은 참여율을 기대할 수 있습니다.

결국 포스팅 시간대 최적화는 일관성과 콘텐츠 품질에 기반해야 합니다. 어떤 시간대를 선택하든 꾸준함 없이는 알고리즘의 신뢰를 얻기 어렵습니다. 정한 요일과 시간에 규칙적으로 포스팅하고 유익한 콘텐츠를 제공하는 것이 시간대보다 중요하며, 데이터를 참고하되 자신의 타깃 독자의 특성을 고려해 최적 시간을 찾아가는 것이 진정한 성공 전략입니다.

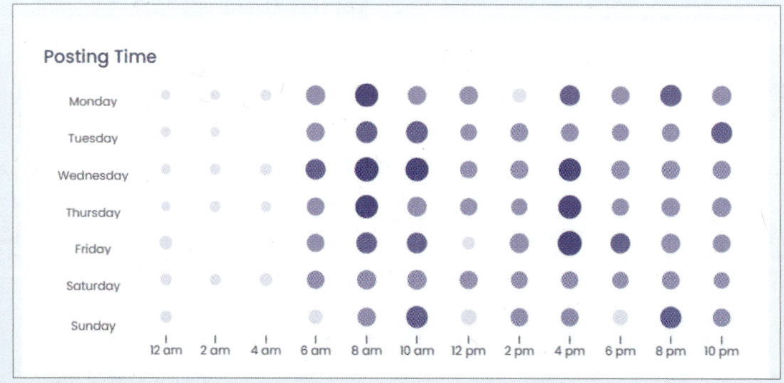

파비콘에서 분석한 한국 링크드인 이용자의 주요 업로드 시간

하면 된다! } 구글 캘린더로 일정 관리하기

콘텐츠 예약을 위해 버퍼, 노션 같은 다양한 도구가 있지만, 대부분 유료인 경우가 많습니다. 그래서 간단하게 예약 일정을 관리할 방법으로 **구글 캘린더**를 추천합니다. 구글 캘린더로 비용 부담 없이 일정을 관리는 방법을 알아보겠습니다.

1 **구글**(google.com)에 로그인을 한 후, 오른쪽 위에서 ❶ [**구글 앱**]을 누르고 ❷ [**Calendar**]를 클릭합니다.

2️⃣ 캘린더 화면이 나타나면 ❶ [만들기]를 누르고 ❷ [할 일]을 클릭합니다.

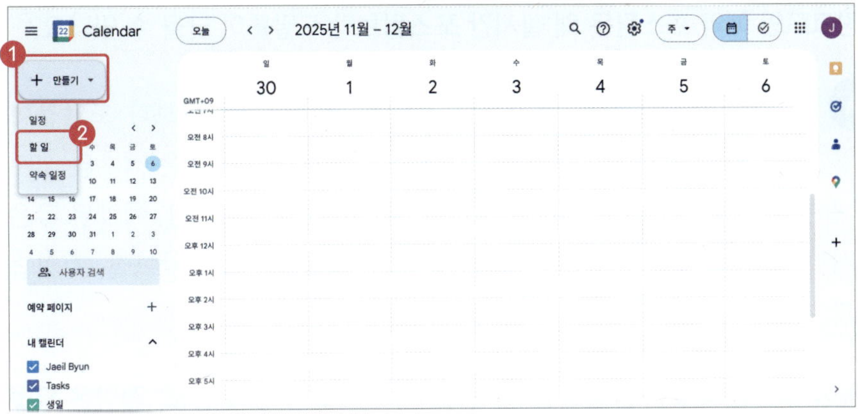

3️⃣ ❶ [제목 추가]에 업로드한 글 제목을 적고, 특별히 메모할 사항이 있다면 ❷ [설명 추가]에 기록한 후 ❸ [저장]을 눌러 저장합니다.

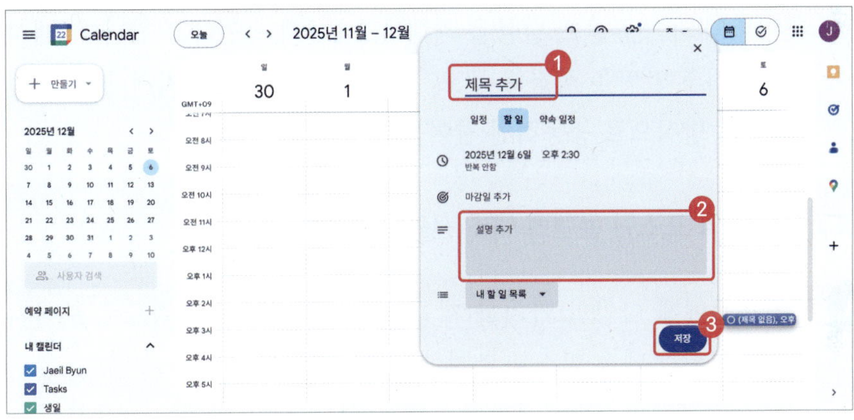

이렇게 링크드인 글쓰기 업로드 일정 세우는 요령까지 배워 보았습니다. 본업이 바쁠 때는 과감히 빈도를 줄이고, 여유가 있을 때 미리 여러 개의 포스팅을 예약하여 활동을 유연하게 지속하는 것을 추천합니다.

계속 강조했지만, 링크드인을 잘 하는 방법은 '꾸준히' 하는 것입니다.

예약 기능과 관련해 자주 하는 질문 5가지

Q 링크드인 예약 포스팅은 왜 실시간 포스팅보다 도달률이 낮을 수 있나요?

A 일부 연구에 따르면, 예약된 포스팅은 실시간 포스팅보다 도달률이 낮을 수 있습니다. 이는 링크드인 알고리즘이 게시물이 올라온 직후의 실시간 참여와 즉각적인 반응을 더 중요하게 평가하기 때문입니다. 예약된 글은 실시간 반응이 어렵기 때문에 알고리즘에 의해 우선순위가 낮아질 수 있습니다.

Q 예약 포스팅의 낮은 도달률을 극복하기 위한 '초기 참여 유도' 전략은 무엇인가요?

A 예약 포스팅의 한계를 극복하려면 발행 직후 5분 이내에 댓글을 달거나 초기 참여를 유도하는 것이 매우 중요합니다. 최근 연구에 따르면, 포스팅 후 첫 5분 내의 댓글은 도달률을 최대 4.2배까지 높인다고 합니다. 게시물이 올라온 직후 알림을 설정해 두고, 첫 댓글로 질문을 던지거나 관련 인물을 태그하는 방식으로 능동적인 참여를 시작해야 합니다.

Q 효과적인 예약 포스팅 콘텐츠 믹스 전략을 추천해 주세요.

A 팔로워들에게 다양한 가치를 제공하고 지나치게 상업적으로 보이지 않도록 균형 잡힌 콘텐츠 믹스를 추천합니다.
- 가치/인사이트: 5개 포스팅 중 3개(예 유용한 정보, 업계 인사이트, 전문가 팁)
- 개인적인 스토리: 5개 포스팅 중 1개(예 개인적인 경험, 업무 실수담, 성장 과정)
- 회사/제품 관련: 5개 포스팅 중 1개(예 회사 소식, 제품 업데이트, 성과 공유)

Q 포스팅 예약 시 '유연성'을 확보하는 방법은 무엇인가요?

A 예상치 못한 이슈나 급변하는 트렌드에 대응할 수 있도록 예약 포스팅 사이에 1~2일의 여유를 두는 것이 좋습니다. 이를 통해 급작스러운 업계 뉴스나 시의성 있는 내용을 즉시 공유할 수 있는 '실시간 포스팅' 여지를 확보할 수 있습니다. 또한 같은 내용을 다른 형식으로 예약하여 A/B 테스트를 진행해서 어떤 스타일이 더 효과적인지 꾸준히 실험해 볼 수 있습니다.

Q 링크드인 활동 초기에 적절한 포스팅 빈도는 어떻게 설정해야 하나요?

A 링크드인 활동은 일관성이 가장 중요합니다. 품질 낮은 글을 무작정 많이 올리는 것보다 품질 높은 콘텐츠를 일관되게 제공하는 것이 훨씬 효과적입니다.

· 1단계(시작): 주 1~2회로 시작하여 포스팅 습관을 만듭니다.
· 2단계(익숙해지면): 주 3~4회로 점차 증가시킵니다.
· 3단계(안정 시): 안정적으로 운영되면 매일 포스팅을 고려해 볼 수 있습니다.

🕐 복습해 볼까요?

▶ 링크드인 알고리즘은 꾸준한 활동을 선호하므로, 바쁜 일정 속에서도 일관된 포스팅을 유지하기 위해 미리 글을 써두고 원하는 시간에 업로드하는 ❶(   ) 기능을 활용하는 것이 좋습니다.

▶ 글로벌 네트워킹을 위해 포스팅 시간을 고려할 때, 전 세계 링크드인 사용자의 약 31%를 차지하는 ❷(   ) 시장의 활동 시간대를 공략하는 것이 효과적입니다.

정답 ① 예약 ② 미국

독자를 사로잡는 링크드인의 운영 기술

좋은 콘텐츠를 만드는 것만큼 중요한 것이 바로 '전달하는 방식'입니다. 모바일 최적화로 가독성을 잡고, 언어 장벽을 넘어 글로벌 독자에게까지 닿을 수 있다면 내 글의 영향력은 상상 이상으로 커집니다.

이번 절에서는 글의 도달률을 극대화하는 구체적인 기술과 함께 네이버 블로그, 유튜브 등 타 플랫폼과의 연계 전략, 그리고 소중한 계정을 안전하게 지키는 보안 수칙까지 핵심 내용을 정리해 살펴보겠습니다.

독자를 배려하는 '모바일 친화적' 글쓰기

링크드인 포스팅을 할 때 사람들이 간과하는 것이 있습니다. 그것은 바로 링크드인에 포스팅을 올리는 것은 책을 쓰는 것과는 다르다는 점입니다. 책의 경우 여러 문장을 합쳐서 문단으로 구성해야 사람들이 많이 읽습니다. 또 읽을 때도 왼쪽에서 오른쪽으로 훑으면서 보는 것이 자연스럽고 편안합니다.

하지만 링크드인은 온라인 형태의 글이며, 보통 링크드인을 많이 하는 사람은 앱을 통해서 읽는 경우가 많습니다. 앱에서는 스크롤 기반으로 콘텐츠가 변하기 때문에, 문장이 많으면 빠르게 스크롤하는 경향이 강합니다. 그렇게 되면 애써 작성한 글을 대충 훑어보고 넘어가는 단점이 생깁니다.

① 제목이 모든 것을 결정한다

먼저 **글의 제목을 정하는 것이 중요**합니다. 제목은 이 글이 어떤 글인지 사람들의 흥미를 끌고, 어떤 내용으로 글이 전개될지 알려 줍니다. 제목은 한 문장으로 쓰되, 핵심 키워드를 포함해서 사람들의 이목을 집중시켜 보세요.

제목을 쓴 다음에는 Enter 를 두 번 눌러서 본문을 시작합니다. 만약 글이 다양한 내용으로 구성되어 있다면, 소제목을 넣어 주는 것도 좋습니다. 예를 들어 회사 면접 후기에 지원 계기, 준비 과정, 면접 과정, 느낀 점 등을 '〈 〉'를 이용해 소제목으로 넣어 주면 내용을 쉽게 파악할 수 있습니다.

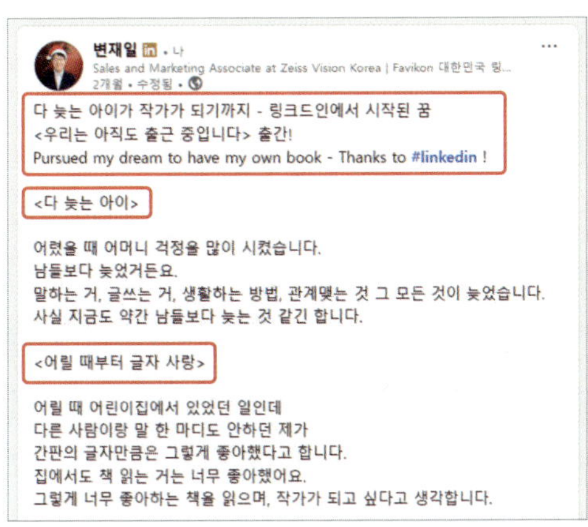

제목 예시

② 모바일 환경을 고려한 글쓰기

링크드인은 컴퓨터보다는 모바일 앱으로 이용하는 사람이 많은 편입니다. 직장에서 웹 페이지를 띄워서 링크드인을 사용하기에는 어려운 부분이 있기 때문입니다. 그러므로 링크드인을 앱 환경에서 사용할 수 있도록 연습하면 좋습니다.

하지만 링크드인 포스팅을 하기 위해서는 일일이 타이핑을 해야 하므로, **네이버 블로그 에디터를 추천**합니다. 다음의 네이버 블로그 에디터 오른쪽 아래에서 **[PC 화면]** 아이콘을 누르면, **모바일 화면 버전으로 자동 전환**됩니다. 이 기능을 활용하면 **모바일 화면**에서 어떻게 보이는지 미리 확인할 수 있습니다.

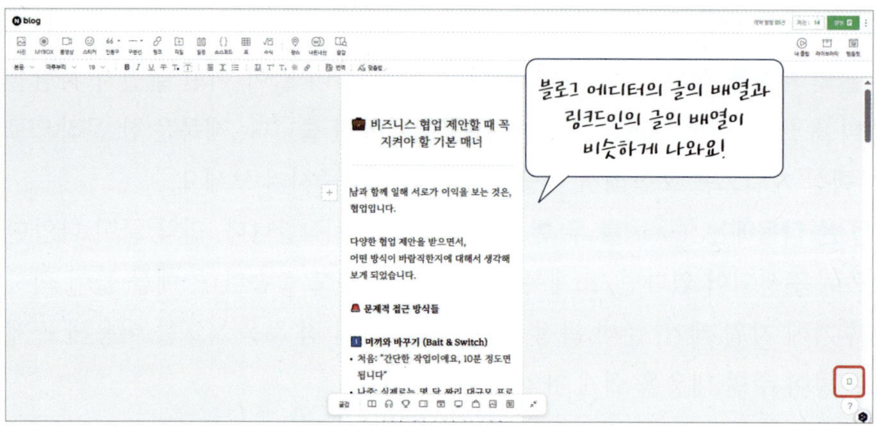

네이버 블로그에서 링크된 게시글 초안을 작성한 예시

링크드인을 어떻게 이용하든 정답은 없습니다. 하지만 더 많은 사람들이 내 글을 읽기를 원한다면, 그리고 이제 시작하는 단계라면 이러한 부분을 고려해서 사람들이 쉽게 접근할 수 있도록 해야 합니다.

결국 **링크드인 포스팅의 성공은 '얼마나 읽히는가'에 달려 있습니다.** 아무리 좋은 내용이라도 읽히지 않는다면 의미가 없고, 평범한 내용이라도 많은 사람들이 끝까지 읽는다면 그것이 바로 성공적인 포스팅입니다. 독자의 눈과 손가락, 그리고 시간을 배려하는 것이 링크드인에서 살아남는 첫 번째 조건이라고 할 수 있습니다.

글로벌 사용자까지 사로잡는 '이중 언어' 전략

링크드인을 활용할 때 많은 사람들이 놓치는 중요한 점이 있습니다. 바로 **링크드인이 글로벌 플랫폼이라는 사실**입니다. 국내 SNS는 한국어만 사용해도 충분하지만, 링크드인은 전 세계 사용자들이 모여 있는 공간입니다.

하지만 영어로만 글을 쓰면 국내 독자를 놓치고, 한국어로만 쓰면 해외 네트워크를 활용하지 못하는 딜레마가 생깁니다. 특히 링크드인 알고리즘은 다양한 지역의 사용자들에게 콘텐츠를 노출시키기 때문에, **언어 선택이 도달 범위에 큰 영향**을 미칩니다.

먼저 계정 분석의 팔로워에 들어가서 1촌이 있는 지역의 비중을 분석해 봅니다. 한국보다 해외가 많다면 영어로 쓰면 됩니다. 하지만 계정 분석 결과 한국인과 외국인의 1촌 비율이 비슷하다면 한글과 영어를 함께 사용하는 '이중 언어 전략'이 효과적입니다. 주요 내용을 한글로 작성한 뒤 영어 요약을 추가하거나, 핵심 문장을 영어로 병기하면 국내외 독자 모두에게 다가갈 수 있습니다. 이렇게 하면 글로벌 네트워킹이라는 링크드인의 최대 강점을 제대로 활용할 수 있습니다. 다음과 같은 전략을 참고해 운영해 보세요.

❶ 전략적 제목 활용

두 번째 언어 제목 추가 방법을 사용합니다. 본문에서도 한국어와 영어를 자연스럽게 병기하여 영어권 사용자를 동시에 포착합니다.

예 "혁신적인 AI 솔루션 출시 | Launching Revolutionary AI Solution".

❷ 문화적 스토리텔링 포함하기

'빨리빨리 문화'나 K-브랜드(삼성, BTS)의 성공 사례 등 한국의 독특한 비즈니스 문화를 소개하면 외국인들에게 흥미로운 콘텐츠가 됩니다. 단순한 번역을 넘어 문화적 맥락을 고려한 진정한 현지화 전략입니다.

❸ 균형 잡힌 해시태그

영어로 해시태그를 약 3개 정도 작성하며, 검색량이 많은 키워드를 사용합니다.

예 #AI, #writing, #LinkedIn 등

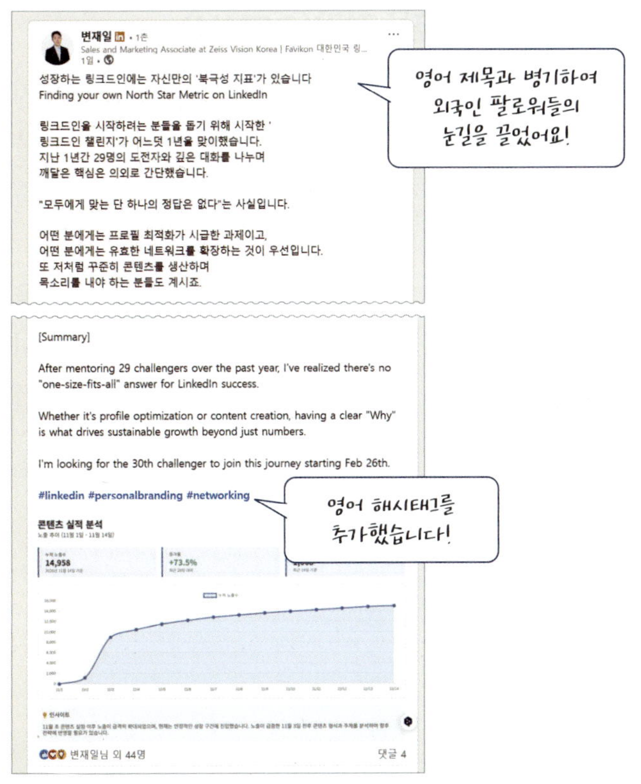

영문 병기 예시

링크드인에서 글로벌 네트워킹을 제대로 활용하려면 프로필 또한 전략적으로 설정해야 합니다. 링크드인의 소유주가 마이크로소프트인 만큼, 영어 프로필을 메인으로 설정하는 것이 글로벌 사용자에게 계정을 노출하는 가장 효과적인 방법입니다. 알고리즘 자체가 영어 콘텐츠에 더 우호적으로 작동하기 때문입니다. 하지만 영어만 사용하면 국내 네트워크를 놓칠 수 있습니다. 이때 활용할 수 있는 것이 [프로필 언어 설정] 기능입니다. 이 영역에서 언어를 추가하면 각 언어 사용자에게 최적화된 정보를 제공할 수 있습니다. 단순히 기계적으로 번역하는 것을 넘어, 각 문화권의 맥락을 고려해서 내용을 구성해 보세요.

➡ 프로필 언어 설정에 관한 내용은 01-2절에서 다뤘습니다.

프로필 설정이 끝났다면 이제 실질적인 네트워킹을 시작할 차례입니다. **해외 사용자에게 매주 최소 20명씩 꾸준히 1촌 신청**을 해보세요. 다만 무작정 신청하기보다는 상대방의 프로필을 검토하고, 관심사나 직무 연관성이 있는 사람들을 선별해서 신청해야 합니다. 이렇게 하면 수락률도 높아지고 실질적인 비즈니스 연결로 이어질 가능성도 커집니다.

콘텐츠의 수명을 늘리는 '플랫폼 확장' 전략(OSMU)

처음 링크드인을 할 때는 링크드인만 잘 하면 된다고 생각하기 쉽습니다. 하지만 그러한 생각은 큰 착각이라는 것을 곧 깨닫게 됩니다. SNS는 소셜 미디어 플랫폼에서 글을 쓰는 것이므로, 언제든지 계정이 정지되거나 해킹당할 수 있습니다.

이러한 문제를 해결하기 위해서는 다양한 소셜 미디어 계정을 이용하여 위험을 분산해야 합니다. 또한 여러 플랫폼을 함께 사용하면 각 플랫폼마다 그 목적이 다르기 때문에 상호 보완 효과도 보여 줄 수 있습니다. 그러면 사람들은 어떤 플랫폼을 링크드인과 함께 이용하는지 알아볼까요?

➡ OSMU(One Source Multi Use)란 하나의 원천 콘텐츠를 다양한 형식으로 변형하고 재구성하여 여러 플랫폼에서 활용하는 전략을 의미합니다.

구관이 명관, 네이버 블로그

네이버 블로그는 서비스 초창기부터 많은 사람들이 써 왔던 것이라 익숙한 사람이 많을 것입니다.

네이버 블로그로 돈을 버는 방법은 다양합니다. 체험단을 신청해서 협찬을 받는 방법도 있고, 어느 정도 인플루언서가 되면 애드포스트라는 제도로 돈을 지급받기도 합니다.

링크드인은 페이스북의 인터페이스와 유사하기 때문에, 예전 글을 검색해서 찾기가 어렵습니다. 하지만 네이버 블로그를 같이 이용하면 예전의 글을 아카이빙해서 기록을 쌓을 수 있고, PDF로 인쇄해서 확인할 수도 있습니다. 링크드인 글을 블로그에도 같이 업로드해 보는 것을 추천합니다.

이유진 작가님 블로그

가볍게 내 생각을 적는, 스레드

스레드^{Threads}는 2023년 7월 5일에 공식 출시되어 현재 2년 정도 된 신규 플랫폼입니다. 이 플랫폼은 인스타그램에서 만든 숏폼 텍스트 플랫폼이며, 500자 내로 포스팅을 적을 수 있는 것이 특징입니다. 가볍게 사람들이 자신의 생각을 공유하는 X(트위터)와 비슷합니다.

링크드인에 글을 쓰던 사람들도 스레드에 글을 쓰기 시작했는데, 링크드인과 다르게 자신의 생각들을 가볍게 아이디어 형태로 툭툭 풀어낸 글들이 많은 사랑을 받습니다.

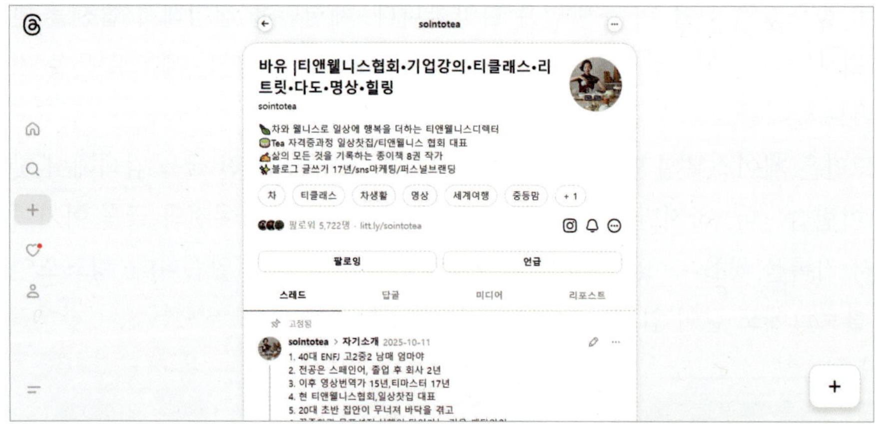

이유진 작가님 스레드

좀 더 깊은 생각을 적고 싶다면, 브런치

최근 링크드인에는 작가나 작가 지망생들이 많이 유입되는 추세입니다. 자신만의 스토리나 경험의 인사이트를 담아 브런치 작가에 지원하여 합격하는 경우가 많습니다. 본인의 브런치 글을 게시글로 일부 공개한 후, 댓글이나 본문에 브런치로 갈 수 있는 링크를 적어 놓기도 합니다. 주변의 경험에 의하면, 자신의 스토리를 잘 만들수록 통과 가능성이 높다고 합니다.

워킹맘의 이야기를 담은 이유진 작가님의 브런치

찐 구독자를 만들고 싶다면, 뉴스레터

링크드인에서도 뉴스레터를 만들 수 있지만, 여기서는 **이메일로 직접 소통하는 뉴스레터**를 말합니다. 불과 몇 년 전만 하더라도 이메일 뉴스레터는 옛날 방식이라고 알려지기도 했고, 실제로 사람들이 뉴스레터를 잘 읽지 않았었는데요. 하지만 상황이 바뀌었습니다. SNS는 크리에이터에게 공간만 빌려줄 뿐 언제든 문을 닫을 수 있다는 사실을 깨달은 사람들은 더 안정적인 소통 방법이 필요했고, 결국 이메일 기반의 마케팅이 다시 주목받기 시작했습니다.

대표적인 이메일 마케팅인 뉴스레터는 SNS에서는 공개하지 않는 유용한 정보를 제공합니다. 이를 '리드 마그넷^{lead magnet}', 즉 고객을 끌어들이는 무료 선물이라고 부릅니다. 이런 방식으로 뉴스레터 구독자를 확보한 뒤, 이들을 기반으로 상품이나 서비스를 판매하는 사람들이 늘어나고 있습니다. 보통 메일리^{Maily}, 스티비^{Stibee} 같은 국내 뉴스레터 플랫폼을 링크드인과 함께 활용하는 경우가 많습니다.

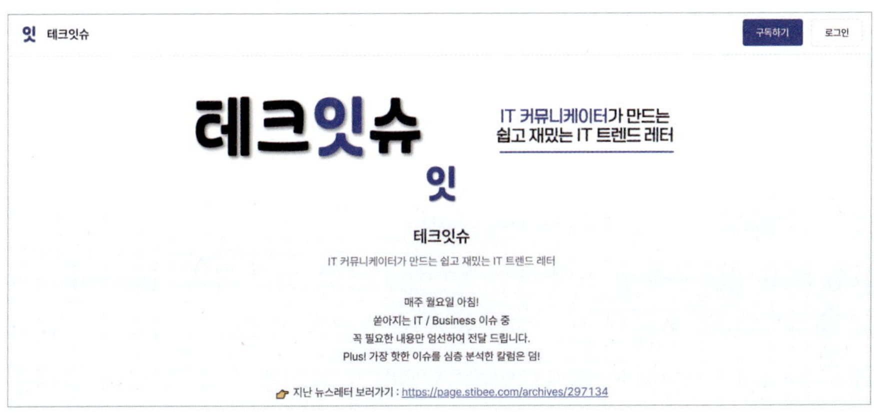

IT 커뮤니케이터 이재훈 님의 뉴스레터, 테크잇슈

시간은 많이 들지만 확실한 브랜딩, 유튜브

유튜브는 다른 소셜 미디어와 다르게 영상으로 되어 있어 품이 많이 듭니다. 일단 유튜브에 맞게 대본을 다시 짜야 하고, 어떤 각도에서 어떻게 영상을 찍을지 고민한 후 실제로 영상을 찍고 편집해서 올려야 합니다. 거기서 끝나는 게 아니라 최소 한 주에 영상 1개는 올려야 하고, 악성 댓글도 관리해야 합니다. 그러므로 일반 회사원이 유튜브를 함께 운영하기는 어려운 편이며, 주로 1인 기업가들이 본인 상품 및 서비스를 홍보하기 위해 유튜브를 운영하는 경우가 많습니다.

하지만 타깃을 잘 정한다면, 자신의 지식을 빠르게 퍼트리고 더 빠른 속도로 팔로워를 모을 수 있습니다. 즉, 많이 투자한 만큼 나에게 많이 돌아오는 구조인 것이지요.

캘빈씨의 AI 스토리 유튜브

소중한 내 계정을 지키는 '계정 보호' 가이드

링크드인에서 꾸준히 활동하며 쌓아온 네트워크와 콘텐츠가 하루아침에 사라진다면 어떨까요? 많은 사람들이 간과하는 것이 있습니다. 그것은 바로 **링크드인 계정도 언제든 정지될 수 있다는 사실**입니다.

링크드인 B2B 영업 솔루션 기업 메텔Maetel에 따르면, 최근 국내 기업들이 개인 계정에 회사 로고를 사용하거나 다중 계정을 만들어 계정이 정지되는 사례가 빠르게 증가하고 있습니다. 링크드인은 전문성과 신뢰성 보호를 위해 정책을 강화하고 있으며, B2B 리드 발굴과 자동화 도구 사용 증가로 인한 스팸 활동을 강력히 제재합니다.

계정 제한을 유발하는 주요 사례는 하루 100건 이상의 과도한 연결 요청, 하나의 이메일/휴대폰으로 2개 이상의 계정 생성, 개인 계정에 기업 로고 사용, 승인되지 않은 자동화 도구 사용, 다수 IP/기기에서의 비정상 로그인 등입니다. **링크드인은 원칙적으로 1인 1계정만 허용하며, 실명 기재와 2단계 인증이 필수**입니다.

계정이 제한되면 즉시 공식 복구 절차를 따라야 합니다. 로그인 후 신분증 제출 및 본인 인증을 진행하고, 링크드인 지원 폼을 제출해 케이스 번호를 확보하세요. 최근 한국인 전담 지원팀이 배정되어 있어 빠른 해결이 가능합니다.

복구 후 2주간은 조회, 좋아요, 댓글 위주로 가벼운 활동만 하고, 대량 연결 요청이나 DM 발송은 피하세요. IP, VPN, 자동화 툴 사용 여부를 점검하고, 절대 같은 이메일/전화번호로 새 계정을 만들면 안 됩니다. 이는 기존 계정의 영구 정지로 이어질 수 있습니다.

권장 사항(Do)	주의 사항(Don't)
1인 1계정 원칙 준수, 실명·소속 명확히 기재	여러 계정 생성, 팀 공용 계정 사용
2단계 인증 활성화, 동일 기기·브라우저 사용	공용 PC 자동 로그인 유지, 다중 IP 동시 접속
제한 해제 초기에는 조회, 좋아요, 댓글 중심의 가벼운 활동 유지	복구 직후 대량 연결 요청, DM 발송
개인화된 연결 요청, 주 150~200건 이내 유지	하루 100건 이상 무작위 연결 요청
활동을 주간 단위로 분산, 일관성 유지	단기간에 집중·반복적 활동, 자동화 도구 사용
프로필 정보, 이메일, 연락처 최신화	오래된 정보 방치, 신분 인증 미실시
광고·홍보가 아닌 인사이트 중심 콘텐츠 발행	광고성 콘텐츠 반복, 외부 링크 과다

결국 링크드인 운영의 핵심은 '독자를 위한 배려'와 '계정의 안정성'입니다. 모바일 환경과 글로벌 독자를 고려해 가독성을 높이고, 다양한 플랫폼과 연계하며, 계정 보안 수칙을 지킬 때 여러분의 영향력은 흔들림 없이 성장할 것입니다. 이렇게 쌓아 올린 여러분의 노력은 과연 어떤 숫자로 나타나고 있을까요? 내가 잘하고 있는지, 어떤 점을 보완해야 하는지 객관적으로 판단할 수 있는 '링크드인 계정 분석'의 세계로 지금 바로 떠나보겠습니다.

▶ 링크드인 게시물은 모바일에서 읽는 경우가 많으므로, 문단 사이를 띄우고 소제목을 활용하는 등 ❶(   )을/를 높이는 글쓰기가 중요합니다.

▶ 국내뿐만 아니라 글로벌 사용자의 유입을 늘리기 위해, 게시물의 제목과 본문에 한국어와 영어를 함께 적는 ❷(   ) 전략을 사용할 수 있습니다.

답 ① 가독성 ② 영문 병기(또는 한글-영어 병기)

내 링크드인 계정 분석하기

내가 링크드인을 잘 하고 있는지 알아보려면 어떻게 해야 할까요? 링크드인은 다른 소셜 미디어와 다르게 계정 활동을 분석할 수 있는 도구를 정말 많이 제공하고 있는데요. 여기에서는 링크드인 무료 유저가 이용할 수 있는 다양한 분석 도구에 대해서 알아본 다음, 유료 유저들에게 추가로 제공되는 글에 대해서도 알아보겠습니다. 함께 출발해 볼까요?

링크드인 계정을 분석해야 하는 이유

링크드인에서 시간과 노력을 투자했다면, 그 결과를 확인해야 합니다. 분석을 통해 콘텐츠가 얼마나 퍼졌는지, 지역별 반응은 어떤지, SSI^{social selling index} 점수는 어떤지 파악하고, 어떤 글이 독자의 공감을 얻는지 알 수 있습니다. 이는 데이터를 바탕으로 전략을 세워 목표를 빨리 달성하게 해줍니다.

링크드인의 장점인 글로벌 네트워킹을 잘 활용하려면 분석 도구가 필요합니다. 국내외 독자들의 접속 시간과 선호하는 글을 비교해서, 올리는 시간을 조정하고 한글-영어를 함께 쓰는 방법을 개선할 수 있습니다. 또한 분석은 계정 활동을 지속해서 개선하게 해주며, 전문가로서 영향력을 키울 수 있는 필수 도구입니다.

하면 된다! } 내 링크드인 계정의 SSI 점수 확인하기

링크드인 포스팅을 분석하는 방법에는 여러 가지가 있습니다. 제일 먼저 볼 수 있는 것은 SSI 점수인데요. 이 점수는 누구나 확인할 수 있습니다.

1 링크드인 계정에 로그인한 상태로 구글에서 SSI Score를 검색합니다. 링크드인의 From Social Selling Index to AI라는 페이지를 클릭합니다.

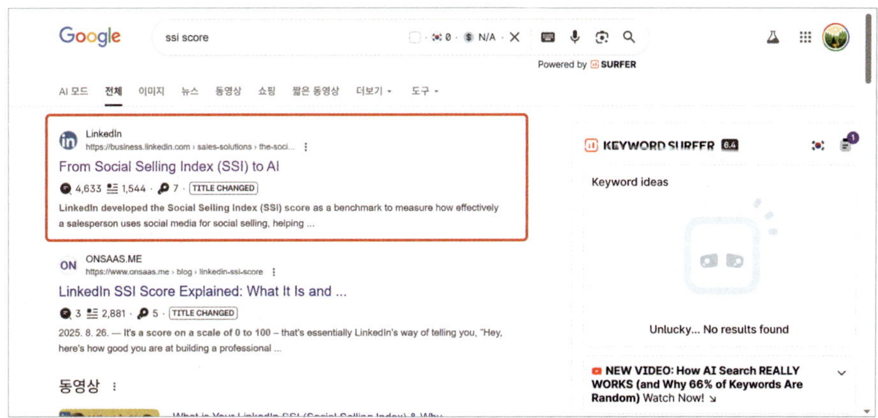

2 SSI Score 메인 화면에서 스크롤을 살짝만 내리고 [Get your SSI Score]를 클릭합니다.

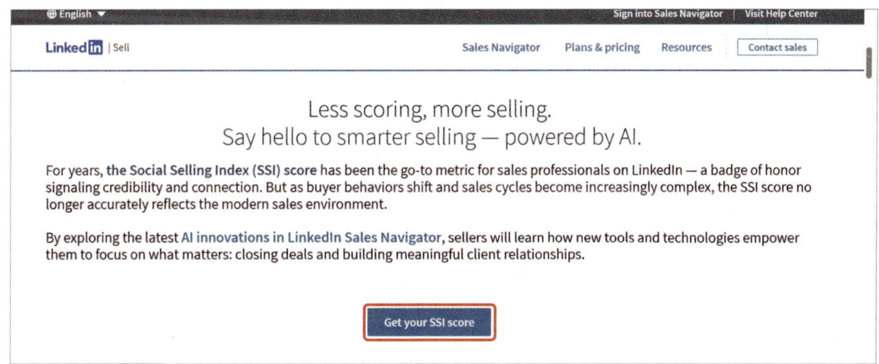

3 연결된 내 계정의 SSI 점수를 확인할 수 있습니다. SSI는 링크드인 활동 성과를 객관적으로 측정하는 핵심 지표입니다. 이는 나의 계정이 속한 산업군 Industry SSI Rank과 1촌 네트워크 내에서 Network SSI Rank 나의 순위가 상위 몇 %인지를 보여 주며, 링크드인 내에서 전문가로서의 영향력과 영업 잠재력을 입증하는 도구로 활용됩니다.

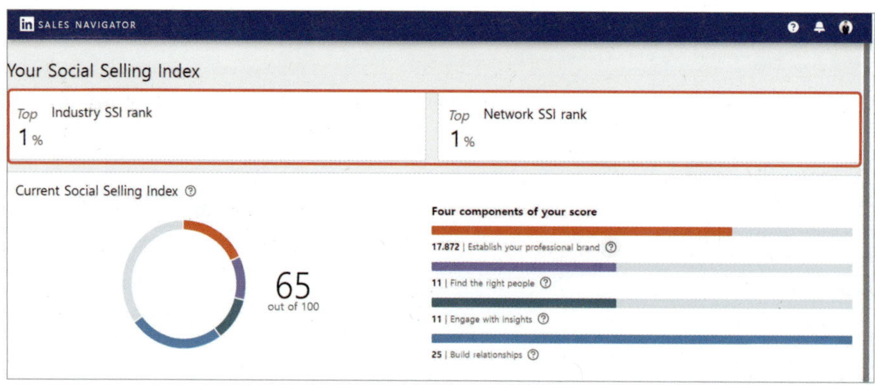

4 SSI의 구성 요소

SSI는 4가지로 구성됩니다. 'Establish your professional brand(전문 브랜드 이미지 구축)'는 프로필 완성도와 콘텐츠 발행을 평가하므로 정보를 꼼꼼히 채우고 업계 키워드를 활용하면 점수를 높일 수 있습니다. 'Find the right people(적합한 사람 찾기)'과 'Engage with insights(인사이트 활용 참여)'는 타깃 인물과 연결하고 댓글과 공유로 활발히 소통하는 점수이므로, 그 부분을 참고해 보세요. 'Build relationships(관계 구축)'은 메시지를 주고받은 빈도 등이 포함되는 점수입니다. 진정성 있는 소통으로 점수를 높여 보세요.

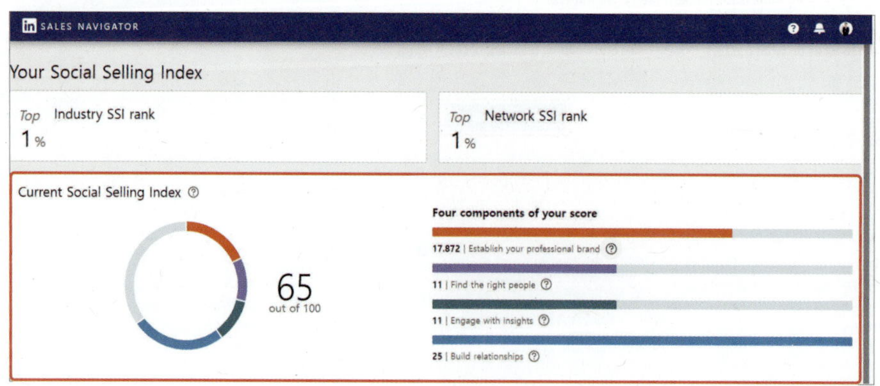

5 SSI rank는 어느 옵션을 선택하느냐에 따라 순위가 바뀝니다. 02장에서 설명했던 링크드인 프로필 [소개말 수정]에 들어가서 [업계]를 수정해 줍니다.

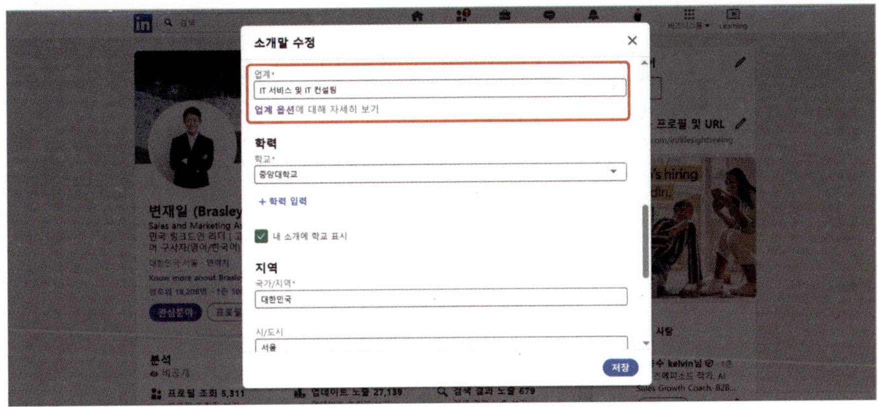

6 내가 속한 산업과 나의 1촌 인맥의 평균 SSI 점수는 몇 점이며, 나는 이보다 얼마나 높은지/낮은지에 대해 알 수 있는 기능도 있으니, SSI를 잘 활용해 보세요!

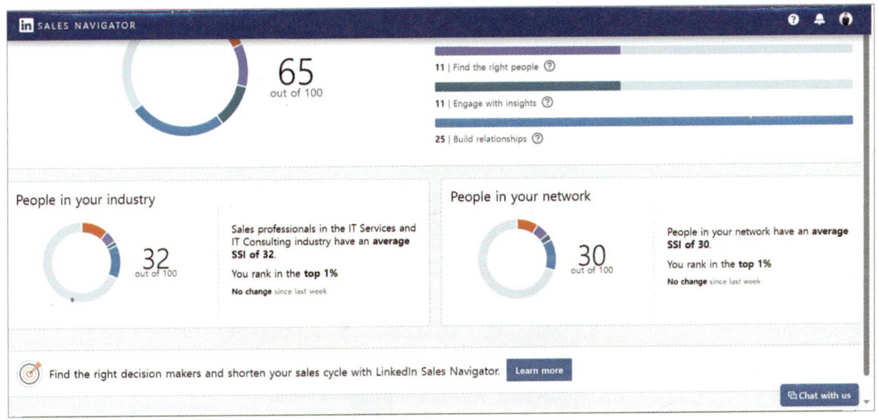

하면 된다! } 링크드인에서 성과 분석하기

다음은 링크드인 앱에서 성과를 분석하는 방법입니다.

1 홈 화면의 왼쪽에서 [프로필 조회자] 또는 [업데이트 노출]을 누릅니다. 프로필 조회자는 누가 내 계정을 조회했는지 알 수 있는 기능이며, 업데이트 노출은 내가 올린 업데이트가 얼마나 많이 퍼졌는지 알 수 있는 기능입니다.

2 **프로필 조회자**는 최근 7일부터 1년까지 어떤 사람이 나를 조회했는지 알 수 있는 기능입니다. 무료 유저는 최근 나를 조회한 5명만 공개되지만, 프리미엄을 구매하면 기간, 필터, 눈에 띄는 조회자, 업계, 지역 등 다양한 필터를 사용하여 프로필 조회자를 살펴볼 수 있습니다.

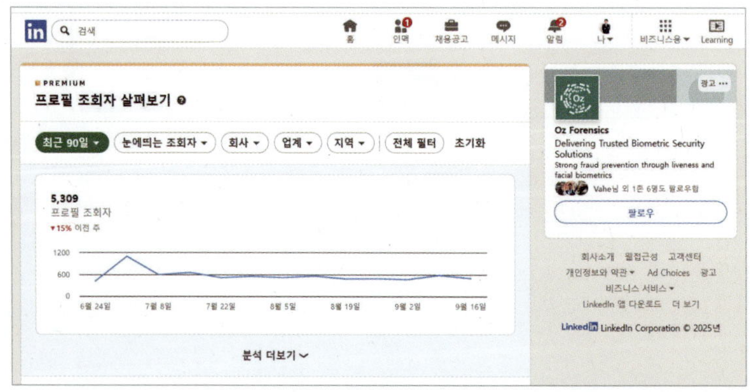

3 **업데이트 노출**은 모든 사람들에게 제공되며, 내 글이 사람들에게 얼마나 노출되었는지 알려 주는 기능입니다. 1년 단위로 조회할 수 있어 언제 올린 글이 인기가 많았는지 분석할 수 있습니다.

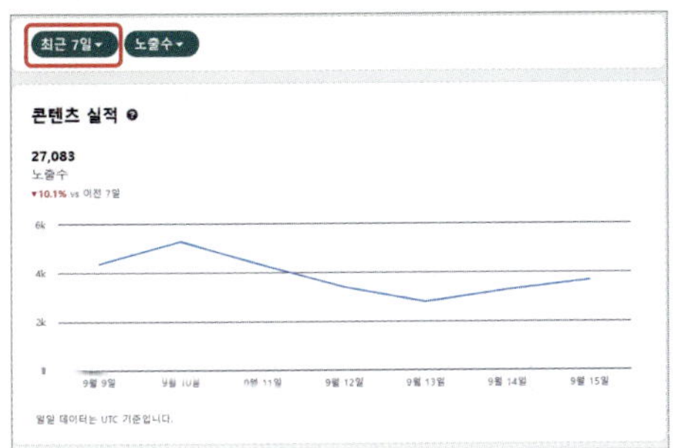
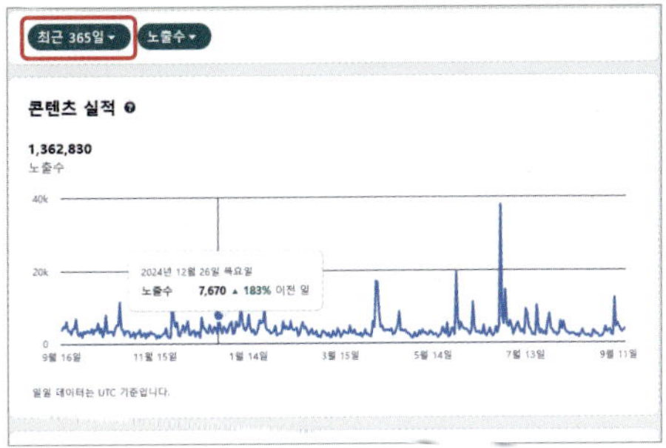

4 필자가 썼던 글 중 상위 50개의 업데이트에 대해서 **높은 성과의 업데이트**라고 링크드인이 분석한 자료를 확인할 수도 있습니다. 이 자료를 모으면 내가 어떻게 링크드인에 글을 써야 하는지 점검할 수 있습니다.

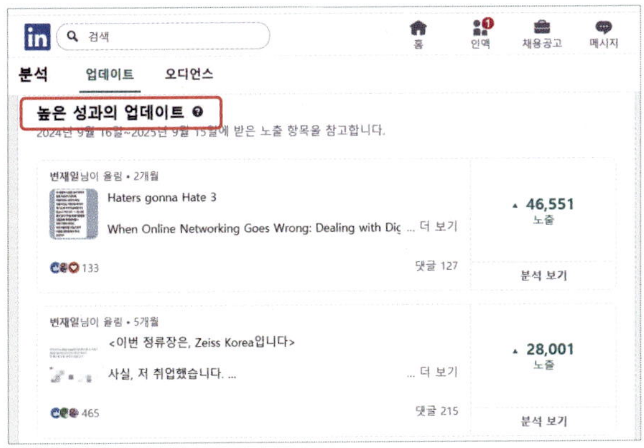

5 업데이트 노출 화면의 **검색**에서는 노출수와 회원 도달 자료를 확인할 수 있는데, **노출수**는 단순히 내 글이 얼마나 사람들에게 많이 노출되었는지를 의미하는 것이며, **회원 도달**은 실제로 내 글을 보고 **더 보기** 버튼까지 눌러서 글을 본 사람 수를 의미합니다. 따라서 최근에는 회원 도달을 늘리기 위한 노력이 이뤄지고 있습니다.

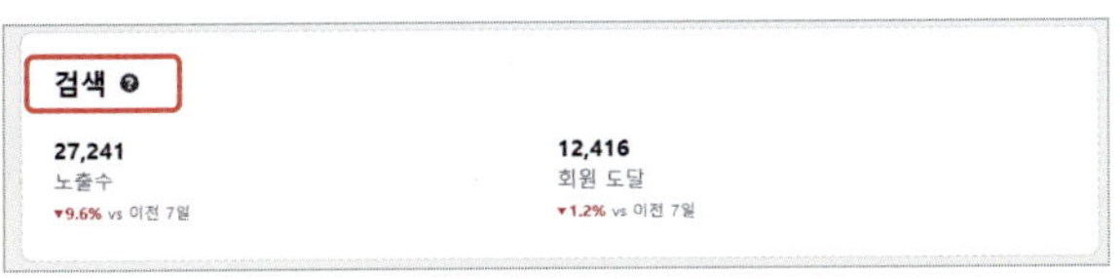

6 업데이트에서는 **참여도** 추이도 확인할 수 있는데, 참여도는 좋아요, 댓글, 저장, 리포스트 등 사람들이 나에게 반응한 개수를 바탕으로 추이를 추적합니다.

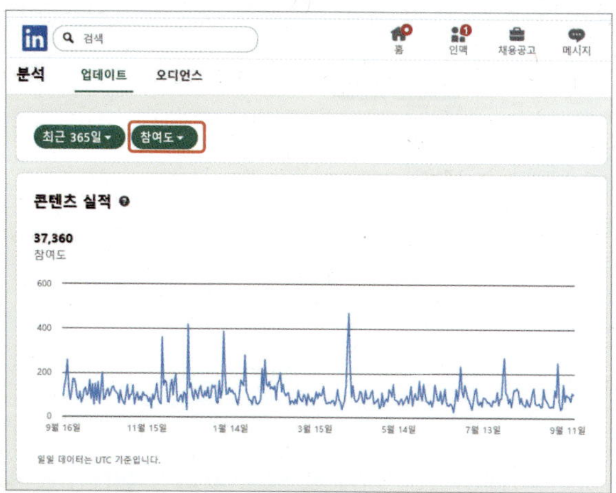

7 **소셜 참여**에서는 나에게 남긴 반응, 댓글, 퍼감 등의 횟수를 확인할 수 있으며, **링크 참여**는 회원과 페이지 운영자가 게시물의 외부 링크를 클릭한 총 횟수를 표시합니다. 노출과 마찬가지로 선택한 기간 동안 참여 항목별로 최고의 성과를 거둔 포스팅 50개를 볼 수 있습니다.

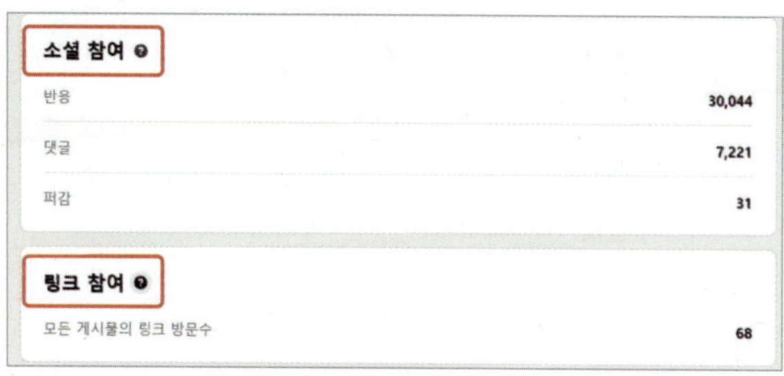

8 하지만 여기서 흥미로운 비밀이 하나 있습니다. 업데이트 화면 오른쪽 위에 있는 [다운로드] 버튼을 누르면, 이 분석 자료를 엑셀로 다운로드할 수 있습니다. 다운로드를 받은 후 제미나이나 챗GPT, 클로드 등을 이용해서 '내가 놓치고 있는 내 링크드인 계정 특징에 대해 알려줘!'라고 프롬프트를 작성한 뒤 엑셀 파일을 첨부하면 자세한 인사이트를 알려 줍니다.

➡ 자료를 바탕으로 AI를 활용해 내 계정의 특징을 분석하는 실습은 05-3절에서 자세히 다룹니다.

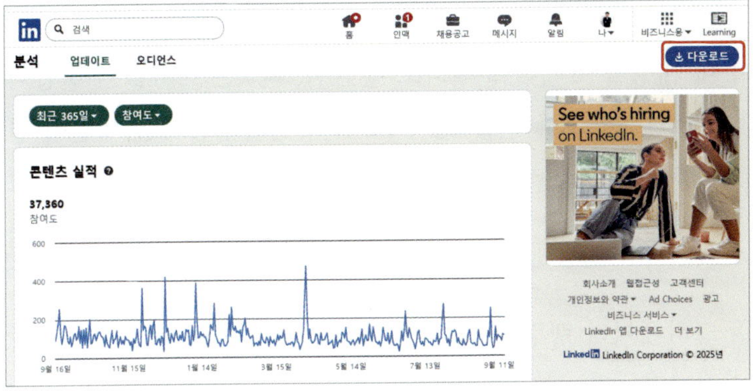

유료 기능으로 내 링크드인 계정 더 깊이 분석하기

사실 무료로 제공하는 기능은 한계가 있습니다. 이때 유료 서비스를 활용하면 내 계정의 객관적인 위치를 더 정밀하게 파악하고, 남들보다 한발 앞선 전략을 수립할 수 있습니다. 대표적인 유료 도구인 링크드인 프리미엄과 전문 분석 툴인 파비콘에 대해 알아보겠습니다.

① 링크드인 프리미엄으로 링크드인 분석하기

링크드인 프리미엄은 링크드인의 유료 버전입니다. 주로 구직을 하거나 적극적 네트워킹이 필요할 때, B2B 영업이나 비즈니스 개발이 주 업무인 사람들에게 추천합니다. 또한 내 프로필을 방문한 사람이 궁금하거나, 연결되지 않은 사람과 소통을 원할 때, 업계 동향이 필요할 때 사용합니다.

여기에 한 가지 이유를 더한다면 계정의 안전과 보안 때문인데요. 링크드인은 국내에 고객센터나 지사가 없어 문제가 생겼을 때 해결하기까지 오랜 시간이 걸립니다. 하지만 프리미엄 서비스를 이용하면 신속한 지원을 받을 수 있어 계정을 관리하는 데 큰 도움이 됩니다.

구직자들은 프리미엄 커리어(연간 240달러), 소상공인은 프리미엄 비즈니스(연간 576달러), B2B 영업은 Sales navigator(월 99달러부터), 리크루터는 Recruiter Lite(월 170달러)를 이용하면 좋습니다.

② 파비콘으로 링크드인 분석하기

링크드인을 하면서 내 계정을 자세히 분석하고 싶다면, **파비콘**^{Favikon}을 추천합니다. 파비콘은 프랑스의 인플루언서 전용 분석 회사로, 인플루언서 캠페인이 필요한 회사와 크리에이터가 서로를 검색해서 찾을 수 있도록 도와줍니다. 링크드인뿐만 아니라, 유튜브, X, 틱톡, 인스타그램까지 메이저 플랫폼을 전부 검색할 수 있습니다.

파비콘에서는 매주 크리에이터 랭킹을 매기며, 링크드인의 경우 다음 5가지 항목으로 랭킹이 측정됩니다.

> - 누적 팔로워 수(비중 14.13%)
> - 4주간 팔로워의 성장 수(비중 33.81%)
> - 포스팅당 반응: 좋아요, 댓글, 퍼가기(14.79%)
> - 월간 반응 수: 좋아요, 댓글, 퍼가기(32.27%)
> - 마지막 활동일(5%)

파비콘은 현재 AI가 범람하고 있는 문제를 막기 위해서 **진정성 점수**^{authenticity score}를 측정하고 있습니다. 팔로워가 자연스럽게 증가하는지, 내 글에 좋아요를 눌러주는 사람이 진짜인지, AI로 글을 쓰지 않았는지, 콘텐츠가 훌륭한지, 전문성이 있는지 이렇게 5가지를 바탕으로 평가를 하게 됩니다.

대부분의 사이트 기능은 무료로 제공되며, 링크드인 개인 이용자는 **크리에이터 플랜**^{creator plan} 이용을 권장합니다. 연간 결제 기준으로 한 달에 19달러 정도 내면 다양한 기능들을 사용할 수 있습니다. 하지만 무료라고 해도 크리에이터를 검색하고, 이들의 점수가 어느 정도 되는지에 대해서는 확인할 수 있습니다.

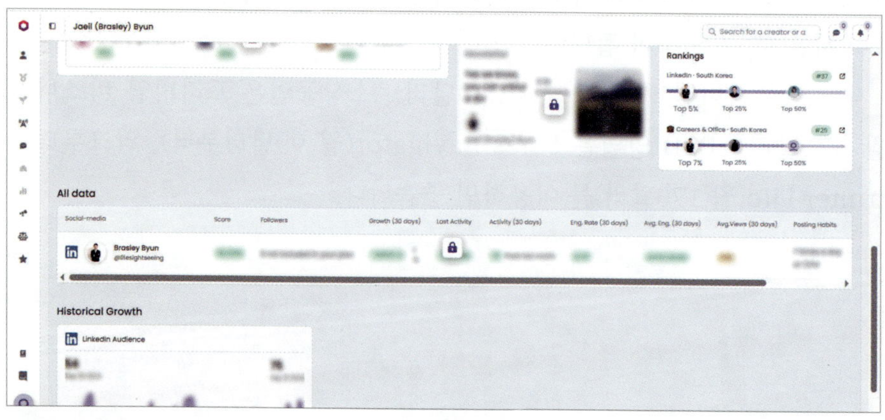

파비콘 순위(무료 버전)

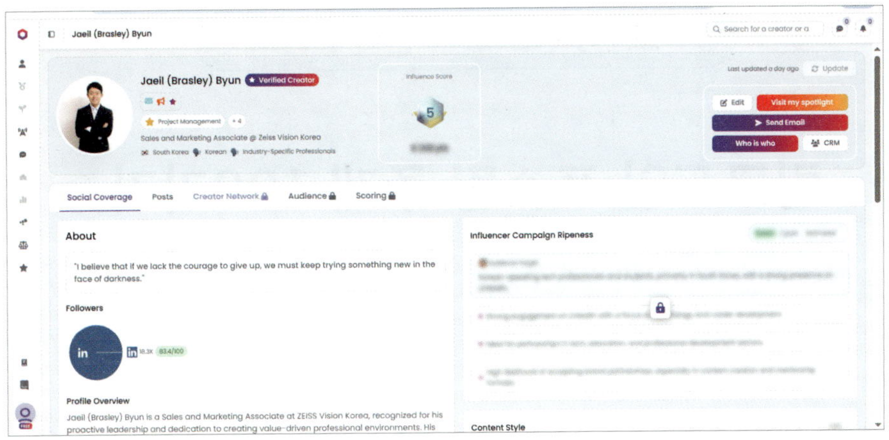

파비콘 인플루언서 검색(무료 버전)

필자는 이 프로그램의 한국 최초 링크드인 리더로 선정되어, 이 사이트에 대해 다양하게 알게 되었습니다. 현재는 수요가 적어 간단하게 설명하였으나, 더 궁금한 것이 있으면 leadjaeil@gmail.com이나 필자의 링크드인 DM을 이용해서 연락해 주세요.

파비콘 리더 현황

⏱ 복습해 볼까요?

▶ 링크드인 활동 성과를 4가지 항목(전문 브랜드 구축, 사람 찾기, 참여, 관계 구축)으로 평가하여 100점 만점으로 보여 주는 지표를 ❶ (　　　　) 점수라고 합니다.

▶ 단순히 내 게시물이 화면에 나타난 횟수인 '노출'과 달리, 실제로 사용자가 '더 보기'를 눌러 글을 읽은 횟수나 도달한 사람의 수를 의미하는 실질적인 지표를 확인하는 것이 중요합니다. 이를 링크드인 분석 도구에서 ❷ (　　　　) 데이터로 확인할 수 있습니다.

답 ① SSI(Social Selling Index) ② 임프레션 노출(노출 횟수)

링크드인 포스팅 주제 100가지

링크드인에 뭘 쓰지? 고민하는 사람들을 위해 포스팅 주제 100가지를 소개합니다. 다음 주제를 참고해서 어떻게 쓸 것인지 정리해 보세요!

개인 성장 & 라이프 50선

자기 발견 & 성장 스토리	커리어 탐색 & 방향성
1. 20대에 가장 후회하는 선택과 그로부터 배운 것	6. 전공과 다른 길을 선택하게 된 이유
2. 내가 진짜 원하는 것을 찾기까지의 시행착오	7. 첫 번째 꿈을 포기하고 새로운 길을 찾은 과정
3. 완벽 주의를 버리고 나서 달라진 점들	8. 내가 정말 잘하는 것과 좋아하는 것의 차이
4. 타인과 비교하는 습관에서 벗어난 과정	9. 급여보다 중요하다고 느낀 것들
5. 실패에 대한 두려움을 극복한 나만의 방법	10. 대기업 vs. 스타트업, 내가 내린 선택과 이유
도전 & 새로운 시도	**고민 & 성찰**
11. 처음으로 혼자 해외여행을 떠난 이유와 경험	16. 20대 후반, 정말 중요한 것이 무엇인지 고민한 과정
12. 새로운 도시로 이사하며 느낀 것들	17. 돈과 행복 사이에서 균형을 찾아가는 여정
13. 창업 아이디어를 구체화해 본 경험	18. 일과 삶의 균형에 대한 나만의 기준
14. 블로그나 유튜브를 시작하게 된 계기	19. 완벽하지 않은 나를 받아들이게 된 과정
15. 1년 동안 지속한 개인 프로젝트와 결과	20. 내가 생각하는 성공의 정의가 바뀐 과정

변화 & 전환점	관계 & 네트워킹
21. 인생의 터닝 포인트가 된 한마디	26. 내향적 성격일 때 네트워킹하는 방법
22. 나를 변화시킨 한 권의 책 또는 강의	27. 인생 멘토를 만나게 된 우연한 계기
23. 안전 구역을 벗어나기로 결심한 순간들	28. 업계 선배들과의 커피챗에서 얻은 조언
24. 부모님의 기대와 내 꿈 사이에서 고민한 과정	29. 새로운 취미를 시작하면서 만난 사람들
25. 커리어 전환을 결심하게 된 계기	30. 인간관계에서 배운 소중한 교훈들
학습 & 스킬	마인드셋 & 철학
31. 새로운 언어를 배우면서 겪은 좌절과 성취	36. 미래에 대한 불안감을 다루는 나만의 방법
32. 온라인 강의를 통해 배운 것	37. 타인이 시선보다 내 기준을 중요하게 여기게 된 계기
33. 책 읽기를 습관으로 만들기까지의 여정	38. 혼자 있는 시간의 가치를 깨달은 순간
34. 투자를 시작하며 배운 경제 개념들	39. 나만의 가치관을 정립해 가는 과정
35. 자격증 취득보다 중요한 것을 깨달은 순간	40. 현재에 집중하는 법을 배워가는 과정
창의성 & 자기표현	미래 & 비전
41. 개인 브랜딩을 의식하기 시작한 계기	46. 나만의 커리어 로드맵을 그려 가는 방법
42. 나의 차별화 포인트를 찾아가는 과정	47. 장기적 커리어 비전을 세우며 고민한 것들
43. 포트폴리오를 만들면서 발견한 나의 강점	48. 30세 이전에 꼭 해보고 싶은 것들
44. 예술이나 창작 활동을 시도해 본 경험	49. 앞으로의 인생에서 가장 중요하게 여길 것
45. 링크드인을 처음 시작할 때의 어색함과 성장	50. 변화하는 세상에서 나만의 속도 찾기

직장생활 & 업무 50선

취업 & 커리어 시작	업무 스킬 & 효율성
51. 첫 직장 입사 1개월 후기와 예상과의 차이점	56. 효율적인 업무 관리 방법과 도구 활용법
52. 인턴십에서 정규직으로 전환되는 과정	57. 업무 우선순위를 정하는 나만의 기준
53. 취업 준비 과정에서 겪은 시행착오와 교훈	58. 프레젠테이션 스킬 향상을 위한 노력
54. 면접 탈락 후 피드백을 받아 성장한 경험	59. 데이터 분석을 통해 업무를 개선한 사례
55. 첫 주 업무에서 당황했던 순간들	60. 업무 자동화로 효율성을 높인 경험

인간관계 & 커뮤니케이션	성장 & 발전
61. 상사와의 커뮤니케이션에서 배운 점	66. 멘토를 찾는 과정과 멘토링의 가치
62. 동료와의 협업에서 중요한 요소들	67. 리더의 역할을 맡게 된 후 달라진 관점
63. 회의에서 효과적으로 의견을 전달하는 방법	68. 피드백을 받아들이고 개선한 경험
64. 팀 프로젝트에서 갈등을 해결한 경험	69. 승진을 위해 준비했던 것들과 결과
65. 고객 응대에서 배운 커뮤니케이션 스킬	70. 회사 내부 교육을 통해 새로운 스킬을 습득한 과정

도전 & 혁신	극복 & 회복력
71. 새로운 분야로 커리어를 전환하게 된 계기	76. 직장에서 실수를 했을 때 대처법과 배운 점
72. 업무 중 발생한 창의적 문제 해결 사례	77. 번아웃을 경험하고 극복한 과정
73. 새로운 기술 도입을 주도한 경험	78. 업무 스트레스 관리 방법과 실제 적용 사례
74. 비즈니스 프로세스 개선에 기여한 사례	79. 위기 상황에서 팀을 이끈 경험
75. 혁신적인 아이디어를 제안하고 실행한 과정	80. 어려운 고객이나 상황을 해결한 사례

네트워킹 & 관계 구축	성과 & 결과
81. 첫 커피챗 경험과 준비 과정	86. 목표 설정과 달성 과정의 구체적 사례
82. 회사 내부 네트워킹 활동 참여 후기	87. 팀 성과 향상을 위한 개선 활동
83. 다른 부서 사람들과의 협업 경험	88. 성과 평가 시즌에 대비하는 방법
84. 후배 양성과 멘토링 경험	89. 프로젝트 관리에서 실수했던 경험과 대안
85. 고객과의 관계 구축에서 배운 점	90. 보고서 작성 시 놓치기 쉬운 포인트들

워라밸 & 라이프스타일	전환 & 새로운 시작
91. 워라밸을 찾기 위한 시도들	96. 퇴사를 결심하게 된 이유와 다음 스텝 준비
92. 재택근무와 사무실 근무의 장단점 비교	97. 이직 과정에서 도움을 받은 네트워크
93. 업무와 병행하며 어학 실력을 늘린 방법	98. 새로운 팀원을 온보딩(onboarding)하며 배운 점
94. 회사 문화에 적응하는 과정과 팁	99. 추천서를 부탁하고 받은 경험
95. 업무 외 모임에서 느낀 동료들의 다른 모습	100. 글로벌 네트워킹을 통해 배운 점

05장 생성형 AI와 함께 링크드인 더 잘 쓰기

이제 생성형 AI에 대해서 모르는 사람이 없는 시대가 왔습니다. 링크드인도 프리미엄 구독자에게는 AI로 메시지를 쓰는 기능을 제공하고 있는데요. 물론 모든 것을 스스로 작성하면 좋겠지만, 우리에게는 현실이 있기에 링크드인을 혼자 힘으로만 하기에는 시간이 부족합니다. 중요한 것은 AI에 의존하는 것이 아니라, AI를 통해 나의 능력을 한 단계 더 높이는 것입니다. 부족한 시간을 메꾸고, 더 완성도 있게 링크드인을 사용할 수 있도록 나를 도와줄 다양한 생성형 AI를 만나보겠습니다.

챗GPT로 링크드인 글 초안 써보기

글의 초안을 잡을 땐 챗GPT를 사용해 보세요!

"오늘 링크드인에 뭐 쓰지?" 빈 화면을 보며 막막함을 느낀 적이 있나요? 이럴 때 "AI로 쓰면 편할 것 같은데"라는 생각도 자연스럽게 듭니다. 이때 챗GPT^{ChatGPT}는 든든한 글쓰기 파트너가 되어 줍니다. 단순히 주제를 던져 주는 것만으로도 초안을 뚝딱 만들고,

챗GPT 로고

내 거친 생각을 다듬어 매력적인 문장으로 바꿔 줍니다. 글쓰기에 자신이 없는 사람도 챗GPT의 도움을 받으면 전문가 못지않은 포스팅을 완성할 수 있습니다.

챗GPT를 활용하는 것은 마치 유능한 편집자를 옆에 두는 것과 같습니다. 내가 겪은 경험이나 생각을 이야기하듯 입력하면, 챗GPT가 링크드인 독자들이 좋아할 만한 구조와 톤으로 재구성해 줍니다. 제목을 뽑아달라고 하거나, 해시태그를 추천해 달라고 할 수도 있죠. 더 이상 혼자 고민하며 시간을 낭비하지 마세요.

물론 AI가 쓴 글을 그대로 복사해서 붙여넣기보다는, **내 경험과 인사이트를 더해 완성하는 것이 중요**합니다. 하지만 백지 상태에서 시작하는 것보다 초안을 수정하는 것이 훨씬 빠르고 쉽다는 것은 누구나 아는 사실입니다. 이제 챗GPT라는 강력한 도구를 활용해 글쓰기의 부담은 줄이고, 콘텐츠의 질은 높일 수 있는 똑똑한 링크드인 생활을 시작해 볼까요?

하면 된다! } 챗GPT에게 링크드인 글 초안 작성 요청하기

1 챗GPT(chatgpt.com)에 접속합니다. 로그인을 하지 않아도 사용할 수 있지만, 이렇게 쓰면 프롬프트가 저장되지 않으므로 로그인은 필수로 해주어야 합니다. 챗GPT의 화면 오른쪽 위에서 [로그인]을 클릭해 로그인을 합니다. 만약 회원으로 가입되어 있지 않다면, 회원 가입을 먼저 진행해 주세요.

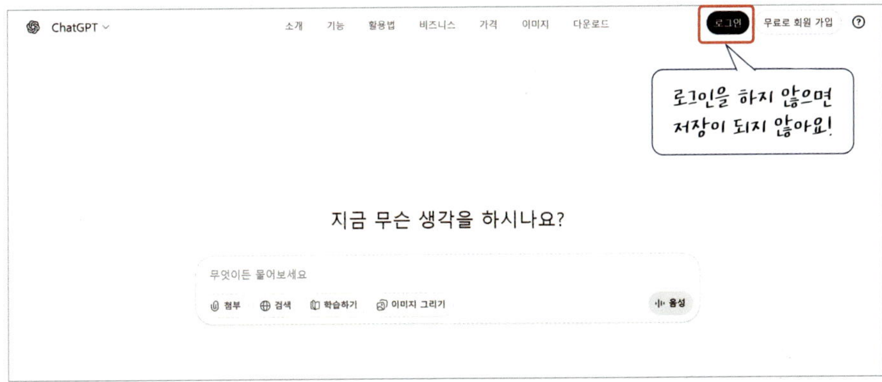

2 챗GPT에 로그인을 하면 다음과 같은 화면이 나타납니다. 만약 AI를 한 번도 써본 적이 없더라도 걱정하지 마세요. 프롬프트 입력 창에 원하는 내용을 입력하고 Enter 를 누르기만 하면 됩니다.

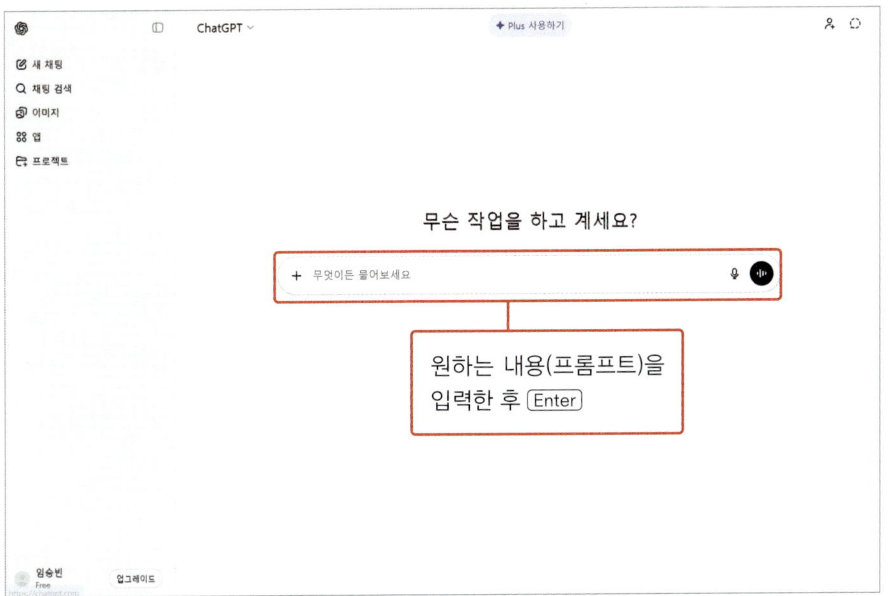

3 챗GPT를 활용해 링크드인 글을 쓸 때 입력하면 좋은 프롬프트 예시는 다음
과 같습니다.

예시 1 - 경험 공유형

최근 내가 참여한 프로젝트 경험을 링크드인 글로 정리하고 싶어.

프로젝트 주제: [여기에 입력]

내가 배운 점: [여기에 입력]

독자: 업계 전문가와 동료들

톤: 따뜻하면서도 전문적인 톤

목적: 경험을 공유하고, 비슷한 도전을 하는 분들에게 영감을 주고 싶어.

이 정보를 바탕으로 스토리텔링 방식의 링크드인 포스트를 작성해 줘.

예시 2 - 전문성 어필형

내 전문 분야를 소개하는 링크드인 글을 쓰고 싶어.

전문 분야: [예: 데이터 분석]

내 강점: [예: 복잡한 문제를 단순하게 풀어내는 능력]

목적: 나의 전문성을 알리고 네트워킹을 확대하고 싶어.

톤: 격식 있으면서도 편안한 스타일

독자: 업계 전문가 및 채용 담당자

이 조건에 맞는 링크드인 글을 써 줘.

예시 3 - 트렌드 인사이트형

최근 트렌드에 대한 내 의견을 담은 링크드인 글을 작성하고 싶어.

주제: [예: AI가 바꾸는 업무 환경]

내 관점: [예: 효율성 증대와 동시에 인간적인 리더십의 중요성 커짐]

목적: 인사이트 있는 글을 통해 전문적인 브랜드를 구축하고 싶어.

톤: 분석적이지만 대화체에 가깝게

독자: 같은 업계 종사자

이 내용을 바탕으로 링크드인 글을 작성해 줘.

최근 성취한 업적을 공유하는 링크드인 글을 쓰고 싶어.

성과: [예: 국제 콘퍼런스에서 발표, 팀 프로젝트 성공 등]

감사하고 싶은 대상: [예: 팀원, 멘토]

내가 배운 점: [예: 협업의 가치]

목적: 성취를 알리면서도 겸손하고 진정성 있게 전달하고 싶어.

톤: 진솔하면서도 전문적

이 조건으로 링크드인 글을 작성해 줘.

내 네트워크에게 질문을 던지는 링크드인 글을 쓰고 싶어.

주제: [예: 원격 근무의 미래]

내가 가진 생각: [예: 원격 근무가 유연성을 주지만 팀 결속력이 약화될 수 있음]

목적: 다양한 의견을 듣고 네트워킹 확장

톤: 열린 질문, 대화 유도형

독자: 업계 전문가, 동료

이 조건으로 링크드인 글을 작성해 줘.

4 필자는 다음과 같이 프롬프트를 입력했습니다. 프롬프트 입력을 마쳤다면 Enter 를 누릅니다.

내가 최근 성취한 업적을 공유하는 링크드인 글을 써 줘.

성과: 종이책 발간

감사하고 싶은 대상: 편집자 임승빈

내가 배운 점: 책도 소창업과 같음.

목적: 성취를 알리면서도 겸손하고 진정성 있게 전달하고 싶어.

톤: 진솔하면서도 전문적

이 조건으로 링크드인 글을 작성해 줘.

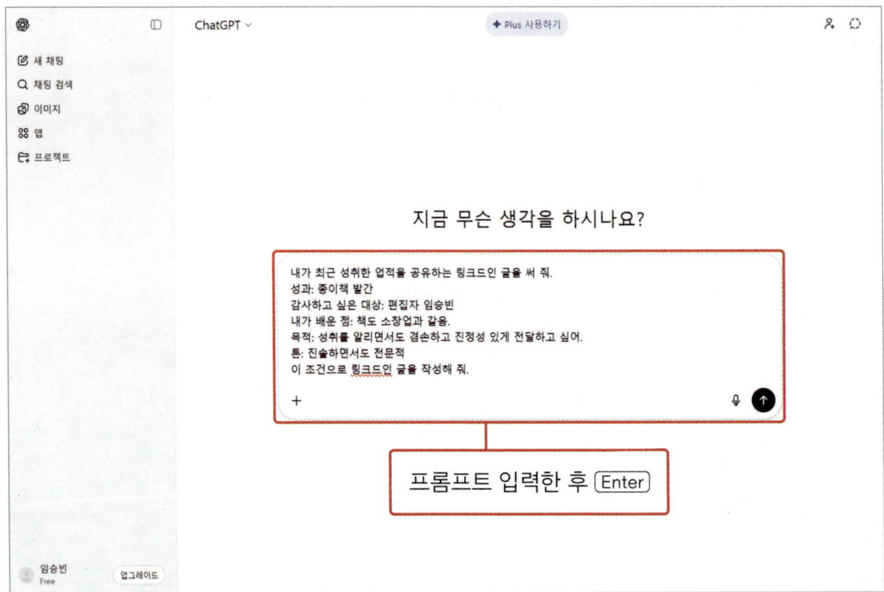

5 챗GPT에게 요청한 결과는 다음과 같이 나왔습니다.

> **챗GPT의 답변**
>
> 다음은 요청하신 조건을 반영한 링크드인 글 초안입니다:
>
> 최근 종이책을 한 권 발간했습니다. 혼자서 이룬 결과라기보다, 여러 과정이 차곡차곡 쌓여 만들어진 결과라고 생각합니다.
>
> 특히 편집 과정에서 많은 도움과 인사이트를 주신 편집자 임승빈 님께 깊이 감사드립니다. 글을 다듬는 일을 넘어, 책이 '완성도 있는 하나의 결과물'이 되도록 끝까지 함께 고민해 주셨습니다.
>
> 이번 경험을 통해 한 가지를 분명히 배웠습니다. 책 한 권은 콘텐츠가 아니라 하나의 소창업과 같다는 것입니다. 기획, 실행, 수정, 책임까지—저자의 역할은 생각보다 훨씬 넓고 무겁다는 점을 체감했습니다.
>
> (중략)

6 챗GPT의 답변이 마음에 들지만, 링크드인의 성격에 어울리도록 스토리텔링 중심으로 조금 더 다듬어 달라고 요청하겠습니다. 이어지는 프롬프트 입력창에 **스토리텔링 중심으로 조금 더 다듬어 줘**라고 입력한 후 Enter 를 누릅니다.

링크드인 포스트 최종본

스토리 흐름을 조금 더 살린 버전으로 다듬어 보았습니다:

처음에는 '정말 책 한 권을 끝까지 낼 수 있을까?'라는 질문에서 시작했습니다. 원고를 쓰는 시간보다, 스스로를 설득하는 시간이 더 길었던 것 같습니다.

그렇게 망설임과 수정, 다시 쓰기를 반복한 끝에 최근 종이책 한 권을 발간했습니다. 아직도 책을 손에 쥐면 실감이 조금 늦게 따라옵니다.

이 과정에서 큰 힘이 되어주신 분이 있습니다. 편집자 임승빈 님입니다. 문장을 고치는 데서 멈추지 않고, 이 책이 왜 존재해야 하는지, 독자에게 어떤 책임을 져야 하는지까지 함께 고민해 주셨습니다. 진심으로 감사드립니다.

이번 경험을 통해 한 가지를 분명히 배웠습니다. 책을 만든다는 일은, 소창업과 매우 닮아 있다는 것입니다.

(중략)

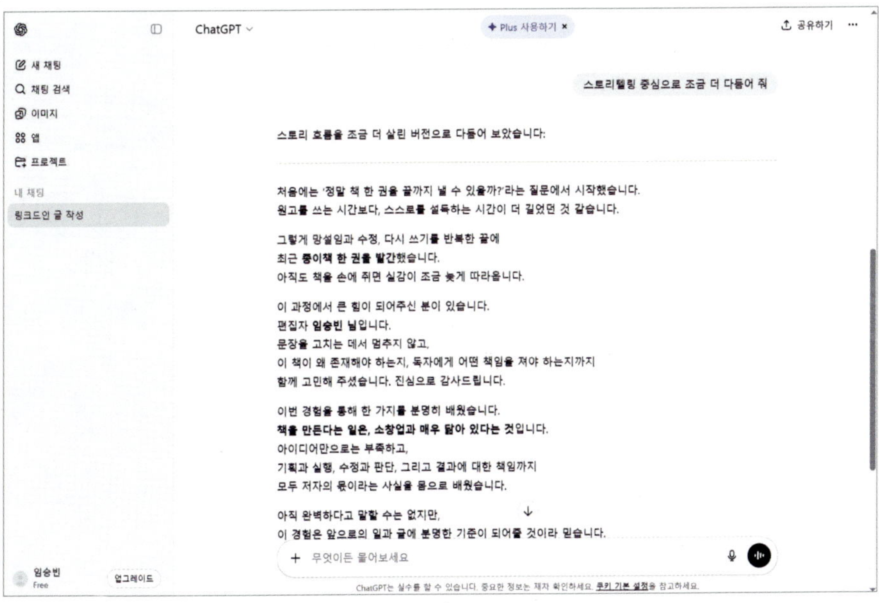

7 이렇게 챗GPT의 답변을 기반으로 링크드인 글 하나를 완성했습니다. 여기서 주의할 점은 **챗GPT의 결과물을 그대로 사용하면 안 된다는 것**입니다. 챗GPT의 답변은 말 그대로 초안이므로, 반드시 이 초안을 기반으로 여러분만의 이야기와 인사이트를 덧붙여 발행해 주세요.

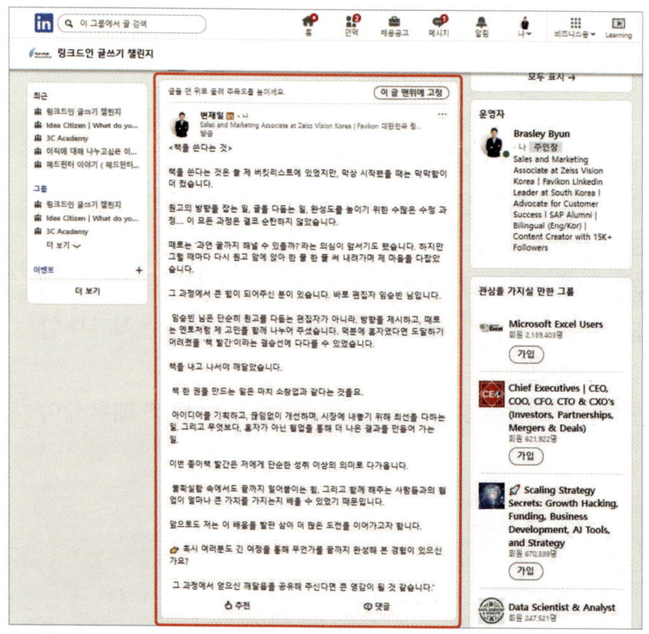

하면 된다! } GPT 탐색 기능으로 글쓰기 챗봇 사용하기

GPT 탐색은 챗GPT를 이용하는 사람들이 나만의 GPT를 만든 후 다른 사람들을 위해서 그 GPT를 공개한, 일종의 **개인화된 챗봇**이라고 할 수 있습니다.

링크드인을 위한 GPT도 굉장히 많이 있습니다. 여기서는 사람들이 제일 많이 사용한 GPT 가운데 하나를 살펴보겠습니다.

→ 예전에는 GPTs라고 불렸지만, 이제 GPT로 용어가 통일됐어요.

> **알아 두면 좋아요 👍** **GPT 탐색 기능이 계정마다 다른 이유**
>
> 챗GPT의 GPT 탐색 기능은 현재 무료 사용자에게도 개방되어 있지만, 모든 계정에 동시에 똑같이 나타나지는 않을 수 있습니다. 이는 개발사인 오픈AI가 수억 명의 사용자에게 기능을 한 번에 적용하지 않고, 무작위로 그룹을 나누어 순차적으로 업데이트하거나 사용자 반응을 살피기 위한 'A/B 테스트'를 진행하기 때문입니다.
>
> 따라서 기능이 안 뜨더라도 이는 오류가 아닙니다. 해당 계정이 아직 업데이트 순서가 돌아오지 않았거나, 잠시 다른 화면 구성을 보여 주는 테스트 그룹에 속해 있을 뿐입니다. 이는 일시적인 현상이며, 시간이 지나면 기능을 사용할 수 있게 됩니다.

1️⃣ 챗GPT 홈 화면의 왼쪽 메뉴에서 [GPT 탐색]을 누릅니다.

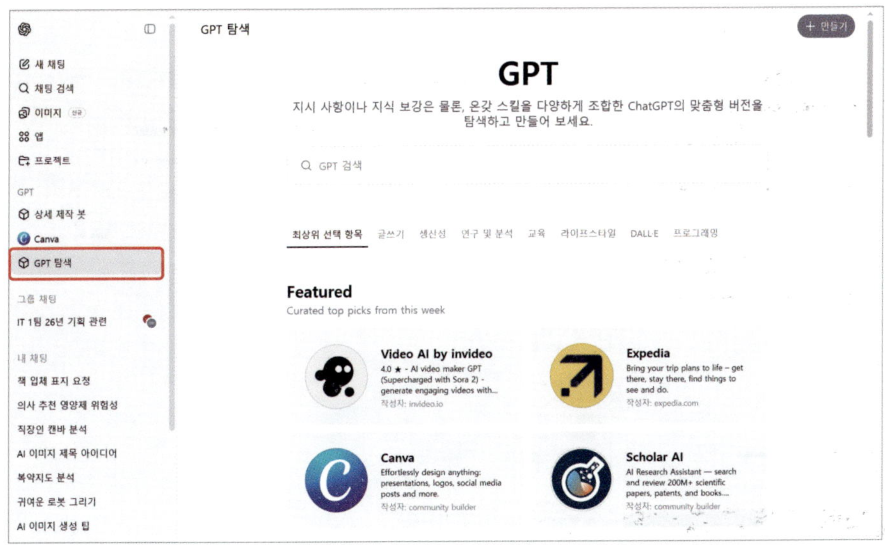

2 GPT 검색 창에서 LinkedIn을 입력해 검색합니다. Enter를 누르지 않아도 여러 GPT가 나타납니다. 여기서 자신에게 필요한 GPT를 선택해 사용해도 되지만, 이번 실습에는 필자가 추천하는 [Professional LinkedIn post Writer]를 사용해 보세요.

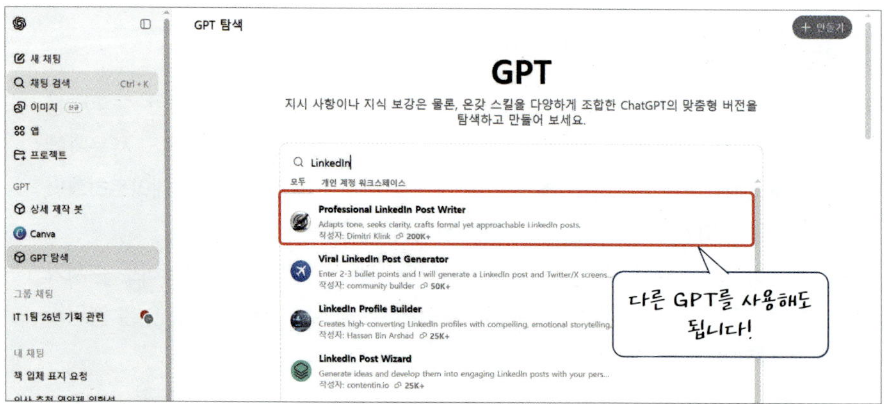

3 [채팅 시작]을 누르면 Professional LinkedIn post Writer GPT를 사용할 수 있습니다.

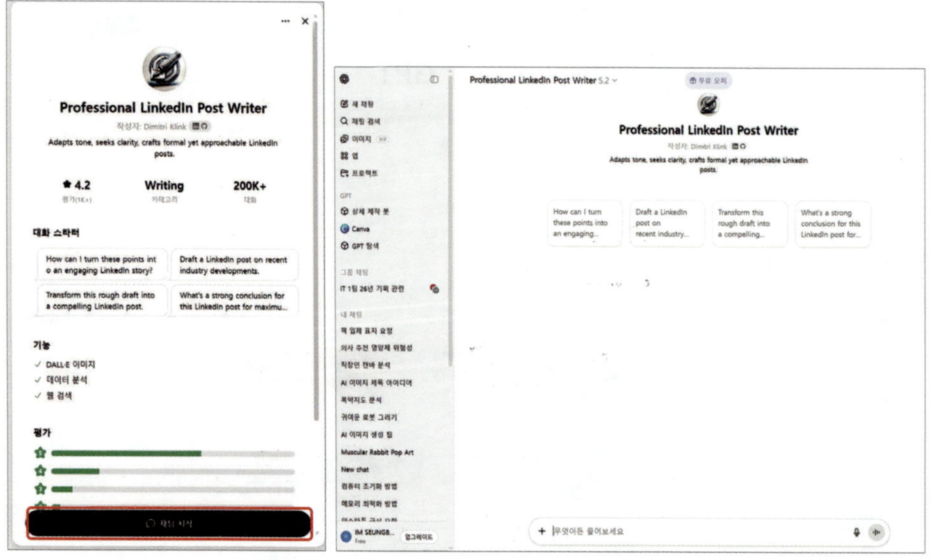

4 앞서 진행했던 [하면 된다!]에서 입력했던 프롬프트를 그대로 입력해 보았습니다. 단순하게 프롬프트 입력 창에 물어봤던 것보다도 조금 더 링크드인에서 선호할 만한 내용으로 구성되었습니다.

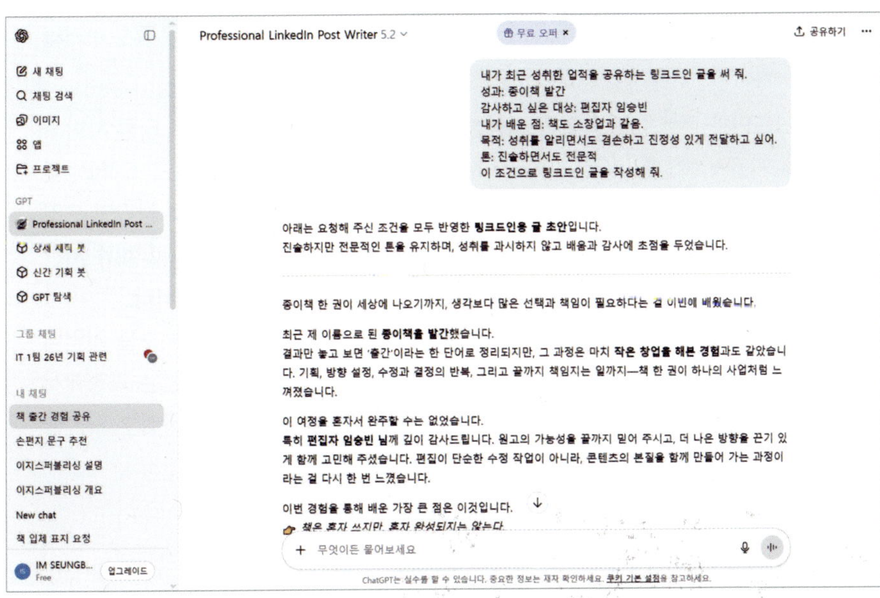

5 왼쪽 메뉴의 [내 채팅]에 지금 대화한 기록이 자동으로 저장되어 있는 것을 확인할 수 있습니다. 이때 지금 사용하는 GPT가 Professional LinkedIn Post Writer인지는 화면 위에서 확인할 수 있습니다.

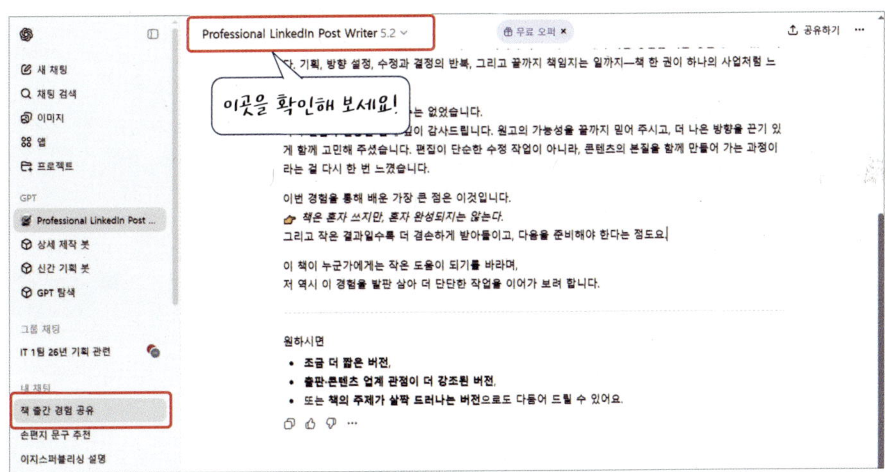

 AI로 쓴 글, 알고리즘에 불이익은 없나요?

AI로 쓴 창작물을 감시하는 전문 업체인 오리지널리티 AI의 연구에 따르면, 링크드인 글쓰기의 50% 이상이 AI를 이용해서 쓴 것으로 판정된다고 할 정도로 링크드인과 AI는 떼어 놓을 수 없는 존재입니다. 링크드인은 공식적으로 AI로 작성한 글을 차단하거나 삭제하지는 않습니다.

하지만 링크드인은 콘텐츠의 품질과 진정성을 중점적으로 평가해 이 글을 다른 사람의 알고리즘에 띄울지 확인합니다. 그래서 AI 생성 콘텐츠는 도달률이 30% 감소하고, 댓글이나 공유 같은 참여율은 45% 낮게 나타납니다. AI로 쓴 글들은 개인의 생각이 드러나 있지 않고, 일반적인 주제라서 글을 쓴 사람만의 인사이트가 부족하므로 체류 시간이 낮습니다. 이로 인해 의미 있는 댓글도 별로 없어 사실상 불이익을 받습니다.

우리가 생각해야 할 전략은 AI를 도구로 활용하되, 인간의 손길을 더해야 하는 것입니다. 글의 주제를 쓰거나, 초안을 쓰고 나서 링크드인에서 읽기 편하게 고치는 과정에서만 AI를 이용하는 것이 좋습니다. 이 외에도 앞에서 강조했던 것처럼 문서 첨부 기능을 참고하거나, 주 3~4회 정도 일관되게 포스팅하는 것이 중요합니다.

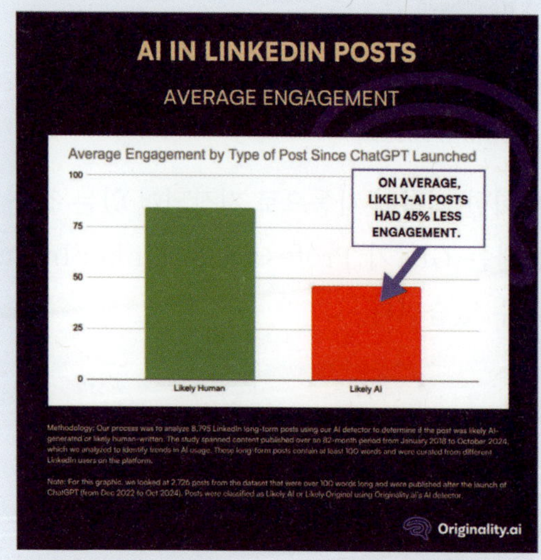

AI로 쓴 링크드인 포스팅의 안 좋은 점을 보여 주는 자료

이렇게 챗GPT를 활용해 간단하게 글을 작성해 보았습니다. 여기서 한 가지 주의할 것이 있습니다. 바로 챗GPT를 쓸 때는 **한 번의 대화로 모든 것을 얻으려고 하면 절대 안 된다는** 점입니다. 챗GPT에게 여러 번 대화를 시도해서 내가 원하는 결과가 나올 때까지 질문하고, 원하는 결과가 나오지 않으면 다른 AI로도 시도해 보세요.

복습해 볼까요?

▶ 챗GPT의 고유 기능으로, 사용자가 특정 목적에 맞춰 만든 챗봇을 공유하고 사용할 수 있는 기능을 ❶ (   )라고 합니다.

▶ AI로 작성한 글을 그대로 사용하기보다, 자신의 경험이나 인사이트를 더해 ❷ (   )을/를 높여야 링크드인 알고리즘의 불이익을 피할 수 있습니다.

답 ① GPT(또는 GPTs) ② 진정성(또는 품질)

클로드로 링크드인 글을 영어로 번역하기

한국어의 문맥을 잘 이해하는 클로드를 소개합니다

이번에는 클로드Claude AI를 소개합니다. 클로드를 만든 회사 앤트로픽은 GPT를 만든 오픈AIOpenAI의 전 연구진들이 AI 안전성과 정렬에 중점을 두고 2021년에 설립한 회사입니다. **챗GPT보다 더 안전하고, 상대적으로 글쓰기 업무에 강하다는 특징**이 있습니다. 클로

클로드 로고

드는 일상적 사용에 최적화된 소넷Sonnet 4.6과 강력한 오푸스Opus 4.6 모델을 제공합니다.

저는 링크드인에 글을 쓸 때 초안을 쓰고 나서 클로드를 꼭 이용하는데요. **클로드가 다른 AI보다 한국어 문맥을 더 잘 이해한다고** 생각하기 때문입니다. 챗GPT는 보고서 톤의 글을 잘 쓴다면, 클로드는 구어체를 더 잘 섞어 씁니다. 또한 문장의 길이가 서로 비슷하며, 읽는 리듬도 정말 좋습니다.

그럼 이제 클로드에서 한글 포스팅에 영어를 병기하는 방법을 실습해 볼까요? 물론 손질은 해야겠지만, AI로 내 글을 요약하고, 임팩트 있는 영어 제목을 만들고, 알고리즘에 잘 걸릴 수 있도록 2~3개 정도의 영어 해시태그까지 만들어 준다면 어떨까요? 지금부터 하나씩 알아보겠습니다.

하면 된다! } 클로드로 링크드인 글을 영어로 번역하기

1 **클로드**(claude.ai)에 접속합니다. 클로드는 구글 계정으로 간편하게 가입 및 로그인할 수 있습니다. 구글 계정 외에도 일반 이메일 주소를 사용하여 가입할 수 있습니다.

2 클로드 첫 화면입니다. 프롬프트 입력 창 오른쪽에서 모델이 소넷 4.6[Sonnet 4.6]인지 확인합니다. 오푸스라는 아주 좋은 유료 모델도 있지만, 일반적인 작업은 소넷을 사용해도 충분합니다.

 다음과 같이 프롬프트를 입력하고 Enter 를 누릅니다.

링크드인 포스팅 간소화 변환 프롬프트

LinkedIn 게시물 변환 가이드

#핵심 원칙

내용/구조 변경 없이 원문 그대로 유지

2-3줄 단위로 끊어 모바일 최적화

영어 제목 + 한국어 원문 + 영어 요약(1문단) + 해시태그 3개

#스타일

존댓말 기본, 구어체 자연스럽게 혼합

진솔하고 간결한 표현

겸손하면서 자신감 있는 태도

#출력 구조

[영어 제목]

[한국어 원문 - 2-3줄씩 끊어서]

[영어 요약 - 2-3줄씩 끊어서

핵심 메시지 압축]

#해시태그1 #해시태그2 #해시태그3

 클로드가 프롬프트를 이해하고 준비가 완료된 모습입니다.

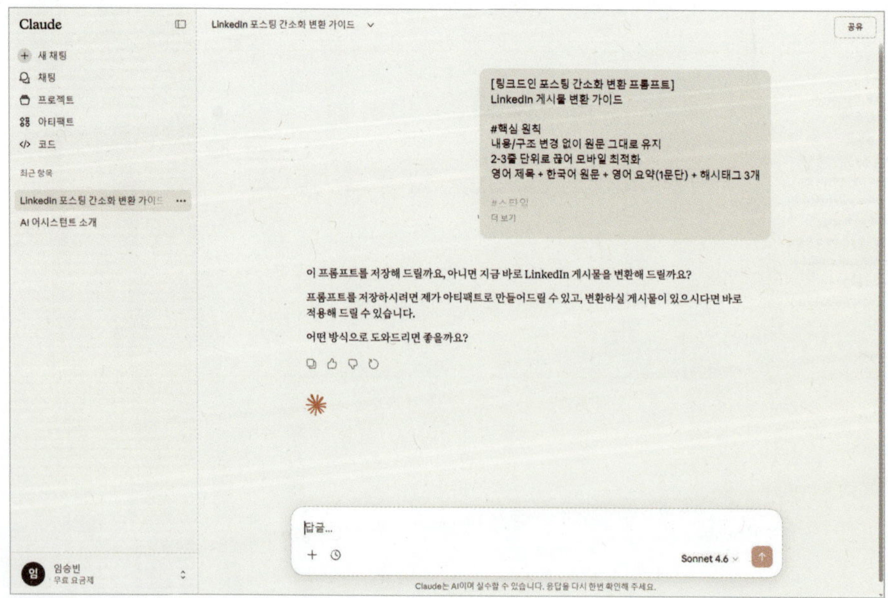

⑤ 클로드에 영어로 바꿀 글의 원문을 입력합니다. 붙여넣기하는 과정에서 기존 띄어쓰기가 전부 깨질 수 있는데, 클로드만의 자연스러운 현상이라 신경 쓰지 않아도 됩니다.

입력 예시

0.1%에 도전합니다.책 읽기를 좋아하던 어린 아이는 막연한 꿈이 있었습니다. "나도 50살쯤 되면, 세상에 내 이야기를 담은 책 한 권 내보고 싶다. "바쁜 일상에 잊고 지냈던 그 꿈을, 25년이나 앞당겨 실현할 기회가 찾아왔습니다. 대한민국에서 ISBN 번호가 찍힌 책을 출판하는'저자'는 단 0.1%에 불과하다고 합니다. (이재훈 님의 글을 인용했습니다.) 올해, 제가 그 0.1%의 문을 두드리게 되었습니다. 이 여정에는 잡코리아의 junhyuck Lee PO님과 공저를 하게 되었습니다. 스타트업의 치열한 도전과 싱장을 이야기하는 그의 인사이트는 늘 제게 큰 영감을 주었습니다. Sunghee Han (한성희) 대표님의 〈Simplifier〉에서 데면데면하게 스쳐 갔던 인연이, 올해 두 번의 '술로챗'을 통해 '함께 책을 쓰는 동지'가 되었습니다. "책 한번 써보실래요?"라고 제안해 주셔서 감사합니다. 정말 유익한 경험이었습니다. 물론, 과정은 쉽지 않았습니다. 늘어나는 업무와 지켜야 할 루틴 속에서 글을 쓰는 것은 또 다른 도전이었습니다. 하지만 '지금이 아니면 안 된다'는 마음 하나로 펜을 들었습니다. 저희가 치열하게 고민하며 써 내려간 '오늘'의 기록, 〈우리는 오늘도 출근하고 있습니다〉가 곧 여러분을 찾아갑니다. 앞으로 매주, 이 책이 탄생하기까지의 비하인드 스토리를 들려드릴게요. 많은 기대 부탁드립니다!

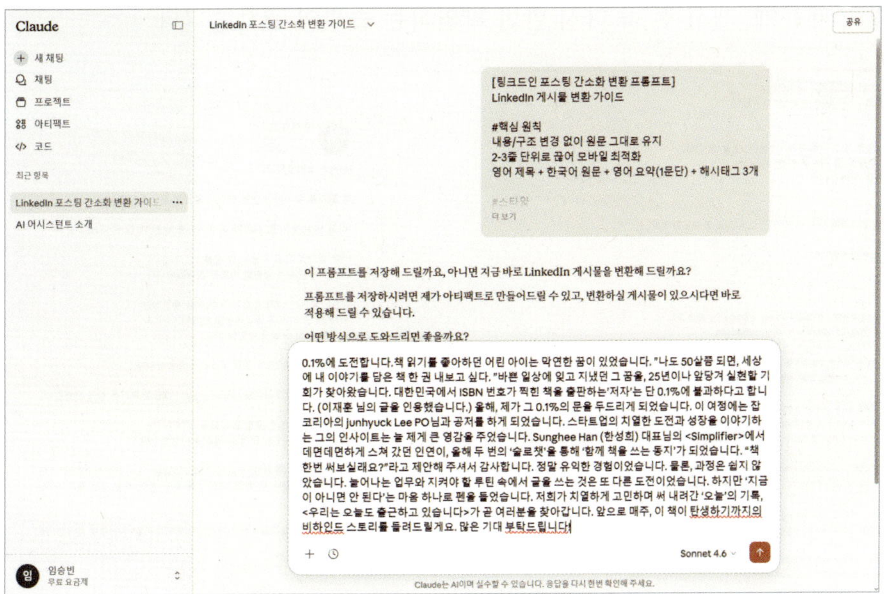

6 결과 예시입니다. 경우에 따라 프롬프트 대화 창에 답변을 하는 경우가 있고, 다음 화면과 같이 클로드의 **문서** 기능으로 결과물을 보여 주는 경우도 있습니다. 오른쪽 위에 [복사]를 눌러 내용을 복사합니다.

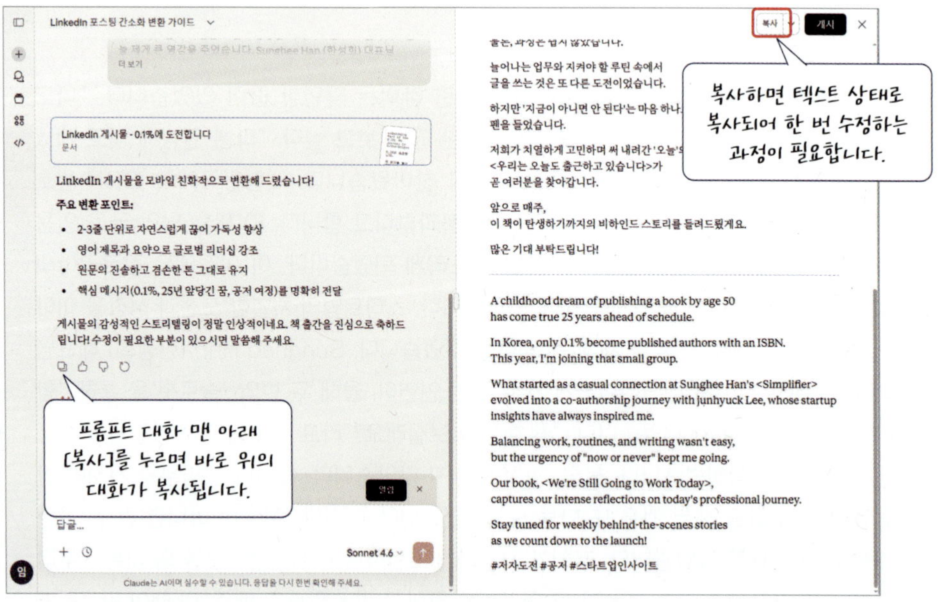

7 메모장에 **붙여넣기**한 후 최종 수정하여 완성합니다. AI는 완성도를 보증하지 않기 때문에, 게시 전 꼭 다시 한번 확인하는 습관이 필요합니다.

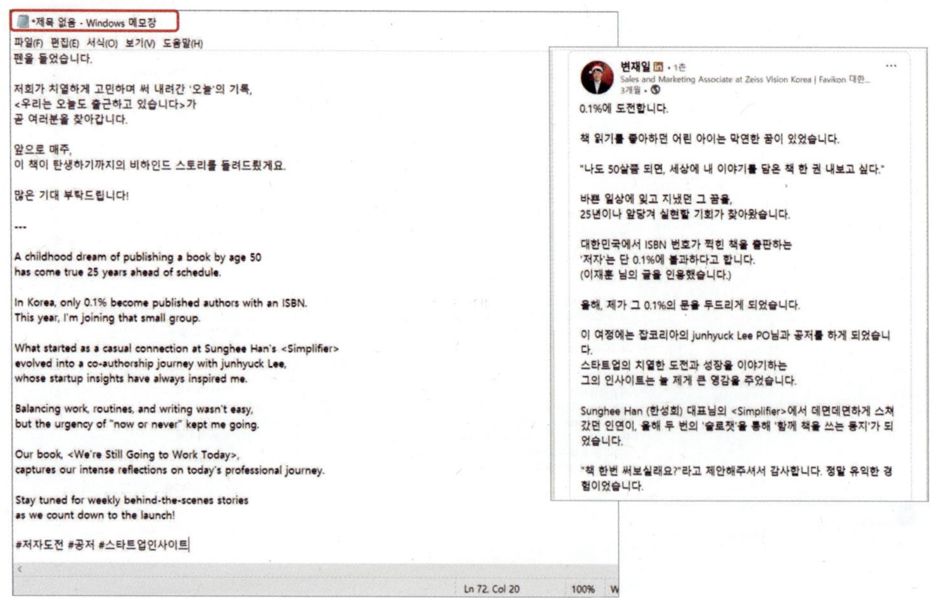

8 번역 전문 AI 도구인 **딥엘**DeepL이나 네이버의 **파파고** 등으로 교차검증을 진행한 후 최종 결과를 링크드인에 올리세요.

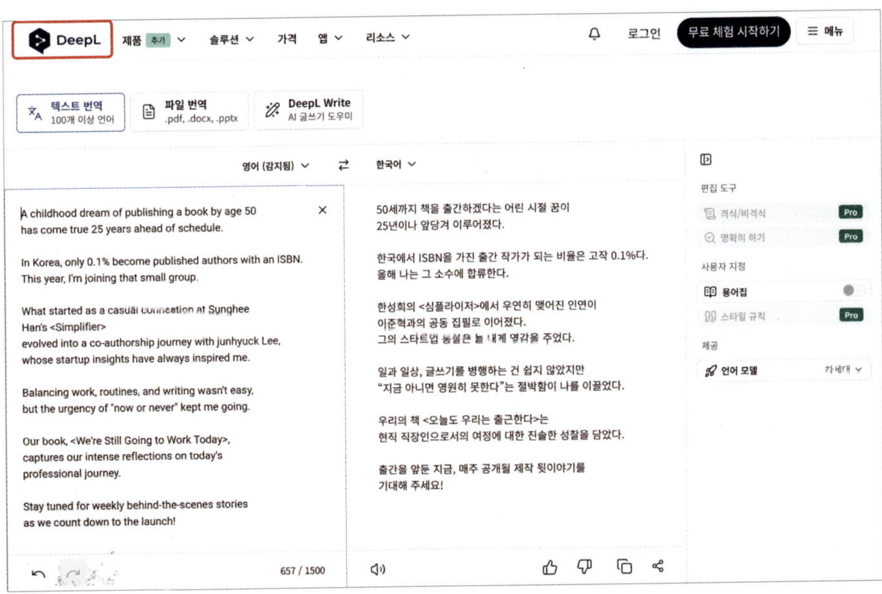

논리적인 글은 물론, 감성적인 글까지 필요하다면 클로드와 친해져 보는 것을 추천합니다!

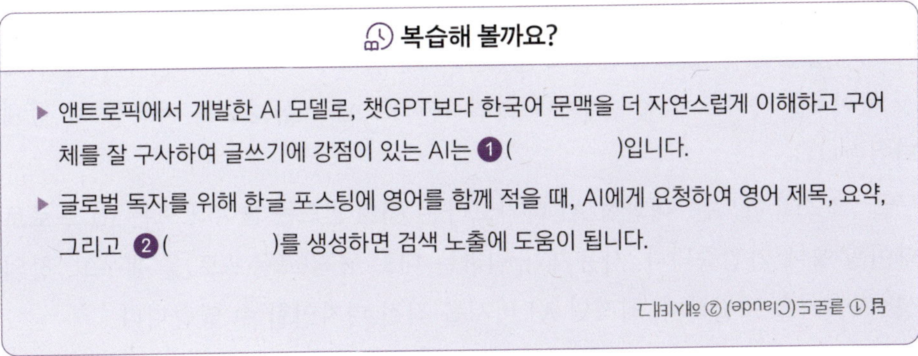

무료로 쓰는 제미나이,
구글 AI 스튜디오 활용법

구글 AI 스튜디오를 소개합니다

최근 필자는 GPT 유료 버전을 해지했습니다. 바로 **구글 AI 스튜디오**google AI Studio 덕분입니다. 구글 AI 스튜디오는 구글의 LLM 모델인 **제미나이**Gemini를 사람들이 좀 더 다양하게 실험해 볼 수 있도록 만든 버전입니다.

구글 AI
스튜디오 로고

구글 AI 스튜디오는 2023년 말, 구글의 가장 강력한 AI 모델인 '제미나이'와 함께 공개되었습니다. 구글 AI 스튜디오가 생긴 이유는 간단합니다. 강력한 AI 기술을 소수의 개발자뿐만 아니라, 아이디어를 가진 기획자, 마케터, 작가 등 **모두가 쉽게 활용할 수 있도록** 만들고 싶었기 때문입니다. 복잡한 코딩이나 설치 과정 없이, 웹 사이트에 접속하기만 하면 곧바로 AI 스튜디오를 사용할 수 있게 되었습니다.

구글 AI 스튜디오는 '대화형 AI'라기보다는 **AI를 만드는 놀이터** 또는 AI 프로토타이핑 툴에 가깝습니다. 사용자가 원하는 대로 규칙(프롬프트)을 세우고, 창의성temperature을 조절하며, 최적의 AI 비서를 직접 디자인할 수 있습니다.

하면 된다! } 구글 AI 스튜디오로 링크드인 글 평가하기

내가 글을 잘 쓴 것인지 점검하고, 생각하는 시간을 가져보고 싶은데 이런 부분을 도와줄 AI는 없는 걸까요? 지금부터는 구글 AI 스튜디오로 나의 초안을 평가해 보는 시간을 가져 보겠습니다.

1 구글 AI 스튜디오(aistudio.google.com)에 접속합니다. 구글 AI 스튜디오는 구글 계정으로 로그인해야 하며, 부분 유료이지만 영상 작업을 전문적으로 히는 것이 아니면 굳이 유료 버전은 필요가 없습니다. 구글 AI 스튜디오 첫 화면입니다. 원래는 세부 설정을 해야 하지만 일반적인 업무는 구글이 최적화해 놓은 값으로 바로 진행해도 무방합니다.

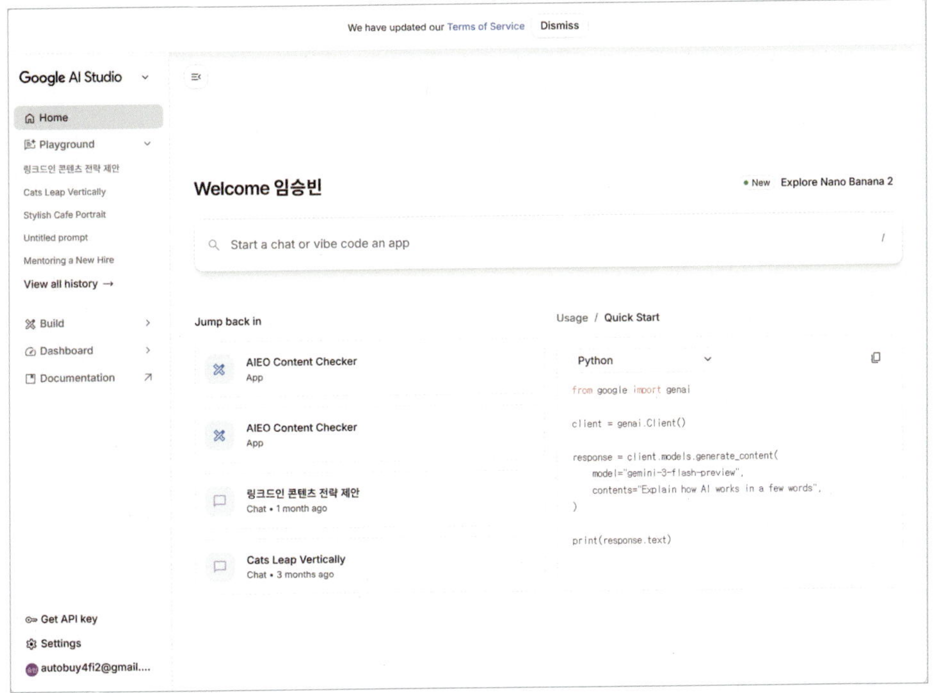

구글 AI 스튜디오 초기 화면

2 왼쪽 메뉴의 ❶ [Playground]를 누르면 바로 구글 AI 스튜디오를 이용할 수 있습니다. 만약 모델을 변경하고 싶다면 오른쪽 ❷ [Gemini 3.1 Pro Preview]를 누르고 다른 모델을 선택해 보세요.

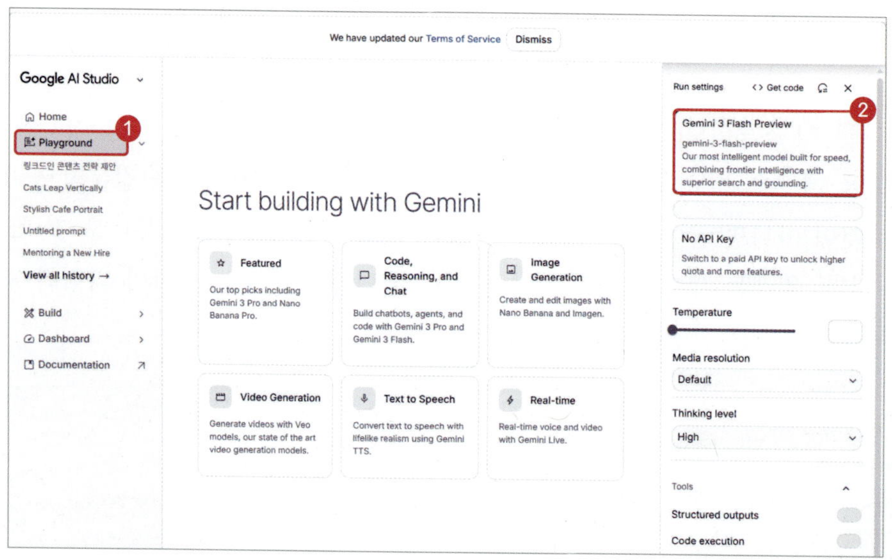

3 화면 아래 프롬프트 입력 창에 다음 예시 프롬프트를 입력합니다. 입력을 마치고 Ctrl + Enter 를 누릅니다.

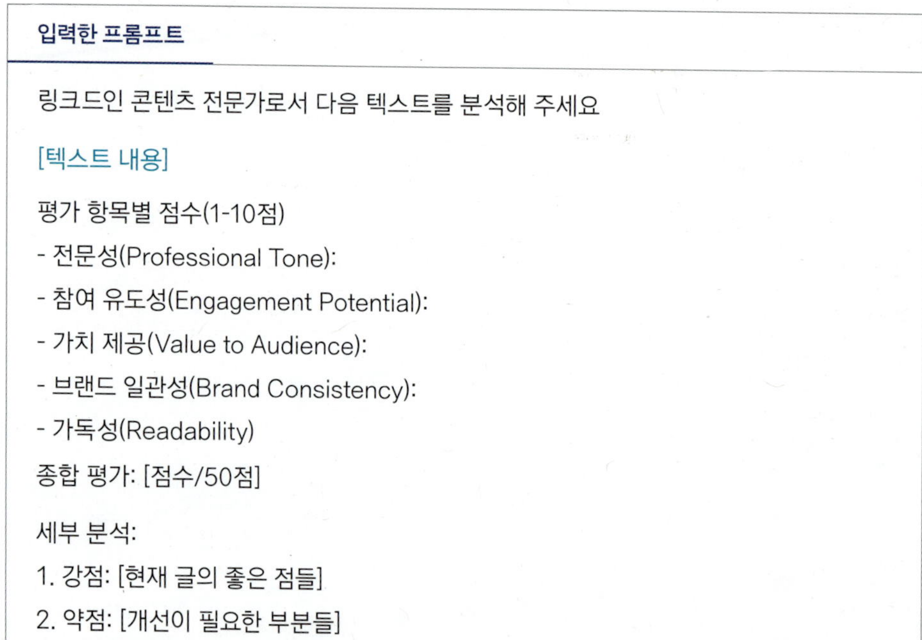

입력한 프롬프트

링크드인 콘텐츠 전문가로서 다음 텍스트를 분석해 주세요

[텍스트 내용]

평가 항목별 점수(1-10점)
- 전문성(Professional Tone):
- 참여 유도성(Engagement Potential):
- 가치 제공(Value to Audience):
- 브랜드 일관성(Brand Consistency):
- 가독성(Readability)
종합 평가: [점수/50점]

세부 분석:
1. 강점: [현재 글의 좋은 점들]
2. 약점: [개선이 필요한 부분들]

3. 타깃 독자 적합성:

- [링크드인 사용자들에게 어떻게 받아들여질지]

4. 개선 제안:

- 즉시 수정 가능한 부분: [구체적 제안]

- 구조적 개선 필요 부분: [구체적 제안]

- 대안 접근법: [다른 방식의 접근 제안]

5. 최종 권장사항:

- [포스팅 여부와 그 이유]

- [더 적합한 플랫폼이 있다면 제안]

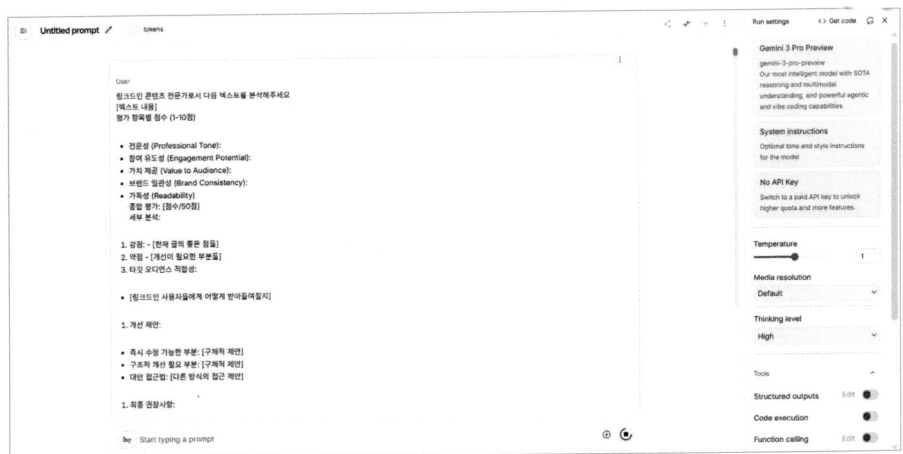

4 프롬프트를 입력하면 이해 사항을 정리해 줍니다. 끝에 원문을 입력하라는 문구가 나오면 준비가 완료된 것입니다.

- **[포스팅 강력 추천]:** 핵심 가치가 뚜렷하고 타겟 오디언스에게 큰 도움이 될 내용입니다. 제안된 '즉시 수정 가능한 부분'만 보완하여 바로 포스팅하는 것을 권장합니다.
- **[수정 후 포스팅 권장]:** 좋은 잠재력을 가졌지만, 현재 상태로는 메시지 전달력이나 참여 유도성이 아쉽습니다. '구조적 개선' 제안을 반영하여 내용을 다듬은 후 포스팅하는 것이 효과적일 것입니다.
- **[포스팅 보류/재고려]:** 콘텐츠의 핵심 가치나 링크드인 플랫폼과의 적합성이 부족합니다. 주제 자체를 재검토하거나, 다른 접근법을 고민해보는 것이 좋습니다.
- **[타 플랫폼 제안]:** 콘텐츠의 성격이 매우 개인적이거나 감성적이라면 페이스북/인스타그램이, 깊이 있는 정보 전달이 목적이라면 블로그나 브런치가 더 적합할 수 있습니다.

이제 분석을 원하시는 텍스트를 제공해주세요. 위 분석틀에 맞춰 심도 있는 피드백을 드리겠습니다.

Start typing a prompt

5 원문을 입력하고 [Ctrl] + [Enter]를 누릅니다. 저는 링크드인에 포스팅했던 글을 예시로 넣었습니다.

> **원문**
>
> 겨울 안경 습기, 안티포그로 해결하기!
>
> 군대 전역하고 자이스 스마일라식을 받기 전까지 안경을 썼습니다. 사실상 그때 찍은 사진은 전부 흑역사이긴 합니다. 물론 다양한 문제가 있겠지만, 안경을 쓰는 것의 큰 문제는 습기입니다. 안경과 외부 공기 사이에 온도차가 발생하면, 특히 뜨거운 곳에서 차가운 곳으로 가면 습기가 발생해서 안경에 수증기가 끼게 됩니다.
>
> 이러한 김서림을 해결할 수가 없어 매번 안경닦이를 들고 다녀야 하고, 안경닦이도 효과가 떨어져서 참 힘들었던 기억이 나는데요.입사 전까지만 해도 안경렌즈를 만드는 곳으로만 알았던 자이스는 이를 해결할 수 있는신제품을 내놓았습니다.
>
> (중략)

6 구글 AI 스튜디오가 원문을 분석하여 글의 장점, 단점, 개선 사항까지 전부 제시해 주었습니다. 이를 참고해서 링크드인 글에서 필요한 부분을 수정합니다.

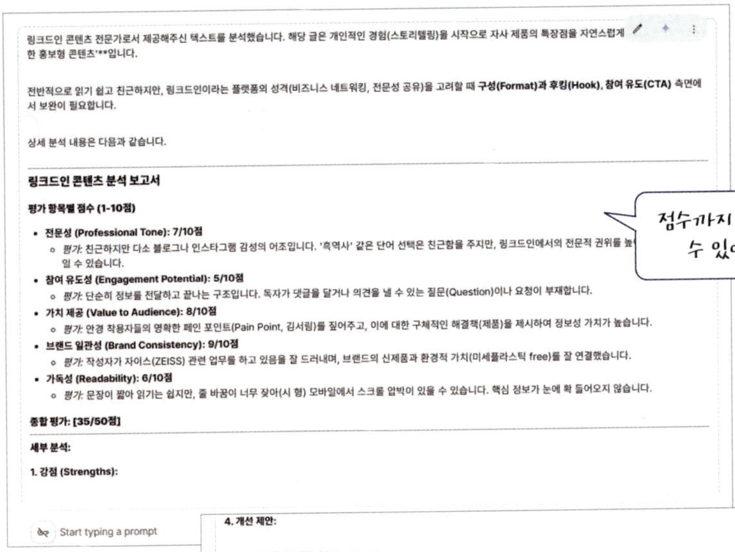

링크드인 콘텐츠 전문가로서 제공해주신 텍스트를 분석했습니다. 해당 글은 개인적인 경험(스토리텔링)을 시작으로 자사 제품의 특장점을 자연스럽게
한 홍보형 콘텐츠'**입니다.

전반적으로 읽기 쉽고 친근하지만, 링크드인이라는 플랫폼의 성격(비즈니스 네트워킹, 전문성 공유)을 고려할 때 **구성(Format)과 후킹(Hook), 참여 유도(CTA)** 측면에
서 보완이 필요합니다.

상세 분석 내용은 다음과 같습니다.

링크드인 콘텐츠 분석 보고서

평가 항목별 점수 (1-10점)

- **전문성 (Professional Tone): 7/10점**
  - 평가: 친근하지만 다소 블로그나 인스타그램 감성의 어조입니다. '흑역사' 같은 단어 선택은 친근함을 주지만, 링크드인에서의 전문적 권위를 낮
    일 수 있습니다.
- **참여 유도성 (Engagement Potential): 5/10점**
  - 평가: 단순히 정보를 전달하고 끝나는 구조입니다. 독자가 댓글을 달거나 의견을 낼 수 있는 질문(Question)이나 요청이 부재합니다.
- **가치 제공 (Value to Audience): 8/10점**
  - 평가: 안경 착용자들의 명확한 페인 포인트(Pain Point, 김서림)를 짚어주고, 이에 대한 구체적인 해결책(제품)을 제시하여 정보성 가치가 높습니다.
- **브랜드 일관성 (Brand Consistency): 9/10점**
  - 평가: 작성자가 자이스(ZEISS) 관련 업무를 하고 있음을 잘 드러내며, 브랜드의 신제품과 환경적 가치(미세플라스틱 free)를 잘 연결했습니다.
- **가독성 (Readability): 6/10점**
  - 평가: 문장이 짧아 읽기는 쉽지만, 줄 바꿈이 너무 잦아(시 형) 모바일에서 스크롤 압박이 있을 수 있습니다. 핵심 정보가 눈에 확 들어오지 않습니다.

종합 평가: [35/50점]

세부 분석:

1. 강점 (Strengths):

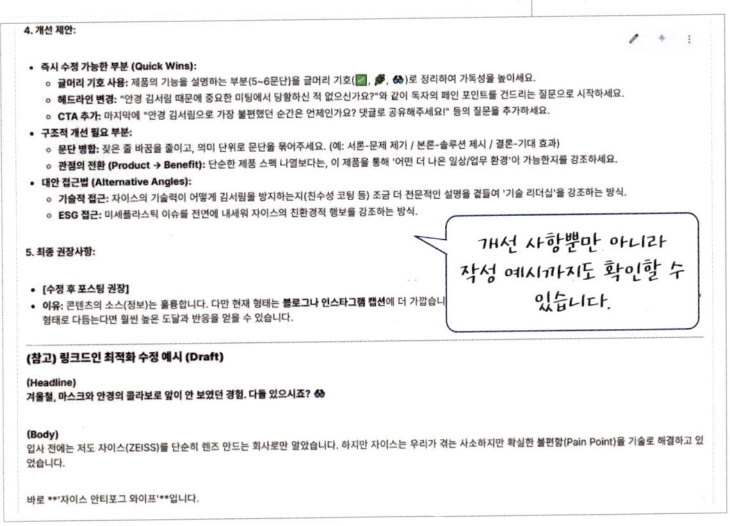

4. 개선 제안:

- **즉시 수정 가능한 부분 (Quick Wins):**
  - **글머리 기호 사용:** 제품의 기능을 설명하는 부분(5~6문단)을 글머리 기호(✅, 🌿, 🔭)로 정리하여 가독성을 높이세요.
  - **헤드라인 변경:** "안경 김서림 때문에 중요한 미팅에서 당황하신 적 없으신가요?"와 같이 독자의 페인 포인트를 건드리는 질문으로 시작하세요.
  - **CTA 추가:** 마지막에 "안경 김서림으로 가장 불편했던 순간은 언제인가요? 댓글로 공유해주세요!" 등의 질문을 추가하세요.
- **구조적 개선 필요 부분:**
  - **문단 병합:** 잦은 줄 바꿈을 줄이고, 의미 단위로 문단을 묶어주세요. (예: 서론-문제 제기 / 본론-솔루션 제시 / 결론-기대 효과)
  - **관점의 전환 (Product → Benefit):** 단순한 제품 스펙 나열보다는, 이 제품을 통해 '어떤 더 나은 일상/업무 환경'이 가능한지를 강조하세요.
- **대안 접근법 (Alternative Angles):**
  - **기술적 접근:** 자이스의 기술력이 어떻게 김서림을 방지하는지(친수성 코팅 등) 조금 더 전문적인 설명을 곁들여 '기술 리더십'을 강조하는 방식.
  - **ESG 접근:** 미세플라스틱 이슈를 전면에 내세워 자이스의 친환경적 행보를 강조하는 방식.

5. 최종 권장사항:

- **[수정 후 포스팅 권장]**
- **이유:** 콘텐츠의 소스(정보)는 훌륭합니다. 다만 현재 형태는 **블로그나 인스타그램 캡션**에 더 가깝습니
  형태로 다듬는다면 훨씬 높은 도달과 반응을 얻을 수 있습니다.

(참고) 링크드인 최적화 수정 예시 (Draft)

(Headline)
겨울철, 마스크와 안경의 콜라보로 앞이 안 보였던 경험. 다들 있으시죠? 🔭

(Body)
입사 전에는 저도 자이스(ZEISS)를 단순히 렌즈 만드는 회사로만 알았습니다. 하지만 자이스는 우리가 겪는 사소하지만 확실한 불편함(Pain Point)을 기술로 해결하고 있
었습니다.

바로 **'자이스 안티포그 와이프'**입니다.

---

7 이렇게 구글 AI 스튜디오로 글을
평가한 후 수정할 부분을 모두 반영해
링크드인에 포스팅을 하면 됩니다.

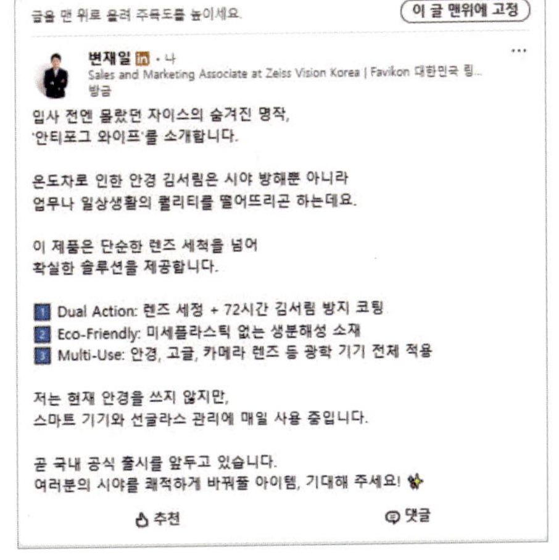

하면 된다! } 링크드인 팔로워 분석하고 글 주제 추천받기

앞서 04-6절에서 내 링크드인의 팔로우 현황을 엑셀로 다운받는 실습을 진행했습니다. 이 파일을 기반으로 링크드인의 글쓰기 주제를 구글 AI 스튜디오에게 추천받아 보는 실습을 해보겠습니다.

1 04-6절에서 진행했던 실습에 따라 팔로우 현황을 내려받으면 다음과 같은 엑셀 파일을 받을 수 있습니다.

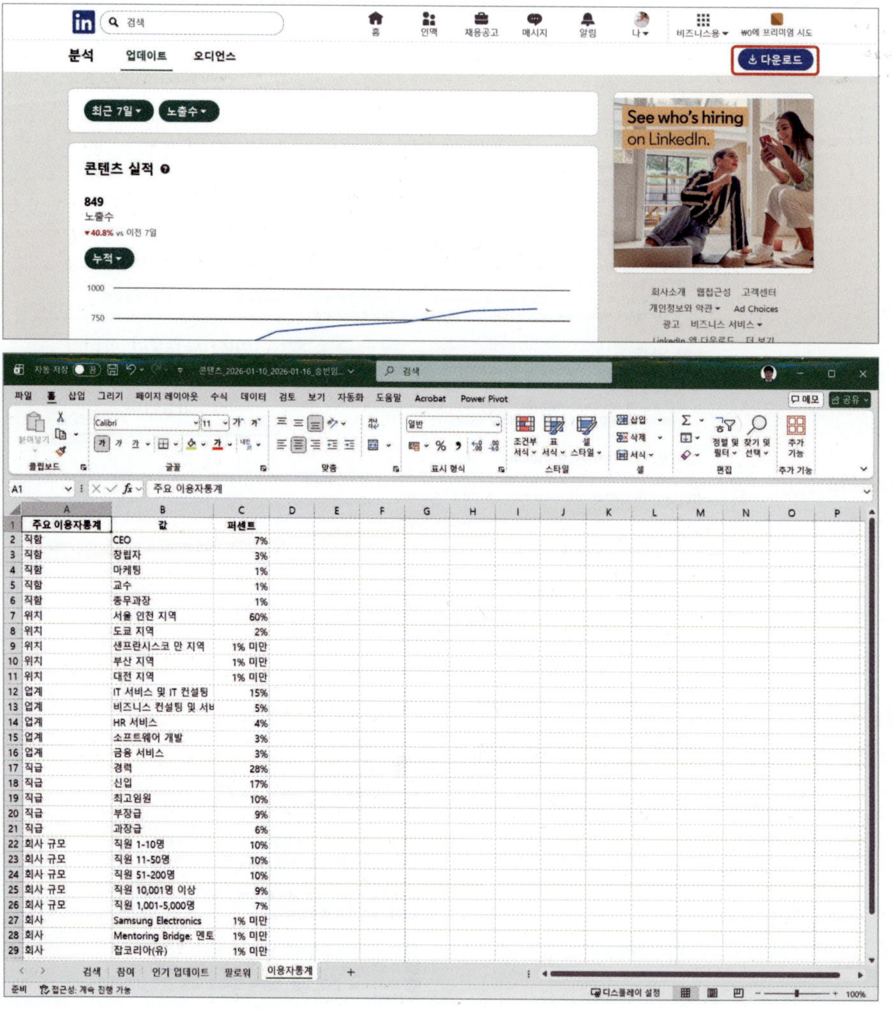

주요 이용자통계	값	퍼센트
직함	CEO	7%
직함	창립자	3%
직함	마케팅	1%
직함	교수	1%
직함	총무과장	1%
위치	서울 인천 지역	60%
위치	도쿄 지역	2%
위치	샌프란시스코 만 지역	1% 미만
위치	부산 지역	1% 미만
위치	대전 지역	1% 미만
업계	IT 서비스 및 IT 컨설팅	15%
업계	비즈니스 컨설팅 및 서브	5%
업계	HR 서비스	4%
업계	소프트웨어 개발	3%
업계	금융 서비스	3%
직급	경력	28%
직급	신입	17%
직급	최고임원	10%
직급	부장급	9%
직급	과장급	6%
회사 규모	직원 1-10명	10%
회사 규모	직원 11-50명	10%
회사 규모	직원 51-200명	10%
회사 규모	직원 10,001명 이상	9%
회사 규모	직원 1,001-5,000명	7%
회사	Samsung Electronics	1% 미만
회사	Mentoring Bridge: 멘토	1% 미만
회사	잡코리아(유)	1% 미만

② 구글 AI 스튜디오는 아직 엑셀 파일을 지원하지 않으므로, 엑셀 파일을 PDF
로 저장해야 합니다. [❶ 파일 → ❷ Adobe PDF로 저장]을 누릅니다.

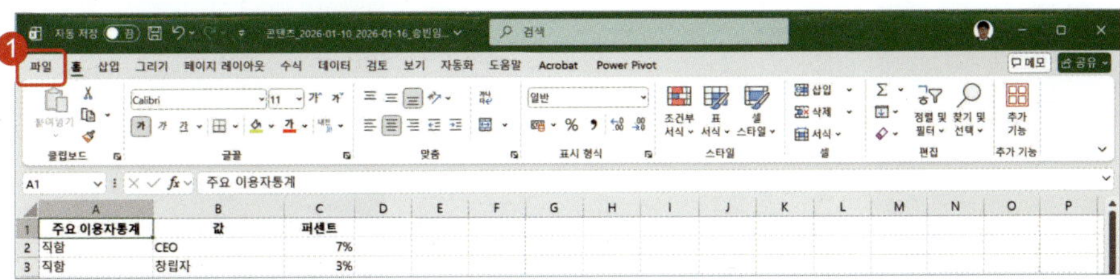

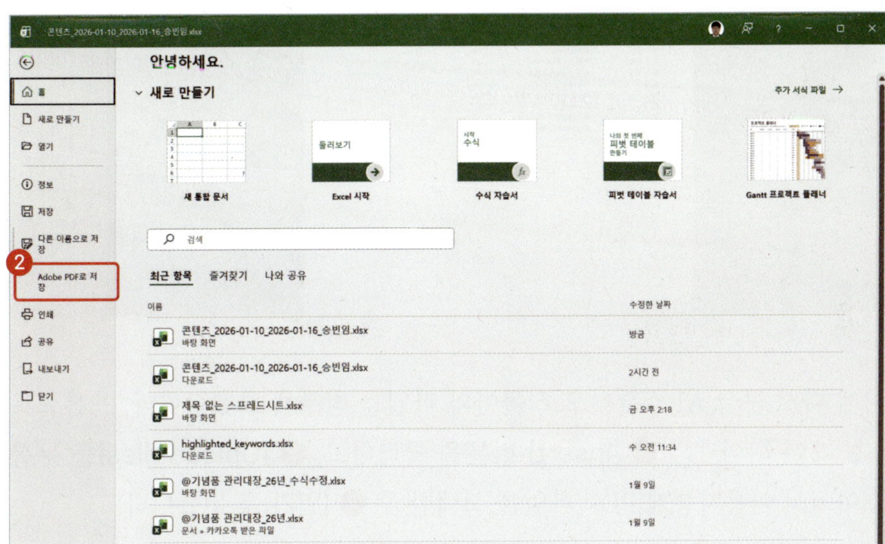

③ 여러 시트가 있지만, 이번 실습에서는 이용자통계를 활용해 보겠습니다. 변
환 범위에서 ❶ [시트]를 선택하고 ❷ [이용자통계]를 추가한 후, ❸ [실제 크기]
를 체크하고 ❹ [PDF로 변환]을 클릭합니다. 파일의 저장 위치를 설정하고 ❺
[저장]을 누르면 PDF 파일이 저장됩니다.

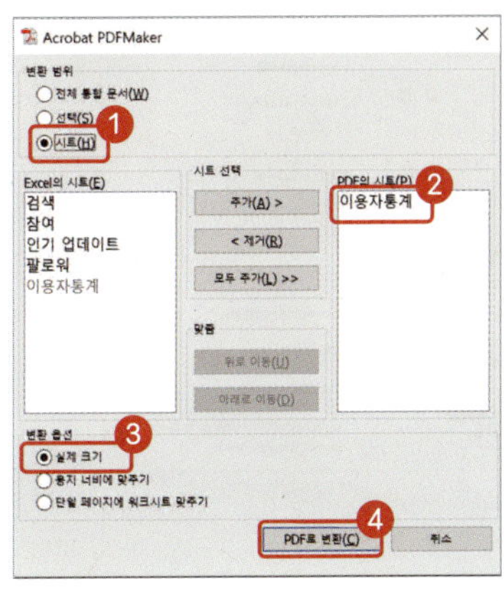

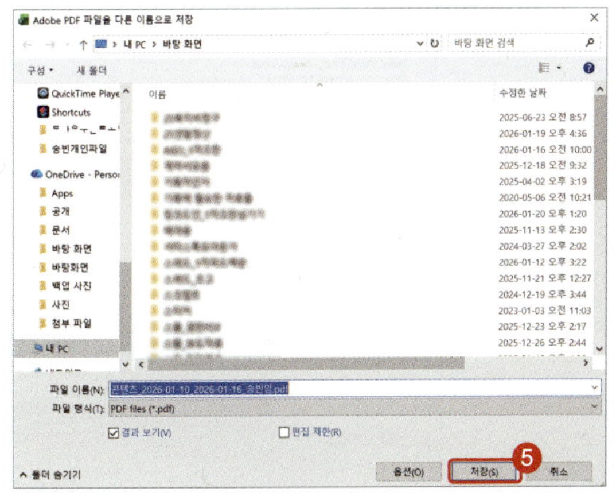

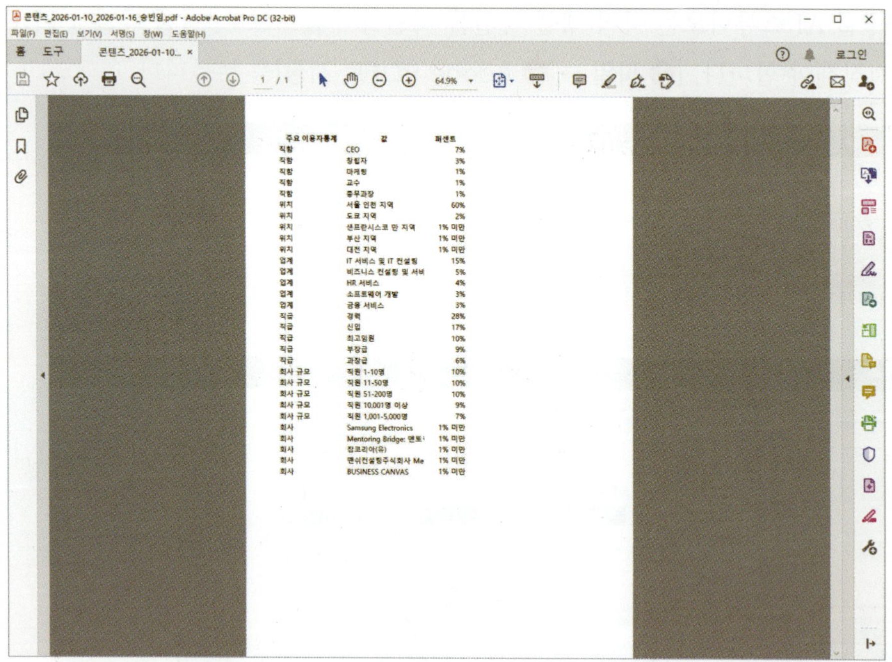

주요 이용자통계	값	퍼센트
직함	CEO	7%
직함	창립자	3%
직함	마케팅	1%
직함	교수	1%
직함	총무과장	1%
위치	서울 인천 지역	60%
위치	도쿄 지역	2%
위치	샌프란시스코 만 지역	1% 미만
위치	부산 지역	1% 미만
위치	대전 지역	1% 미만
업계	IT 서비스 및 IT 컨설팅	15%
업계	비즈니스 컨설팅 및 서비	5%
업계	HR 서비스	4%
업계	소프트웨어 개발	3%
업계	금융 서비스	3%
직급	경력	28%
직급	신입	17%
직급	최고임원	10%
직급	부장급	9%
직급	과장급	6%
회사 규모	직원 1-10명	10%
회사 규모	직원 11-50명	10%
회사 규모	직원 51-200명	10%
회사 규모	직원 10,001명 이상	9%
회사 규모	직원 1,001-5,000명	7%
회사	Samsung Electronics	1% 미만
회사	Mentoring Bridge 멘토	1% 미만
회사	잡코리아(유)	1% 미만
회사	렌쉬컨설팅주식회사 Me	1% 미만
회사	BUSINESS CANVAS	1% 미만

④ 이제 다시 구글 AI 스튜디오로 돌아와 파일을 첨부해 보겠습니다. 프롬프트 입력 창 오른쪽 아래의 ❶ [Insert] 버튼을 클릭하고, ❷ [Upload files]를 누릅니다. 이어서 이용자통계 PDF 파일을 선택한 후 ❸ [열기]를 누릅니다.

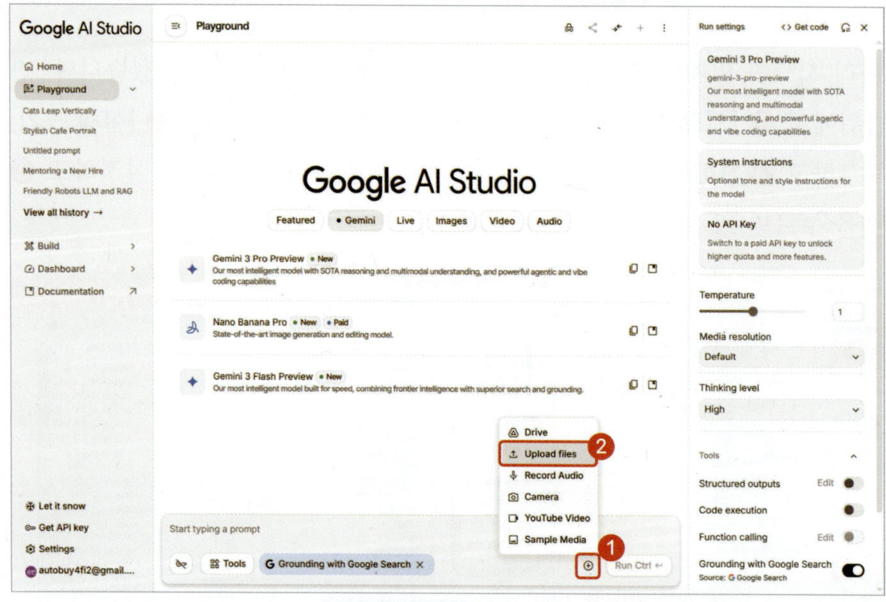

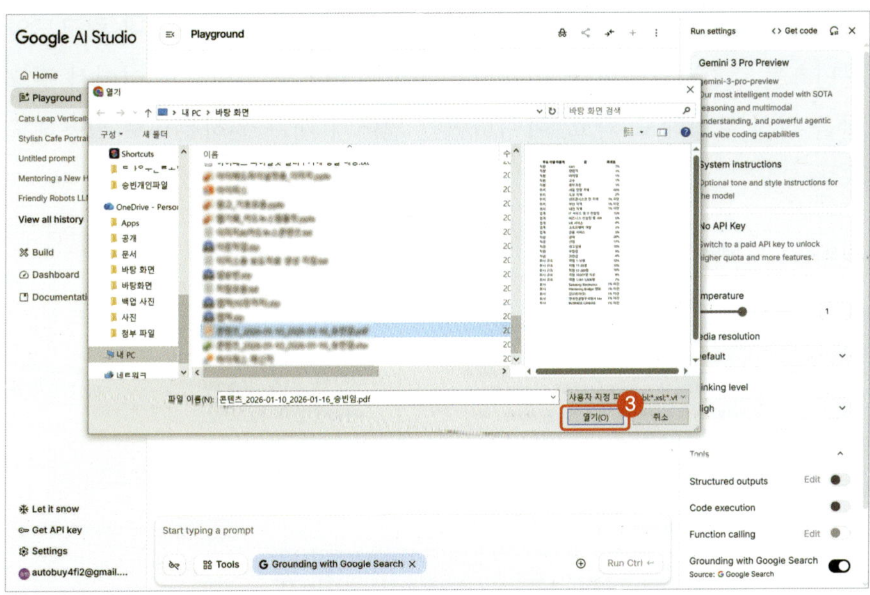

5 파일 첨부가 완료되면, 이어서 프롬프트를 작성합니다. ❶ **다음 자료는 링크 드인 이용자 통계입니다. 이 통계를 기반으로 어떤 콘텐츠를 연재하면 좋을지 추천 해 주세요.**라고 작성했습니다. ❷ Ctrl + Enter 를 눌러 프롬프트를 입력합니다.

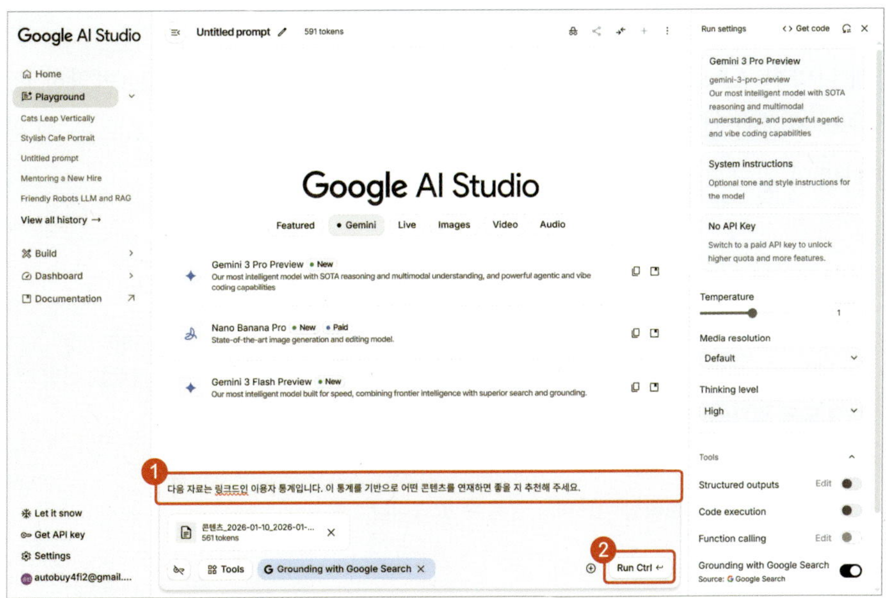

6️⃣ 구글 AI 스튜디오의 답변을 확인합니다. 이렇게 AI를 활용해 내 링크드인 연재 콘텐츠를 추천받았습니다. 여기서 추천받은 내용을 바탕으로 이어서 링크드인 글을 작성 요청해도 되고, 아이디어만 얻어서 내가 원하는대로 활용해도 됩니다.

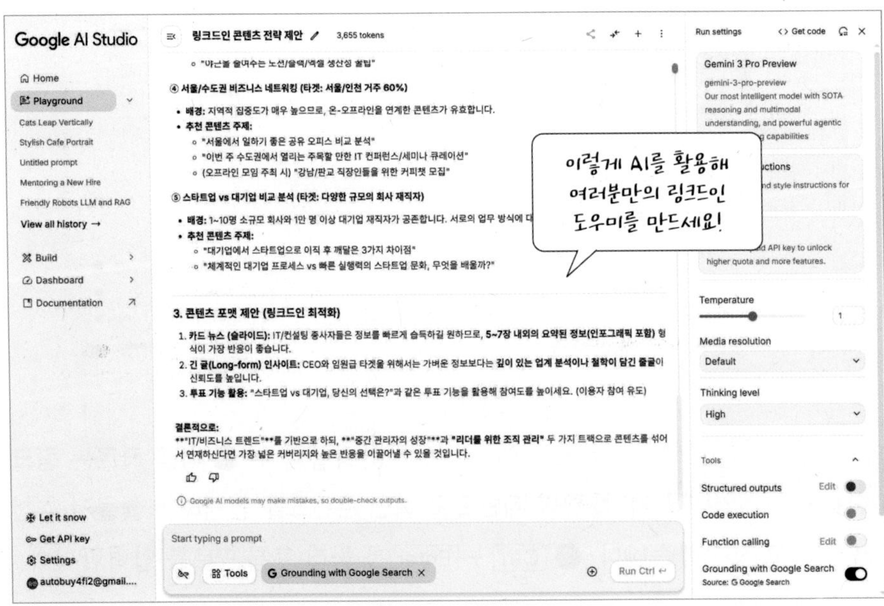

이렇게 다양한 AI 도구를 이용해서 링크드인에 맞게 글을 작성하고, 번역하고, 분석까지 진행해 보았습니다. 여러분들도 자신만의 방법으로 프롬프트를 설계하여 나만의 링크드인 비서를 만들어 보세요.

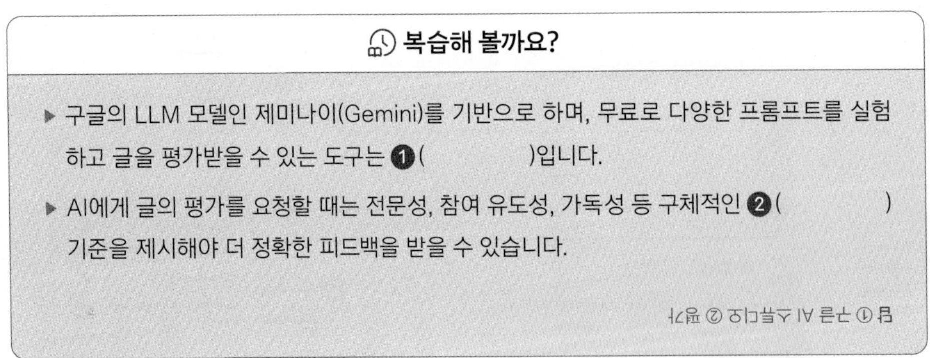

🧐 복습해 볼까요?

▶ 구글의 LLM 모델인 제미나이(Gemini)를 기반으로 하며, 무료로 다양한 프롬프트를 실험하고 글을 평가받을 수 있는 도구는 ❶(　　　　　)입니다.

▶ AI에게 글의 평가를 요청할 때는 전문성, 참여 유도성, 가독성 등 구체적인 ❷(　　　　　) 기준을 제시해야 더 정확한 피드백을 받을 수 있습니다.

정답 ① 구글 AI 스튜디오 ② 평가

링크드인으로 만든
콘텐츠 성과와 강연 기회

링크드인은 흔히 경력이 많은 시니어들의 독무대처럼 여겨지곤 합니다. 하지만 주니어라도 성장하겠다는 의지와 새로운 도전에 대한 두려움만 없다면, 링크드인은 무한한 기회의 장이 될 수 있습니다. 꾸준한 콘텐츠 발행을 통해 제가 직접 경험한 3가지 특별한 강연 기회를 소개하며, 링크드인이 만들어 준 연결의 힘을 공유하고자 합니다.

첫째, 링크드인 미니 콘퍼런스 연사가 되었습니다.

문희철 작가님의 제안으로 참여한 이 행사에서 저는 '20대 취업 준비생'이라는 차별화된 포지션으로 주니어의 눈높이에 맞춘 프로필 세팅과 커피챗 활용법을 발표했습니다. 준비 과정의 변수에도 불구하고 유연하게 대처하며 성공적으로 마쳤고, 콘퍼런스가 단순한 지식 전달을 넘어 사람을 잇는 진정한 네트워킹의 장임을 깨닫는 계기가 되었습니다.

둘째, 해외 진출 청년들을 위한 멘토링을 진행했습니다.

베트남, 인도네시아 등으로 해외 취업을 떠나는 청년들을 대상으로, 급하게 요청받은 일정 속에서도 블로그와 링크드인을 활용한 퍼스널 브랜딩 전략을 강의했습니다. 글쓰기에 대한 부담을 줄이는 현실적인 조언을 건네며, 온라인 브랜딩이 단순히 나를 알리는 수단을 넘어 타인의 도전을 돕고 새로운 가능성을 여는 가치 있는 일임을 확인했습니다.

셋째, 연세대학교 글로벌 콘퍼런스에서 영어 발표에 도전했습니다.

링크드인 DM으로 받은 초청으로 연세대학교 인도네시아 협회 행사에서 영어로 발표할 기회를 얻었습니다. 개인의 성장 스토리와 회사 비전, 링크드인 활용 팁을 결합한 전략적인 발표로 영어에 대한 두려움을 극복했을 뿐만 아니라, 링크드인이 국내를 넘어 글로벌 네트워킹으로 확장될 수 있다는 강력한 확신을 얻었습니다.

이 모든 기회는 링크드인에 남긴 꾸준한 기록들이 씨앗이 되어 돌아온 결과입니다. 링크드인은 단순한 구직 사이트가 아니라, 나의 경험과 인사이트가 세상과 만나 새로운 길을 여는 통로입니다. 여러분도 자신만의 이야기를 꾸준히 기록하며 생각지 못한 놀라운 기회들을 만나 보길 응원합니다.

감사의 글

저의 여정에 많은 도움이 있었기에 이 글이 세상에 나올 수 있었습니다.

먼저 링크드인 여정의 시작부터 좋아요, 댓글, 구독으로 함께해 주신 링크드인, 네이버 블로그, 스레드, 뉴스레터 팔로워 분들께 감사드립니다. 숫자로는 표현할 수 없는 여러분의 응원과 격려가 있었기에 오늘의 필자가 있습니다. 지면의 한계로 모든 이름을 담을 수는 없으나, 항상 감사함을 기억하겠습니다.

소중한 시간을 내어 초안을 검토하고 추천사를 써주신 분들께 특별한 감사를 전합니다. 첫 책이라서 추천사를 받을 수 있을지 고민이 많았는데, 진심을 알아봐 주시고 작성해 주셨습니다. 김형섭 님, 김지홍 님, 정성은 님, 임덕정 님, 박선미 님의 따뜻한 격려와 날카로운 피드백이 이 책을 더욱 단단하게 만들어 주었습니다.

출판 시장에 대한 이해가 없었다면 이 여정을 이어가지 못했을 것입니다. 린 퍼블리싱 프로그램으로 출판 업계를 이해하게 해주신 김보경 대표님, 마케팅 관점에서 출판의 현실을 일깨워 주신 박윤찬 알바트로스 헤드디렉터님께 감사의 인사를 드립니다.

책의 방향성을 설정하는 중요한 순간마다 귀중한 조언을 아끼지 않으신 분들도 계십니다. 원고의 방향을 검토하고 완성도를 높일 수 있도록 조언해 주신 한성희 Simplifier 대표님, 이준혁 잡코리아 PO님, 천연진 북코치님, 문희철 작가님께 감사드립니다. 저에게 주신 통찰력 있는 조언들이 이 책의 소중한 나침반이 되었습니다.

링크드인을 시작한 지 얼마 되지 않았음에도 불구하고 저의 진심을 믿고 출간을 위해 전문성과 열정을 발휘해 주신 이지스퍼블리싱과 임승빈 편집자님, 권정하 마케터님께 깊은 감사를 드립니다.

마지막으로 항상 아들의 여정을 응원해 주신 어머니 이주은 여사와 아버지 변진용 님, 이모 이상은 여사님께 사랑의 인사와 고마움을 전합니다.

혼자서는 절대 걸을 수 없었던 길을, 이렇게 많은 분들과 함께 걸어올 수 있어 행운이었습니다. 이 책이 또 다른 누군가의 링크드인 여정에 작은 도움이 되기를 바라며, 받은 사랑을 다시 나누는 마음으로 살아가겠습니다.

감사합니다.

진심을 담아,
변재일 씀.

찾아보기